中国ファクター

アジア・ドミノの政治経済分析

國分良成
日本経済研究センター［編著］

日本経済新聞出版

まえがき

国際情勢が一段と厳しさを増している。２０２２年２月に始まったロシアのウクライナ侵攻は冷戦後の平和と安定、繁栄を支えてきた国際秩序を根底から揺るがし、23年10月のイスラム組織ハマスによるイスラエル攻撃で火がついた中東危機は国際社会の対立構造をさらに複雑化させた。

２つの紛争で多くの人命が奪われる惨状が続いているのに国連は本来期待される機能を十分に果たせず、国際社会はガバナンス不全に陥っている。欧州と中東の紛争は当該地域に悲劇をもたらしただけでなく、サイバー攻撃や偽情報の拡散といった新たな脅威を世界に広げ、地球的規模の国際協力の阻害要因にもなっている。ハイテクや重要鉱物など経済安保の重要性が高まり、冷戦後の世界を結びつける役割を果たしてきた経済は他国を威圧する武器にもなっている。

「今日のウクライナは明日の東アジアかもしれない」。岸田文雄首相がロシアによるウクライナ侵攻以後、繰り返し警告してきたように、欧州や中東の危機がアジアに連鎖する可能性は否定できない。と同時に、アジア情勢が世界に影響を与える事態だって考えられる。

もとよりアジアには、台湾海峡や朝鮮半島、東シナ海、南シナ海といったホットスポットがある。近年の国際秩序をめぐる攻防の背景には新興国・途上国の台頭による国際社会のパワーバランスの変化があり、中国やインドなど大きな力を持つ新興国が数多く存在するアジアこそが地政学的競争の最前線ともいえるからだ。「グローバルサウス」とも呼ばれる新興国の一部は増大した国力に見合った地位や扱いを求め、発言力を強めている。勢力圏の拡大に向け、大国同士が他国への影響力を競う姿も見られる。とりわけ、西側と異なる思想や政治体制、規律を有する中国の動きは外国との摩擦を生みやすく、各種のトラブルも引き起こしている。

　米中の新冷戦なのか、多極化なのか、それともまったく別の形の国際秩序なのか。上川陽子外相が4月の閣議に報告した２０２４年版の『外交青書』は「国際社会は再び歴史の大きな転換点にある」と指摘したが、現代は様々な点で新たな「転換期」にある。終焉したとされる「ポスト冷戦期」の後の世界は、結局どうなるのであろうか。

　未来の国際秩序は今後の展開次第の部分があり、なかでもカギを握るのは、世界経済の成長センターであり、様々なパワーが交錯するアジアをはじめとするインド太平洋地域の動向と思われる。今繰り広げられている国際秩序をめぐる攻防を民主主義と権威主義の争いと見る向きがある。そうした見方が正しいかどうかは別として、この地域のガバナンスがどうなるかによって国際社会の質も変わるであろう。広域の動きを一括りにとらえることには議論もあるが、個別の国・地域の動きがドミノ現象のように周辺に影響を及ぼす可能性も念頭に置くべきだろう。

　公益社団法人日本経済研究センターは日本経済新聞社からの受託研究としてアジア研究プロジェクトを継続的に実施しており、そのような問題意識をもって、２０２３年度から数年間のプロジェクトとして「インド太平洋地域のガバナンス」を研究テーマとすることにした。研究会の座長に國分良成・前防衛大学校長（慶應義塾大学名誉教授）を招き、気鋭のアジア研究者にメンバーに加わっていただいた。現代中国政治研究の権威でアジアの国際関係に造詣が深い國分座長からは、実に多くの点でご指導をいただいている。

初年度の２０２３年度は主に、台頭した中国がどのようにその影響力を行使しているのか、そしてそれに対して、インド太平洋の国や地域が具体的にどのように認識し、対応しているのかについて考察を重ねた。

毎回の研究会では、中国の台頭と影響力拡大をめぐる地域内の葛藤について議論を重ね、現地調査の結果なども踏まえて２０２４年3月に『インド太平洋地域の中国ファクター』と題する報告書にまとめた。その後の情勢変化なども踏まえ、書籍用に加筆修正したのが本書である。國分座長が全体を監修し、研究会幹事の伊集院敦がデスクワークを担当した。

２０２４年は、世界の多くの国や地域でリーダーや議会の構成を決める選挙が予定される「選挙イヤー」である。外交は内政の延長といわれ、内政と外交は相互に影響を及ぼす。各地の選挙結果は国際政治経済に影響を与え、混迷する国際情勢はさらに変貌する可能性がある。そのような情勢下、本書が読者の皆様のご参考の一助になれば望外の喜びである。

２０２４年5月

日本経済研究センター首席研究員　伊集院　敦

中国ファクター　アジア・ドミノの政治経済分析　目次

第2章 対外的影響力を模索する中国外交
プロトタイプとしての東南アジア

第3章 フィリピンにおける「中国ファクター」

高まる嫌中感情とその背景

第4章 重層的なタイ・中国ネットワーク

冷戦期から現在までの変容

第7章 台湾で薄れる中国「経済カード」の効力

曲がり角の統一工作

第8章 対中関係の調整に動く朝鮮半島

ポスト「冷戦後」の韓国・北朝鮮外交

第9章　グローバルサウスの盟主目指すインド

全方位外交と対中政策の見直し

第10章　日中の外交文化

「不平等条約」改正交渉の比較から

執筆者一覧

國分良成	前防衛大学校長、慶應義塾大学名誉教授	（序　章）
富山　篤	日本経済新聞 Nikkei Asia デスクエディター	（第1章）
山口信治	防衛研究所主任研究官	（第2章）
粕谷祐子	慶應義塾大学教授	（第3章）
外山文子	筑波大学人文社会系准教授	（第4章）
相澤伸広	九州大学教授兼東アジア・アセアン経済研究センター（ＥＲＩＡ）公共政策院院長	（第5章）
石塚二葉	日本貿易振興機構アジア経済研究所ガバナンス研究グループ長	（第6章）
山田周平	桜美林大学大学院特任教授	（第7章）
伊集院　敦	日本経済研究センター首席研究員	（第8章）
山田　剛	日本経済研究センター主任研究員兼日本経済新聞シニアライター	（第9章）
五百旗頭　薫	東京大学大学院法学政治学研究科教授	（第10章）

序章

インド太平洋地域における中国の影響力

地政学の歴史と現状

國分 良成
前防衛大学校長、慶應義塾大学名誉教授

注目データ

2023年アジア総合国力ランキング（最大値100）

1	米国	80.7
2	中国	72.5
3	日本	37.2
4	インド	36.3
5	ロシア	31.6
6	オーストラリア	30.9
7	韓国	29.5
8	シンガポール	25.1
9	インドネシア	19.4
10	タイ	18.7

注：総合国力指標（経済力、軍事力、強靭性、将来性、経済交流、防衛交流、外交力、文化力）
出所：Lowy Institute Asia Power Index, 2023 Edition

Point

- ある事象や行為が他者に及ぼす「影響」を政治学や国際政治学の文脈で考えると、「権力（パワー）」に近い概念となる。「影響力」は送り手側の思惑や方法よりも、受け手側の真意や対応についての分析が難しい。
- 戦後から現在に至る中国をめぐるインド太平洋地域の地政学は、米中関係の浮沈要素が大きい。近年の米中の地域的影響力をめぐる覇権競争は多岐の分野に及ぶが、歴史的に台湾問題に集中的に表れている。また孔子学院や一帯一路などの政策は、現在では様々な批判も多く、当初の勢いは感じられない。
- インド太平洋地域に対する中国の政治的影響力は、冷戦期においては限定的であった。しかし改革開放以後、経済的影響力が急速に拡大し周辺諸国に深く浸透したが、問題はそれが政治的影響力に転化するかである。その解明には受け手側の地域研究が必須であり、本書の意義もそこにある。

1 「影響力」の概念整理

「影響力」とは実に曖昧な概念である。「影響」とは、広辞苑によれば、「他に作用が及んで、反応・変化があらわれること」で、「影響力」とは「他に影響を及ぼすに足る権力や威厳」である。大辞林によれば、「影響」とは「関係が密接で、他の物事に力を及ぼして、変化や反応を起こさせること」で、「影響力」とは「他に作用を及ぼし、影響を与える力」となる。英語で「影響」は"influence"か"impact"であり、「影響力」も英語では基本的にそれらと同じ言い回しである。影響力は本来的にそれを与える側と与えられる側、つまり送り手と受け手との関係性を意味しており、その実態をある程度まで科学的に実証することは可能だが、同時にそこに限界があることもまた自覚しなければならない。

そのためであろうか、影響力の研究は送り手と受け手の間の心理学分析において多くの業績が出されてきた。ロバート・チャルディーニは長年版を重ねているその著『影響力の武器』のなかで、人を動かす原理として、①返報性（ギブ・アンド・テイク）、②好意、③社会的証明、④権威、⑤希少性、⑥コミットメントと一貫性、⑦一体性の7つを挙げている（チャルディーニ 2023）。

影響力を政治学や国際政治学の分野のなかで理解すると、「力（パワー）」の部分への比重が大きくなる。政治学や国際政治学はその性格上、「権力（パワー）」にかかわる事象や行為として理解されるからである。もちろん「影響力」と「権力」とは異なる概念で、影響力があってもそこに権力関係があるとは限らないし、権力関係があっても影響力があるとは限らない。しかし、政治学や国際政治学においては力（パワー）の動態的な作用が強調されることで、その両者の重なる部分も大きい。

政治学の分野で、政治権力への絶対信仰を論じたのはマキアヴェッリの『君主論』で、ここでは人間の本性を自己利益的な「邪なもの」（マキアヴェッリ 1998、１２７頁）としてとらえ、であるがゆえに君主は「恐れられる存在」であるべきことが論じられている。

民主主義を基本とする近代以降の世界では、社会や個人を含めたより相対主義の観点から権力を論じるようになった。政治学者のロバート・ダールは権力概念を、「AとBの関係で、おそらくBがしないであろうことをAがBにさせたとき、AはBに対して権力を有している」と論じた(Dahl 1957, pp.202-203)。

それを受け継ぐような形で、ハロルド・ラスウェルは権力を支える基底価値として、尊敬(respect)、徳義（rectitude）、愛情（affection）、健康（well-being）、富（wealth）、技能（skill）、開明（enlightenment）を挙げている（ラスウェル 1954、20－21頁）。

国際政治学の分野において影響力は、現実の国際政治を動かすパワーの性質をめぐる争点として、特にリアリストを中心に議論が展開されてきた。その代表の1人がE・H・カーであり、その著『危機の二十年』において、国際政治における中核的パワーとして「軍事的力」「経済的力」「世論を支配する力」の3つを挙げた（カー 1952、第8章）。

もう1人の代表はハンス・モーゲンソーであり、彼は権力への指向と欲望を人間の本性ととらえ、国際政治の目的も権力の追求であると考え（モーゲンソー 1986）、その現実から生まれる「勢力均衡（バランス・オブ・パワー）」の可能性と限界について究明している。これらの立場は、周知のように、「古典的リアリズム」と呼ばれる。

影響力や権力に近い概念として、ある大国による世界的支配を表す「覇権（hegemony）」の概念がある。覇権国は、人口規模、国土面積、軍事力、経済力、政治力、技術力などにおいて他国を圧倒する能力が前提となる。ジョセフ・ナイの分類によれば、これらは基本的に「ハード・パワー」として位置づけられる。そしてそれとの対比において彼は、「ソフト・パワー」の概念を提起する（ナイ 2004）。

ナイによれば、それは「自国が望む結果を他国も望むようにする力であり、他国を無理やり従わせるのではなく、味方につける力」であり（26頁）、要するに「他人を引きつける魅力」（27頁）である。そこには3つの源泉があり、第1に文化、第2に政治的な価値観、第3に外交政策であるとナイはいう（34頁）。

さて、以上のように影響力を政治学や国際政治学に照らして概念整理すると、要するにそれは、

2者以上の関係のなかで一方が保有する政治力、経済力、構想力、文化力などの資源を用いて、他者の思考と行動を自身にとって好ましい方向に向けさせる権力（パワー）を意味している。

ただしこの相互関係を分析する際の最大の問題は、影響を与える側つまり送り手の思惑や方法などについては比較的容易に理解しうるが、それがどの程度そしてどのような形で真に影響を与えているかを受け手の側から理解することの難しさである。特に、受け手側の対応と本心が異なる場合の判断が最も難しいが、その場合は基本的に表に出た行為や対応から本心も判断せざるを得ないことになるであろう。

さてこのような基本的な理解を前提にしつつ、本書の本旨は、中国が台頭するに伴ってどのようにその影響力を行使しているのか、そしてそれに対して、インド太平洋の地域や国家は具体的にどのように認識し、対応しているのかを考察することである。

本書の導入部分として、以下においては、中国の台頭と影響力拡大をめぐる地域内の葛藤を米中の覇権競争を軸に論じ、そうした大きな舞台設定のなかでの歴史と現在における中国とインド太平洋地域との複雑で微妙な関係の構図を描写してみたい。

2　中国の影響力拡大と米中覇権対立

中国の大国化と対中関与政策の終焉

「中国脅威」の議論は、１９９２年の鄧小平の南巡講話に続いて提起された社会主義市場経済による成長路線が台頭するなかで早くも散見された。しかしこの時代はそれが主流となることはなく、大胆な鄧小平路線はむしろ世界から歓迎された。

90年代後半、中国の人権問題を非難していたクリントン政権は江沢民政権との関係修復に乗り出し、首脳の相互訪問を経ていわゆる対中エンゲージメント（関与）政策を提起し、接触・交流を通じて体制の異なる中国を国際システムに誘導する方向に動き始めた。

この時期、米中蜜月関係の到来に、日本国内では「ジャパン・パッシング（日本素通り）」といった71年のニクソン・ショックによる「頭越し外交」を想起させるような議論も多く見られた。米国の関与政策は、中国の市場化路線がやがて資本主義化を促し、最終的には民主主義に移行するのではないかとの仮定に基づいていた。米国のこうした期待ともいえる思考は、その後ブッシュ政権時には「責任あるステークホルダー」などの表現に若干修正されたが、基本姿勢はオバマ政権の終わる２０１０年代後半まで続いた。つまり、この時代の中国は世界に影響を与える存在であったというより、むしろ影響を受ける側の存在であった。米国こそが、中国に圧倒的な影響を与える大国であった。

中国の経済成長は10年に国内総生産（ＧＤＰ）で日本を凌駕するなど順調に見えたが、成長そのものが鈍化傾向を見せ始めるとともに共産党内部の政治腐敗問題も表面化した。問題は外交路線で、08年の北京オリンピックとその直後のリーマン・ショックに対する４兆元（約57兆円）支出による立て直しなどを契機に、脆弱性を露呈した米国経済を尻目に中国の対米姿勢も居丈高になっていった。

とはいえ、巨大な財政支出は国内的には政治腐敗を増長させる結果となり、その後も中国経済の足かせとなった。中国が日本に対して強硬姿勢を見せるようになったのもＧＤＰで日本を抜いた10年頃からで、事実、尖閣諸島に対して攻撃的といえるまでの干渉姿勢を見せるようになった。大国化し世界的存在感が高まるにつれて、中国は拡大しつつあった「中国脅威論」に反応してか、自国が他国からどのように見られているかを気に掛けるようになった。中国語と中国文化の学習促進のために、中国政府が主導するいわゆる孔子学院が始動したのは04年からであり、それが党指導部の言質により本格化するのは07年からであった（青山 2014）。

これは英国のブリティッシュ・カウンシル、フランスのアテネ・フランセ、ドイツのゲーテ協会などを模したものだともいわれるが、言語の普及こそが影響力の拡大であると認識するようになった結果であった。

青山瑠妙によれば、西側の外交でしばしば語られるパブリック・ディプロマシー（公共外交または公論外交）の議論が中国で提起されるようになったのは09年からだという（同）。世界ではナイの提起したソフト・パワー論などが一世を風靡していた時期と符合する（Monroe 2010）。このことは、中国は世界の潮流から自身にとって利益のある事象であれば、積極的にそれを取り入れる面があることを示している。

10年代に入ると、国営メディアの海外進出が目立つようになり、中国中央電視台（ＣＣＴＶ）がニュース報道を中心に世界各国で放映権を獲得するようになり、英字新聞のチャイナ・デイリーを米国の主要紙に無料で折り込むなどの事業展開を進めた。

ちなみに、21世紀に入ると、中国は軍事戦略面においてもいわゆる三戦（世論戦、心理戦、法律戦）を重視するようになっており、近年盛んに議論される認知領域を含む情報戦はすでにこの頃から始まっていた。

12年に誕生した習近平政権は改革開放路線を継続するかに見えたが、反腐敗闘争と江沢民派に対する権力闘争などを通じて、14年頃から「共産党指導」の絶対化傾向を強めるとともに個人独裁の様相を呈し始めた。

外交の分野でも、内政不干渉を大きく掲げ、既存の国際秩序に西側主導の偏りがあるとして是正を要求するとともに、米国との対等関係を目指して「新型大国関係」を主張し始めた。それはちょうど、第2期オバマ政権のスタートした13年頃からであった。これは、鄧小平が天安門事件直後に提起した「韜光養晦《とうこうようかい》（頭を下げ、力を蓄え、時期を待つ）」路線の実質的な終焉の始まりを意味していた。

習近平時代の外交的影響力を考察する際に、その要諦となるのが13年から提唱された「一帯一路」の政策である。これはユーラシア大陸を経由して欧州連合（ＥＵ）として一体化したヨーロッパにつなげる「シルクロード経済ベルト」と、東南アジアからインド洋を経て中東・アフリカにつながる「21世紀海上シルクロード」の2つを併せることで、中国大陸を中心にヒト・モノ・カネの広大な流通ルートを形成しようとする巨大構想である。

中国はこの構想を打ち上げると、巨大な資金をもとに各地域に建設プロジェクトを計画していった。また、この構想に並行させて、そのための資金源としてアジアインフラ投資銀行（ＡＩＩＢ）を設置した。

中国の台頭と米中対立の激化

米国が正式に中国を「米国の安全と繁栄を侵食し」、インド太平洋地域と世界への影響力を拡張しようとする第1の「競争相手」として位置づけたのは、２０１７年12月のトランプ政権下の「国家安全保障戦略」（ＮＳＳ 2017）においてであった。

こうした米国の対中政策の強硬化は、15年に中国が「中国製造２０２５」計画を公表し、建国

１００年の49年までに製造業で世界のトップに躍り出ると宣言したことや、軍事増強を進める中国がやがて米国と肩を並べるほどの軍事大国に成長し、台湾を武力で統一するまでの実力をつけるのではないかとの懸念などがその基本的認識にあった。要するに、それは長年続いた米国の対中関与政策の終焉であった。

　中国の台頭とその攻撃的な姿勢に対して、米国の国際政治学者たちの間でも中国脅威論を訴える発言が優位を占めるようになった。リアリストの立場から国際政治を論ずるジョン・ミアシャイマーは、その著『大国政治の悲劇』のなかで、経済的に台頭した中国は「攻撃的現実主義」からアジアの地域覇権を求め、それを阻止しようとする米国との関係を悪化させると予測した（ミアシャイマー 2007）。彼の議論の前提にはＧＤＰの規模があり、中国は自らの安全を確保するために必ず地域的に膨張すると想定した。

　もう1人の注目すべき議論はグレアム・アリソンである。彼は中国の急速な台頭によって覇権国である米国がその地位を脅かされることで、覇権国のスパルタと新興国のアテネが争ったように「トゥキディデスの罠」に陥り、衝突が起こりやすくなると仮定する。そして過去５００年の歴史によると、そうした事態になった場合、4分の3が戦争に陥ったとし、米中も今後その可能性が大きいと結論づけた（アリソン 2017）。最後には、そうならないための方策も若干提起しているが、力点は前者にある。

　歴史的に言えば、１９４９年以来の米中関係における最大の争点は台湾問題だともいえる。50

年代には2度の大きな台湾海峡危機を経験し、米国は核兵器の使用まで検討した。71年に米中接近が実現したものの国交正常化には至らなかった。それは79年のカーター政権まで待たねばならなかったが、最大の障壁は台湾問題であった。

ニクソンとキッシンジャーが隠密に対中外交を進めたのも、公に台湾問題を議論すれば、台湾ロビーの多い議会をとても説得できないと考えたからだった。またその後でも、96年の初の総統自由選挙の前に、中国が李登輝当選阻止を狙って威嚇攻撃を行ったのに対して、米国が空母を2隻派遣するなどの危機的状況も発生した。

こうした歴史的経験を反映してか、今回は、習近平がウクライナ戦争に触発されて台湾に侵攻するのではないかとの議論が米国や日本を中心に巻き起こった。２０２４年1月の台湾総統選挙で民進党の頼清徳が当選した。若干の濃淡はあれ、基本的には蔡英文政権の「現状維持」路線を引き継ぐと思われるが、すべては習近平の思惑ひとつであり、米国のみならず日本においても「有事」の想定は今後とも外すことができない。

中国の急激な台頭は、その影響力の効果を棚上げにして大きさばかりが強調される傾向があるが、中国経済の鈍化傾向が顕著となるにつれて、現実には多くの問題が露呈し始めていることも事実である。

例えば孔子学院に関しては、米国で中国の社会的浸透に対する懸念が高まると一挙に否定的な声が大きくなった。それはすなわち、中国共産党の宣伝工作の一環だとの懸念である。20年10月には当時のポンペオ国務長官が年内にすべての孔子学院を閉鎖させるとの方針を打ち出した。そうした流れの結果、米国会計検査院の報告によると、米国の大学100校ほどに設置されていた孔子学院が、19年以降は5校以下にまで閉鎖に追い込まれたともいわれる（GAO 2023）。

23年、米国滞在中に孔子学院を早々に導入したカリフォルニアのある大学でそのあたりの事情を担当教授に聞くと、2004－05年の時期に、軍の系統を通じて今後の中国語の重要性に鑑みて孔子学院を導入するよう指示があり、中国から毎年数百万ドル（数億円）の支援を受けていたという。

ところが19年に突然国防総省から連絡があり、18年に成立した国防権限法が中国への情報流出に厳しい規定を設けたことで、孔子学院を閉鎖しないと予算をカットするとの指示を受けて中断したという。かつて関与政策が優位を占めた時代の米国の対中期待感の大きさと、その後の強烈な「裏切られ感」を示す象徴的な話である。

3 インド太平洋地域における中国の影響力――過去と現在

戦後のインド太平洋地域における中国の影響力

中国と東南アジアの歴史的関係をたどると、そこには中華帝国秩序のもとで朝貢や冊封などの上意下達システムが明らかに存在していた。特に明代以降、ベトナム、シャム、ビルマなどは朝貢貿易の影響下に置かれた経験があり、そうした両者の関係構図が心理と実態の両面でその後も長く残存した。近代以降になり、清帝国が崩壊し中華民国が成立するに及び、旧来の朝貢システムは終焉した。

これ以降、東南アジアにせよ南アジアにせよ中国の影響力は消失したものの、西洋列強による植民地支配のための競争と戦争が地域を覆い、各地域の自主性は失われた。その後、西洋列強に加わって日本が軍事的に台頭し、その支配と影響を拡大させた。しかしそのことが米国との衝突を引き起こし、太平洋戦争へとつながった。

１９４５年の日本の敗戦後、国民党と共産党による内戦を経て、49年に誕生した中国共産党の中華人民共和国は冷戦体制下でソ連との同盟関係を選択した。新中国の外交デビューは新興独立国の第3勢力との関係強化であり、その初めが54年に周恩来首相とインドのネール首相との間で取り交わされたチベット問題に関する平和5原則（領土・主権の相互尊重、相互不可侵、内政不干渉、平等互恵、平和共存）であった。それに続いて、55年には新興独立国を中心にインドネシアのバンドンで開催された第1回アジア・アフリカ会議にも周恩来が出席し、5原則を拡大させた平和10原則を参加国とともに結実させた。

　こうして、中国は国連未加盟であったにもかかわらず、アジア諸国との関係を着実に築いていった。しかし60年代に入ると、内外の諸要因により中国のアジア外交は後退を余儀なくされる。62年には中印国境紛争が発生して平和5原則は帳消しとなった。また、中国はバンドン会議を推進したスカルノ大統領との信頼関係から「第2国連」をつくり、中国とインドネシアとの枢軸関係を目指すとまで表明した。ところが65年のいわゆる9・30事件によりスカルノ政権が崩壊、軍部のスハルト政権が誕生して中国との枢軸も霧散した。

　67年にはタイ、マレーシア、フィリピン、シンガポール、インドネシアの5カ国による東南アジア諸国連合（ＡＳＥＡＮ）が成立したが、中国はそれを単に米国に指導された「反共主義」組織と批判していた。

　64年のトンキン湾事件を契機に米国がインドシナ紛争に全面介入し、ベトナム戦争が始まった。毛沢東はソ連に対する嫌悪感からベトナム戦争で共同歩調をとらず、内政的にも文化大革命の開始により国内の「ソ連派」を排除した。その結果、中国外交は機能停止状態に陥り、インド太平洋地域における影響力を失墜させた。中国がそれを少しずつ取り戻し始めるのは、71年に国連加盟を成し遂げ、その前後から米中接近を実現させ、国際的プレゼンスを高めてからである。

これ以後、74年から75年にかけて、中国はマレーシア、フィリピン、タイとの国交を正常化させた。しかし、中国は東南アジア各国の反政府勢力への武器支援も継続させており、各国の対中不信感が完全に払拭されたわけではなかった。

しかも米中接近は対米戦争を繰り広げていた北ベトナムの怒りを買い、その後統一ベトナムとなっても中越関係は悪化の一途をたどった。その象徴がベトナムによる華僑迫害と、暴力的なポルポト政権が支配するカンボジアに対するベトナムの侵攻に激怒した中国の懲罰的軍事行動、いわゆる中越戦争がそれである。

その意味で、この段階までの中国の東南アジアに対する影響力は極めて限定的であった。特に、この時期の中国は政治やイデオロギーの側面だけが突出しており、経済的な影響力は極めて限定的であった。

改革開放下の中国とインド太平洋地域

１９７６年の毛沢東の死と文化大革命の終結を迎えた中国は、78年から鄧小平のもとで大胆な近代化路線に歩みだした。そして79年に広東省と福建省に対外開放のための経済的自主権を付与し、深圳、珠海、仙頭を経済特別区（経済特区）に指定し、80年には厦門もそれに加えた。その後84年に大連、天津、上海、福州、広州などの沿海14都市の対外開放が決定され、88年には海南島を海南省とし同時に経済開放区にするなど、次々と改革開放政策が進められた。

こうした動きは88年、趙紫陽総書記によって提起された輸出代替を目指す沿海地区経済発展戦略へとつながった。直後の89年には天安門事件が発生して趙紫陽は失脚し、この動きも頓挫するかにみえた。

しかし、91年のソ連崩壊を直視した鄧小平はそれを反面教師にとらえ、むしろ全面的に改革開放を進めることで強固な経済基盤をつくるべきだと考え、92年には社会主義市場経済を提起した。その結果、沿海地域戦略は実質的に生き延びた。先に富んだ地域が後進地域を引っ張る、いわゆる「先富論」の発想がその底流にある。

広東や福建などを中心にした沿海重視の発展戦略は、東南アジア諸国との経済的結びつきを強めた。そのためか、中国は80年代初頭からそれまで行っていた反政府のゲリラ勢力への支援を停止し始め、現地政府との関係を密にする現実外交に転換した（国分 1991）。また天安門事件に際しても、東南アジア諸国は武力弾圧への批判を抑制して経済交流を続けており、中国にとっては安定的な関係を築くことのできる相手であった。

そのことは、天安門事件後の90年に9・30事件以来断絶していたインドネシアとの国交が復活し、その直後にシンガポールとの国交も正常化した事例などからもうかがえる。そして91年、10数年前には戦火を交えたベトナムとも国交を正常化させるに至った。ベトナムも当時、中国の改革開放と歩調を合わせるようにドイモイ（刷新）政策を展開していたのであった。

中国の沿海地域戦略は、東南アジア諸国とともに韓国、台湾、香港、シンガポール（四小龍）などのＮＩＥＳと呼ばれた新興工業経済地域とも有機的に結びついた。80年代から90年代にかけて、アジアではこうした地域経済圏もしくは局地経済圏が各地域に成立するようになったが、その中心を成したのが華南経済圏、より大きな概念では大中華経済圏であった。興味深いことに80年代後半以降、台湾の民主化と弾力外交をベースに中台の民間交流も拡大し、それは両岸経済圏とも呼ばれた（渡辺 1992）。

中国の沿海地帯と西太平洋に広がるアジア地域を結びつけたのは、華僑・華人の存在が大きかった。彼らが故郷や親族などを頼って中国大陸に進出・投資することで、そこに新たな製造業が生まれ、労働者がそれを学習し自立することで新たな産業を生み出し、輸出企業へと育てていく。また華僑・華人は故郷や親族に多額の送金を行っており、それを自己資本に新規ビジネスを生み出す契機となった。

80年代から90年代にかけて、中国の改革開放という経済重視路線へのシフトが1つの大きな要素となり、アジア地域全体が経済の時代を迎えることになった。しかしこの時代の経済成長の陰で、中国の政治的かつ軍事的な膨張傾向も顕著となり始めた。

その最も大きな課題は、中国の南シナ海への大幅な海洋進出であった。早くも74年には、当時南ベトナムが領有していたパラセル（西沙）諸島を中国が奪取、米軍が撤退し北ベトナムが南を制圧する直前の隙間を狙った軍事行動であった。そして、88年にはベトナムを支援していたソ連軍が引いたその隙間を縫って、中国はベトナムが領有するスプラトリー（南沙）諸島の岩礁や珊瑚礁を奪取した。

続いて、米海軍がフィリピンのスービック基地から撤退した後の94年、中国はフィリピンの領有するミスチーフ礁を占拠した。中国はこれらを奪取しただけでなく、埋め立てて建造物や滑走路を建設することで既成事実をつくりあげていった。この間、中国は92年には領海法を制定し、台湾と澎湖諸島はもちろんのこと、ベトナム、フィリピン、マレーシアなどと係争中の南シナ海のスプラトリー諸島の島嶼や岩礁などについてすべての領有権を主張した。

また、日本の領有する尖閣諸島についても、中国はこのなかで明確に「中国の海」として組み込んだ（平松 1993）。東南アジアにおいて経済的関係が進む一方で、中国は着実に政治的・軍事的野心も拡大させていった。

21世紀の中国をめぐるインド太平洋地政学

21世紀に入ってからも、中国とインド太平洋地域との経済的つながりは、拡大することはあっても縮小することはなかった。２００７年から17年の10年間で、中国・ＡＳＥＡＮ間の貿易量は１７１０億ドルから５１９０億ドルと約3倍に拡大した。09年以来、中国はＡＳＥＡＮの最大の貿易相手であり、20年にはＡＳＥＡＮが中国の最大の貿易相手となった。

邉見伸弘によれば、米中対立の要素はむしろ中国・ＡＳＥＡＮ関係を拡大させる要素となり、今後とも両者の関係は拡大することはあれ、縮小することはないとの観点から、「チャイナ・アセアン」と呼ぶ経済圏の成立を予想している（邉見 2021）。

しかも前述の一帯一路構想との関連もあってか、インド太平洋地域には一斉に中国企業の直接投資が流れ込んだ。それは中央アジア諸国において特に顕著だが、東南アジアにおいてもかなりの割合を占めた（富山 2023）。

インドネシアにおけるジャカルタ・バンドン高速鉄道、中国・ラオス（昆明・ビエンチャン）鉄道、中国―ミャンマー間のパイプライン敷設などが際立っていたが、特にエネルギー、鉄道、道路、港湾、空港などのインフラ部門において、国によって温度差はあるが、東南アジア各国に大きく広がった。中国の対東南アジア投資のなかではシンガポールが群を抜いているが、それは中継地としての役割も大きいと思われる。

しかし、一帯一路構想は近年困難に直面している。これはもともと13年に始動した習近平プロジェクトであり、将来の米中関係の複雑性なども考慮に入れて、一体化しつつあったＥＵへの連結を1つの目標にしていたと推察できる。

そして中国はＥＵへの入り口として当時親中姿勢を鮮明にしていた英国のキャメロン政権を中心的存在と位置づけ、原子力協力などで絆を強めたといわれる。しかし16年、英国ではメイ政権がキャメロン政権にとって代わり、ＥＵ加盟の存続をめぐる国民投票が行われ、英国の離脱

(Brexit)が決定した。公式に語られることは少ないが、これにより中国のＥＵへの連結の夢は大きくつまずいた。それは政権交代の可能性を予想できない中国的思考の１つの限界であった。

一帯一路は、今日でいうところのグローバルサウスへの影響力を狙ったものでもあった。しかしこの構想に日米などは加わらず、インドも反発し、パキスタンなどでも資金不足問題が露呈した。中国・パキスタン経済回廊はシルクロードの復活ともいわれたように、一帯一路の中核プロジェクトであったが、パキスタン側の債務が膨らみ、国際通貨基金（ＩＭＦ）の支援を求めたほどであった（栗田 2023、中国側の意図に関して詳しい分析がある）。また、アフリカや中東などでは現地労働者を使わずに中国から労働者を送り込み、彼らの住み着き現象も顕著となった。

最悪のケースはスリランカで、中国からの多額の融資を返済できずに、政府はハンバントタ港の使用権を99年間中国に譲り渡した。これがいわゆる「債務の罠」であり、その内実に関しては様々な議論があるが、世界で衝撃的なニュースとして取り上げられた（清水 2023）。

東南アジアのカンボジア、ラオス、ミャンマーなどは経済力が弱く海外投資案件も少ないがゆえに中国に頼らざるを得なくなり、その分だけ対中債務が肥大化する可能性も指摘されている(同)。

習近平が個人的に始動したプロジェクトだけに、現在でも有効な政策方針として国際会議も開催されているが、主要７カ国（Ｇ７）で唯一参加していたイタリアも23年に撤退を表明した。一帯一路に合わせて設置されたＡＩＩＢも発足当初は世界中で話題にされたが、最近の報道は極め

図表　ASEAN 諸国は米中覇権をどう見るか

「いざというとき ASEAN は米中のどちらを選ぶべきか」
2023年　米国61.1％　＞　中国38.9％
2024年　米国49.5％　＜　中国50.5％

「中国の政治的・戦略的影響力拡大を懸念する」
2023年68.5％　→　2024年73.5％

「米国の政治的・戦略的影響力拡大を懸念する」
2023年44.2％　→　2024年59.0％

出所：Singapore: ISEAS - Yusof Ishak Institute, 2024

て限られており、アジア開発銀行（ADB）や世界銀行の協調融資が多いともいわれる。

　このように、中国側にとっても十分な返済能力のない国家に融資を続けた結果として焦げつき案件が増え、回収不能に陥った案件も増えてきたため、勢いだけで動かしてきた従来型の一帯一路を再考せざるを得ない状況が生まれている。

　ただ、我々が注意しなければならないのは、一帯一路に関して米国そして日本も同様に、どうしてもそのネガティブな側面に注目する、あるいは期待する傾向が強いが、グローバルサウスと呼ばれるような発展途上地域では中国の様々な誘いが魅力的に見える面も大きいことである。

　また、コロナ対策に対する中国のこうした地域への支援とその影響はかなり効果的であったとの研究もいくつか出てきている（Murphy 2022; Peng 2021）。さらに、中国がこれまでの一帯一路で生起した様々な問題を認識し、より透明性を高め、財政、環境、エネルギーなどの問題に配慮し、多国間協力を進めればよりポジティブなものになりうるとの指摘もある（Rana and Ji 2020）。

　しかし、安全保障面に目を転じると、そこには主権にかかわる深刻な問題が露呈し始めており、これらの解決は容易ではない（『中国安全保障レポート２０１９』）。12年、南シナ海のスカボロー礁においてフィリピン海軍が中国漁船の操業を止めさせようとしたところ、中国の法執行機関の監視船が介入して、両者が長期にわたって対峙し、中国がフィリピンバナナの輸入を規制するなどの事態となった。

　両者の撤退後も緊張が続き、13年にはアキノ大統領が国連海洋法条約に基づいて仲裁裁判所に提訴し、16年には中国側の主張を退ける判断が下された。現在に至るまで、中国はこの判断に従っていない。14年にはパラセル諸島付近で中国が石油採掘を始めたことにベトナムが強く非難し、国内では反中暴動も発生し死傷者が出るまでに事態が悪化した。その後、中国は撤退を余儀なくされたが、南シナ海における中国とベトナムの緊張状態は今も続いている。

　インドと中国は１９６２年の国境紛争以来、比較的疎遠な関係が続いていたが、２００９年に始まるＢＲＩＣＳ会議（ブラジル、ロシア、インド、中国、11年から南アフリカ参加）で首脳が顔を合わせるようになり、また15年にインドがＡＩＩＢに加盟し、17年には中国が主導権を握る上海協力機構（ＳＣＯ）にも参加するなど、特に経済交流において関係改善が進み始めた。

　しかし20年には、インドのラダック地方と中国のチベット自治区にまたがる地域で激しい武力衝突が起こり、インド軍側で20名、中国側にも多くの死傷者が出たといわれる。中印の経済関係は近年大きな進展をみせたが、政治的関係は依然として冷めた状態が続いている。

　韓国と中国の関係は、韓国の大統領が誰かによって大きく変わる傾向があり、文在寅《ムン・ジェイン》大統領の時代は、国民の対中感情が悪化するなかでも中国との関係強化を目指した。しかし尹錫悦《ユン・ソンニョル》大統領になってからの韓国は、安全保障面を重視して日米関係を最優先し、北朝鮮や中国との関係については疎遠になった。韓国は中国経済に大きく依存しているが、ロッテグループや現代自動車をはじめ韓国企業の中国市場からの削減・撤退傾向が急速に進んでいる。

日中関係は21世紀に入ると、１９９０年代までの比較的良好な関係から悪化の一途をたどった。小泉純一郎首相時代、日中は靖国神社参拝をめぐる歴史認識問題でぎくしゃくし、２０１０年には民主党政権による尖閣諸島の国有化決定の過程で、この機に乗じる形で中国は尖閣海域に侵犯するようになった。くしくもこの年、中国はＧＤＰで日本を抜き去り、世界第2位の経済大国となった。

中国は近代化路線以来、日本を発展モデルとする時期もあり、また実際に円借款などの経済支援もあり、中国自身が日本から大きな影響を受ける時代が続いた。しかし21世紀に入ると、中国はむしろ日本のバブル崩壊からその後の苦しむ日本経済を反面教師とするようになり、両国間の経済関係はそれなりの大きさを維持し続けているものの、歴史認識問題や尖閣諸島などの政治問題ばかりが関係全体を覆うようになった。

以上において、インド太平洋地域における中国の影響力に関して、歴史と現在を俯瞰することでその鳥瞰図を描いてきた。本章を要約すれば、第1に、我々が基本知識として備えておくべきは影響力の概念であり、送り手側の思惑や方法よりも受け手側の真意と対応の解明に困難が伴うこと、第2にインド太平洋地域における中国をめぐる国際秩序の歴史と現状を理解するには米中関係の分析が中心を成すこと、そして第3に同地域における中国の影響力は、概していえば経済力は一定の効果を発揮しているものの、政治力については限定的であること、などを明らかにした。

こうした結論を踏まえて言えば、我々は地域研究の重要性を再認識せざるをえない。そこで、以下の各論稿においては、受け手側であるインド太平洋の地域と国家が、中国からの影響を具体的にどのように受容し、思考し、対応しているのかを分析することで、中国の影響力（パワー）の実像に迫ることになる。

本章に続く第1章では、東南アジアにおける中国の影響力の現実をデータで明示し（富山篤）、第2章では中国の東南アジアへの影響力拡大の意図を中心に解明し（山口信治）、第3章ではフィリピンにおける中国的影響力の難しさを歴史と現状から示唆し（粕谷祐子）、第4章ではタイにおける中国との歴史的・文化的紐帯の現状を明らかにし（外山文子）、第5章ではインドネシアの対中政策の現状を国益の観点から解明する（相澤信広）。第6章ではベトナムの対中政策における二面的性格を歴史的に省察し（石塚二葉）、第7章では中国の対台湾経済攻勢と台湾の自立傾向を明らかにし（山田周平）、第8章では韓国・北朝鮮ともに中国への過度の依存を微妙に回避しようとする近年の傾向をあとづけ（伊集院敦）、第9章ではインドのしたたかな対中政策の実相を描く（山田剛）。第10章では戦前の日中関係を振り返り、両国の影響力行使がともに十分な効果を発揮しえなかった歴史から現代的意味を示唆する（五百旗頭薫）。

【参考文献】

（日本語）

青山瑠妙（2014）「防御的、積極的、そして攻撃的パブリック・ディプロマシー――中国における３つの要素」『国際問題』第６３５号（２０１４年10月）、日本国際問題研究所
https://www2.jiia.or.jp/kokusaimondai_archive/2010/2014-10_003.pdf?noprint（２０２４年1月24日閲覧）

Ｅ・Ｈ・カー（1952）『危機の二十年』（井上茂訳）岩波現代叢書（E. H. Carr, *The Twenty Years Crisis 1919-1939*, The Macmillan & Co, 1939）

栗田真広（2023）「中国・パキスタン経済回廊の再検討――ＣＰＥＣの『商業性』に着目して」『安全保障戦略研究』第3巻第2号（２０２３年3月）

グレアム・アリソン（2017）『米中戦争前夜』（藤原朝子訳）ダイヤモンド社（Graham Allison, *Destined for War*, Houghton Mifflin Harcourt Publishing, 2017）

国分良成（1991）「中国の対ＡＳＥＡＮ外交――一九八〇年代を中心として」松本三郎・川本邦衛編著『東南アジアにおける中国のイメージと影響力』大修館書店

清水泰雅（2023）「一帯一路の修正で東南アジアに試練」日本経済研究センター『第9回アジア経済中期予測　中国減速が変えるアジア経済』

ジョセフ・Ｓ・ナイ（2004）『ソフト・パワー』（山岡洋一訳）日本経済新聞出版（Joseph S. Nye, Jr, *Soft Power: The Means to Success in World Politics*, PublicAffairs, 2004）

ジョン・Ｊ・ミアシャイマー（2007）『大国政治の悲劇――米中は必ず衝突する』（奥山真司訳）五月書房（新装完全版2019）（John J. Mearsheimer, *The Tragedy of Great Power Politics*, W.W.Norton & Company, 2001）

富山篤（2023）「中国の影響、11年間の変化を可視化――東南アジア、政治経済深いつながり」日本経済研究センター『第9回アジア経済中期予測　中国減速が変えるアジア経済』
ハロルド・ラスウェル（1954）『権力と人間』（永井陽之助訳）創元社（Harold D. Lasswell, *Power and Personality*, W.W.Norton & Company, 1948）
ハンス・モーゲンソー（1986）『国際政治Ⅰ　権力と平和』（現代平和研究会訳・代表原彬久）福村出版（Hans J. Morgenthau, *Politics among Nations: The Struggle for Power and Peace*, Alfred A. Knopf, 1948）
平松茂雄（1993）『中国の海洋戦略』勁草書房
――（1997）『続中国の海洋戦略』勁草書房
邉見伸弘（2021）『チャイナ・アセアンの衝撃』日経ＢＰ
防衛研究所編（2019）『中国安全保障レポート２０１９――アジアの秩序をめぐる戦略とその波紋』
マキアヴェッリ（1998）『君主論』（河島英昭訳）岩波文庫
ロバート・Ｂ・チャルディーニ（2023）『影響力の武器――人を動かす七つの原理［新版］』（日本行動研究会監訳）誠信書房（R. B. Cialdini, *Influence, new and expanded: The Psychology of Persuasion*, HarperCollins Publishers, 2021）
渡辺利夫編著（1992）『局地経済圏の時代』サイマル出版会

（英語）

Alice V. Monroe, ed.（2010）*China's Foreign Policy and Soft Power Influence*, Nova Science Publishers.
Dawn C. Murphy（2022）*China's Rise in the Global South: The Middle East, Africa, and Beijing's Alternative World Order*, Stanford University Press.
Nian Peng, ed.（2021）*The Reshaping of China-Southeast Asia Relations in Light of the COVID-19 Pandemic*, Springer.
Pradumna B. Rana and Xianbai Ji（2020）*China's Belt and Road Initiative: Impacts on Asia and Policy Agenda*, Palgrave Macmillan.
Robert A. Dahl（1957）"The Concept of Power", *Behavioral Science*, Vol.2, No.3.

The White House（NSS, Dec.2017）“National Security Strategy of the United States of America: December 2017”. https://trumpwhitehouse.archives.gov/wp-content/uploads/2017/12/NSS-Final-12-18-2017-0905.pdf（accessed 2024-1-24）

United States Government Accountability Office（GAO, October 2023）“China with nearly all U.S. Confucious Institutes closed, some schools sought alternative language support”. https://www.gao.gov/assets/d24105981.pdf（accessed 2024-1-24）

第1章

東南アジアで強まる中国の経済的影響力

習政権10年間の影響力調査

富山　篤

日本経済新聞 Nikkei Asia デスクエディター
元日本経済研究センター主任研究員

注目データ

総輸入額に占める対中国の割合の推移、CLM で伸びが顕著

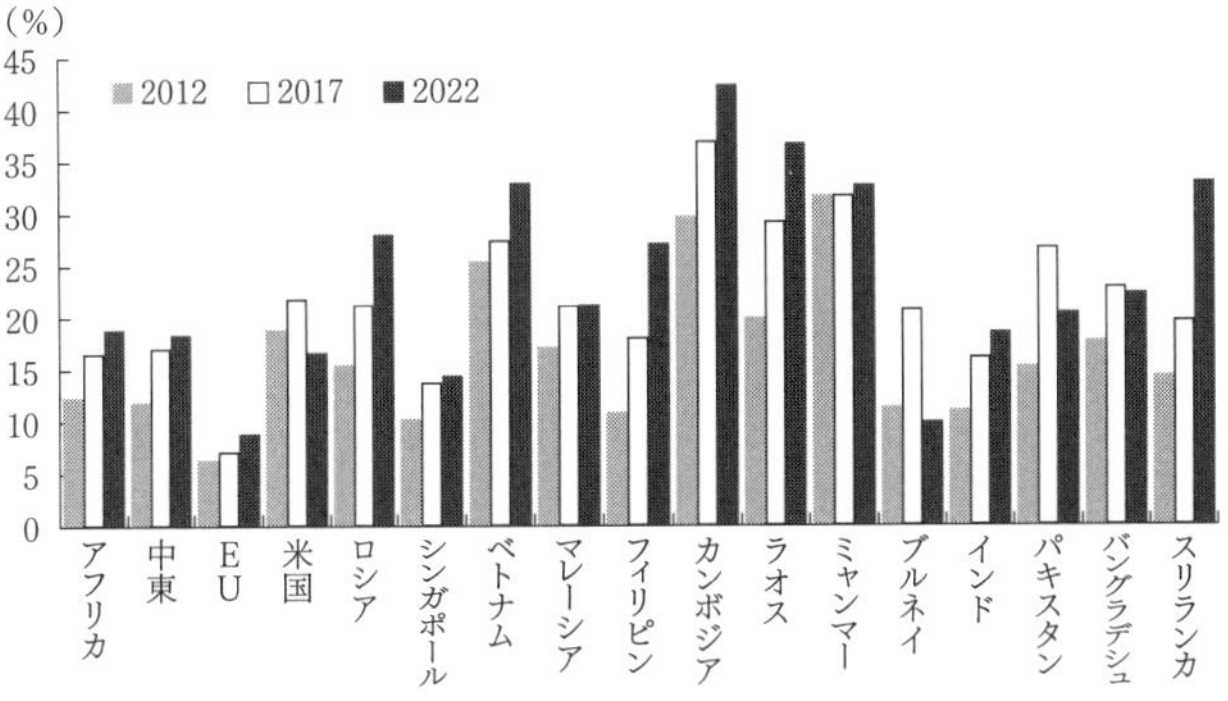

注：CLM はカンボジア、ラオス、ミャンマーを指す

出所：各国政府統計を基に IMF“Direction of Trade Statistics”で補足

Point

- アジア17カ国・地域（日本、韓国、台湾、東南アジア諸国連合〈ＡＳＥＡＮ〉加盟国、インド、パキスタン、バングラデシュ、スリランカ）に対する中国の影響力を習近平政権発足の２０１２年から２０２２年にわたって調査した。項目は貿易（対中輸入と輸出）、中国からの海外直接投資（ＦＤＩ）、対中債務、外交、軍事の5つ。ＣＬＭ（カンボジア、ラオス、ミャンマー）をはじめとするＡＳＥＡＮへの影響度が経済面を中心に多くの項目で強まっていることが定量的に明らかになった。
- アジア以外の地域への影響力と比較したところ、アフリカ、中東、米国の対中輸入も高まっているものの、いずれも２０２２年で２割弱にとどまり、ＡＳＥＡＮの高さが際立った。ロシアは、12年に17％だった対中輸入が22年に３割近くまで急拡大した。
- 対中債務では広域経済圏構想「一帯一路」のルート上にあるＣＬＭが突出しているが、コンゴ共和国、アンゴラなどアフリカの一部の国でも急拡大している。外交面では「孔子学院」がタイなどで２０１０年代に大幅に増えたことがあったが、習近平政権への警戒感などから全体的に減少傾向に転じた。

1 輸入依存度の高まりは政治的距離の近さを表すのか？

中国からの輸入（対中輸入）は、広域経済圏構想「一帯一路」のルート上にあり、中国との政治的な距離が近づいているように外形的に見える国で増加が顕著だ。対中輸入の割合を２０１２年から5年ごとに調べてみた。

フン・セン前首相は中国を後ろ盾にした
出所：筆者撮影

カンボジアは12年時点で29・8％とミャンマーに次いで高かったが、22年には43％に増えた。23年8月に首相を息子のフン・マネット氏に譲るまで、38年にわたって首相の座に就いていたフン・セン氏は中国に接近することで後ろ盾とし、権力基盤を固めた。12年のＡＳＥＡＮ外相会議（カンボジアが議長国）、15年のＡＳＥＡＮ首脳会議などで中国の南シナ海進出を事実上擁護するような態度をとるなど中国に〝恩〟を売った。輸入拡大もこうした姿勢と無縁ではないだろう。ラオス、ミャンマーも似たような構図だ。

しかし、これらの国が中国の政治的影響力を是とし、もろ手を挙げて歓迎しているか、というと微妙だ。シンガポールのシンクタンク、ISEAS Yusof Ishak Instituteが24年4月に発表した“The State of Southeast Asia 2024 Survey”で、「米中2カ国のどちらかを選ばなければいけないとしたら、どちらを選ぶか？」という質問に対して、カンボジアは45％が中国を選び、55％が米国を選んだ。ミャンマーは42・3％が中国で、57・7％が米国だ。ラオスは70・6％が中国を選び、29・4％が米国を選んだ。

「中国の経済的影響力拡大についてどう思うか？」との質問には、カンボジアは回答者の59・3％が影響力拡大を懸念する、と答えた。これは23年の調査の50・5％から拡大している。逆に影響力拡大を歓迎する、と答えた人は40・7％で、２０２３年調査の49・5％から縮小している。

22年5月に財政破綻したスリランカは港湾、空港、鉄道、発電所など様々なインフラを中国の資金で建設した。経済の結びつきの強まりに比例し、中国の輸入割合も増えている。

スリランカが経済的な恩恵の見返りとして政治的影響力の高まりを甘受したのかというと、その証明も難しい。確実に言えそうなことは、22年5月、7月に逃げるようにして辞任した元大統領のラジャパクサ兄弟（マヒンダ・ラジャパクサ、ゴタバヤ・ラジャパクサ）は一族が権力を思いのままにするために中国を活用したということだ。

ベトナムは中国以外に生産設備を移すチャイナプラス1の影響が大きい。ハイテク分野の国内での生産拡大が対中輸入の伸びの要因とみられる。韓国サムスン電子はベトナムの総輸出額の18

図表1－1　ベトナムの中国依存はハイテク分野の企業進出増を機に高まっている

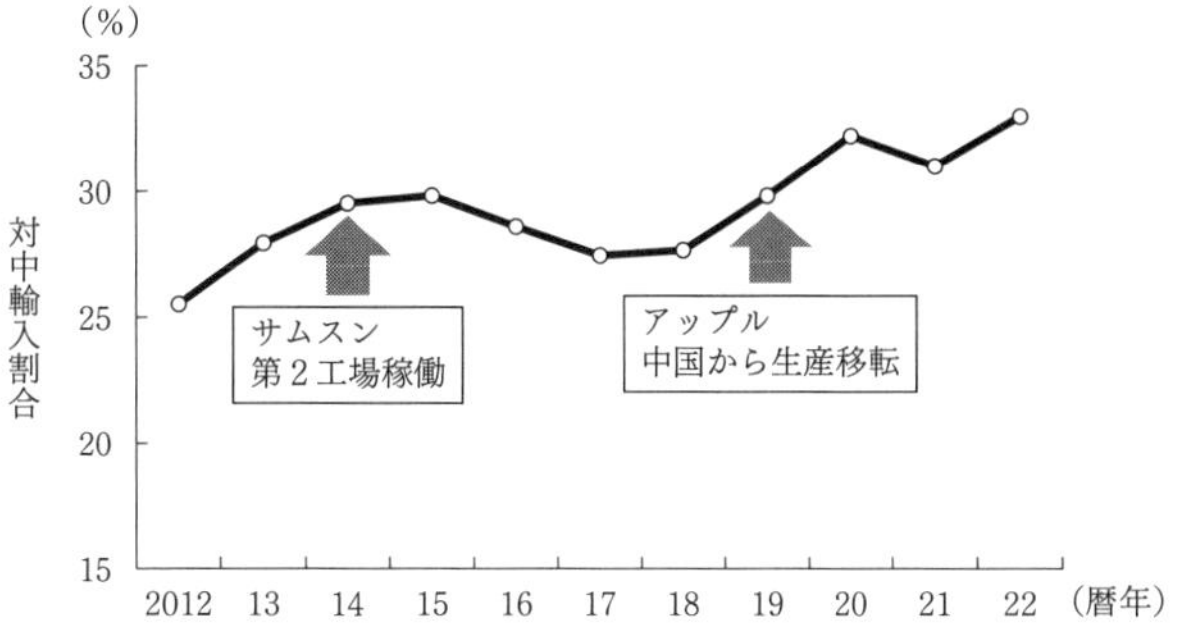

出所：IMF "Direction of Trade Statistics"

％（2022年）を占める有力企業で、09年に稼働した北部バクニン省の工場に続き、14年には同じく北部のタイグエン省に第2工場を稼働した。アップルは19年から一部生産をベトナムに移転した。今後、部品を供給するサプライヤーも現地で増やし、ベトナムのサプライチェーン（供給網）を強化するもようだ。

図表1－1を見ると、サムスンの第2工場、アップルの一部生産移転に伴って輸入の中国依存度が高まっていることが分かる。

インドネシアはジョコ大統領が就任した翌年の15年に輸入の中国依存度が20％を超え、22年まで7年連続で割合が増え、22年には34・5％にまで高まった。

次に対中輸出を見てみよう。輸入と同じく政治的な関係が深いCLMは30％前後と多い（図表1－2）。スリランカは対中輸入が22年で33％だったことに比べると、輸出面では20％弱と低い。輸出できる主要な産品がないということだろう。

一方、割合が増加しているのはベトナム、マレーシア、フ

図表1－2　対中輸出はベトナム、マレーシア、フィリピンが伸びる

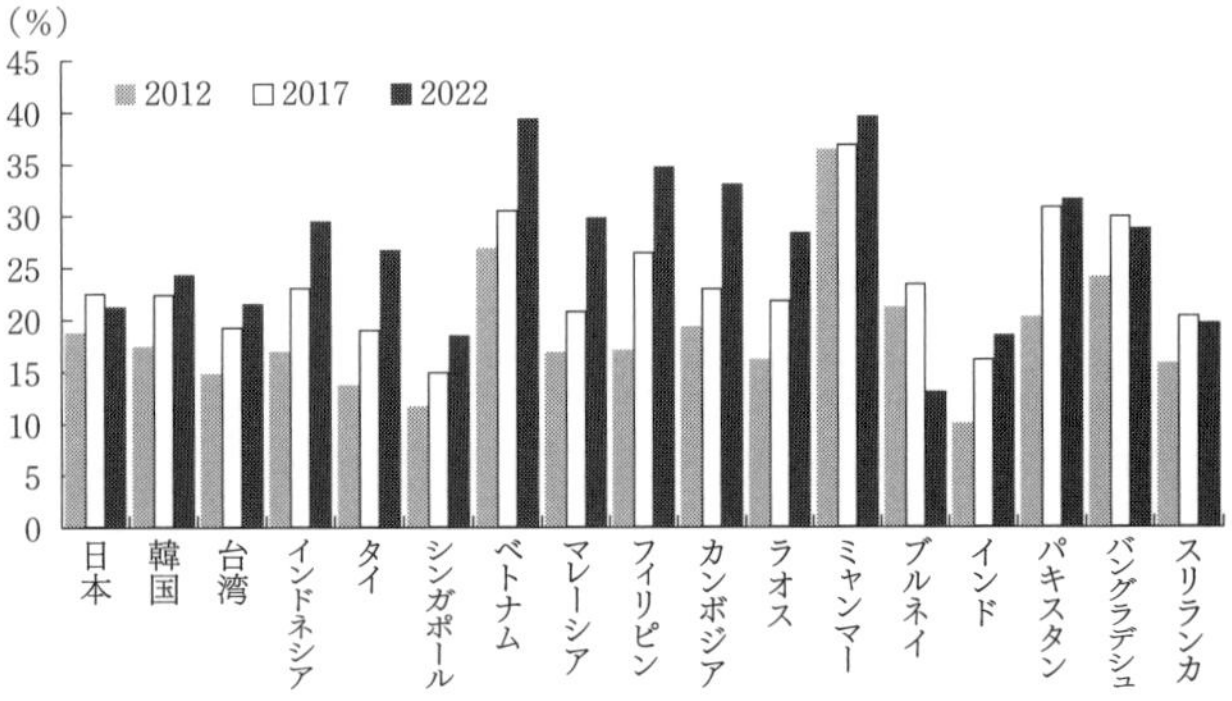

注：中国は本土のみ。インド、パキスタン、バングラデシュ、スリランカは年度
出所：各国政府統計を基に IMF“Direction of Trade Statistics”で補足

ィリピンだ。ベトナムは先述の通り、世界を代表するハイテクメーカーが集積している。マレーシアは半導体の後工程を中心に投資が増えており、フィリピンもハイテク製品、電子部品の製造の工場が集積している。17年から22年にかけて大幅に割合が増えている背景には、米中貿易戦争に伴って中国が東南アジアからの調達を拡大していることが影響している可能性がある。

インドネシアはニッケルなど未加工の鉱石の輸出を規制したことで中国企業の進出が増加し、中国向けの鉱石輸出が増えたとみられる。「アジアのデトロイト」と呼ばれ、内燃機関の車の生産拠点であるタイは電気自動車（ＥＶ）シフトが進んでおり、23年時点の新車販売の15％がＥＶ。多くは中国企業でＥＶの輸出拠点のハブとして存在感を高めつつあり、その一部が中国に流れている可能性も考えられそうだ。

対中輸出の今後は明るいとは言えない。中国はＧＤＰの３割を占める不動産セクターの不況によって経済

図表1－3　ロシアを除き、対中輸入の比率は高くない

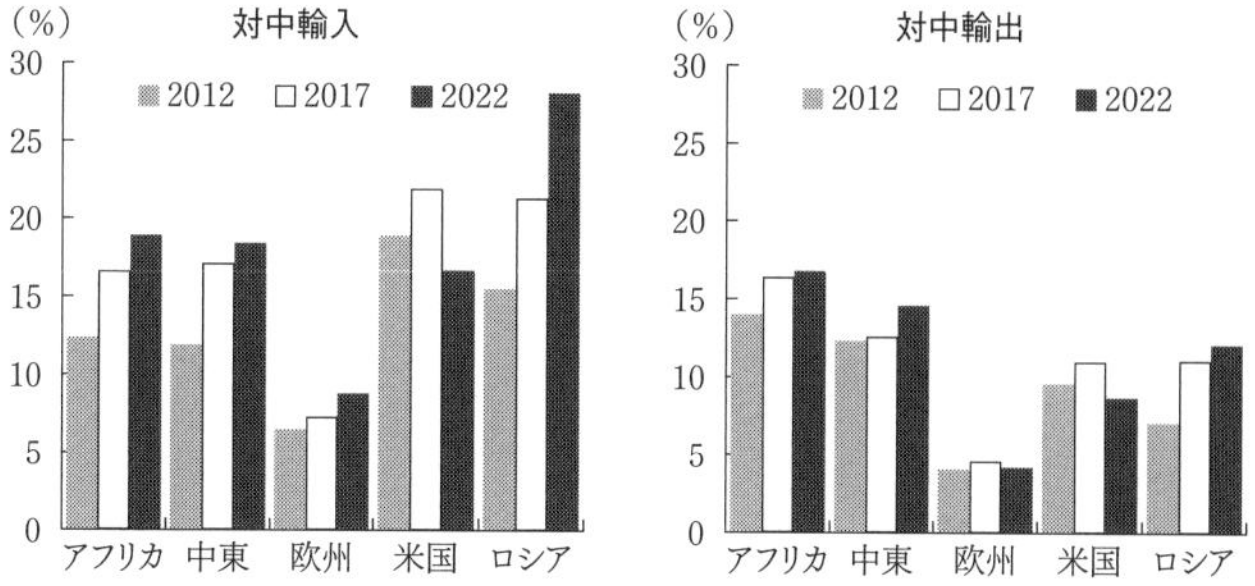

注：アフリカはサブサハラ地域

出所：各国政府統計を基に IMF“Direction of Trade Statistics”で補足

減速が加速しており、購買力（≒輸入）が落ちている。23年の中国の輸入は7％減と3年ぶりの減少。ASEAN6から中国向けの輸出は、第3四半期に9・9％の大幅減となった。コロナ後の観光復興の牽引役と目される中国人観光客も減少傾向となる可能性もある。

アフリカやEUよりも依存度高いASEAN

アジア以外の各国・地域の中国との貿易（図表1－3）を調べてみると、ASEANの急増ぶりが際立つ。中国が影響力を増しているアフリカでは比率が年々上昇しているが、輸入、輸出ともに2割以下にとどまる。

ロシアは2022年のウクライナ侵攻に伴って西側諸国が経済制裁に動くなか、関係拡大を進めた中国との政治的な距離が縮まっていることが影響して対中輸入が急増している。対中輸入では化学工業品、プラスチック、車両などが多く、対中輸出では8割程度が原油などの石油製品だった。それ以外の国・地域は輸出入ともに大きな変化はなく、比率もASEANほど高くない。

欧州連合（EU）は、輸出入ともに中国への依存度が低いままで推移していることが分かる。欧州のEV市場では中国メーカーが台頭しており、中国EVの輸入額も22年で約69億ユーロ（約1兆1000億円）とBEV（100％車載電池で動くEV）のEUの総輸入額の54％を占める。しかし、EU各国はEU域内との貿易が6割程度と多いことから、全体で見ると中国の存在感は他国・地域に比べて高くない。

アフリカは中国がインフラ整備を積極化する一方、10年前後から貿易面での中国の存在感が目立ってきた地域。中国からアフリカへは機械、電気製品、日用品、繊維製品が輸出され、アフリカから中国へは鉱物、金属、農業製品が輸出の大部分を占める。21年に開かれた「中国・アフリカ協力フォーラム（FOCAC）」の第8回閣僚級会議で「ダカール行動計画」が採択され、対中輸出を拡大する方向性が確認された。アフリカでもスマートフォン、ネット環境の普及が進みつつあり、電子商取引（EC）を活用した対中国の輸出入が今後拡大するものとみられる。ASEANほどではないにせよ、中国にとっては次なる有望市場として最も注目するのがアフリカだ。

中国の景気減速と米中対立が貿易を通じてASEANに波及

中国の景気減速は、貿易を通じて世界に広がる可能性が高い。世界的金融危機となった2008年のリーマン・ショックの翌年、世界全体の輸出額は前年比19・9％減少した。貿易依存度が

図表1－4　ASEANから中国への輸出では減る品目も

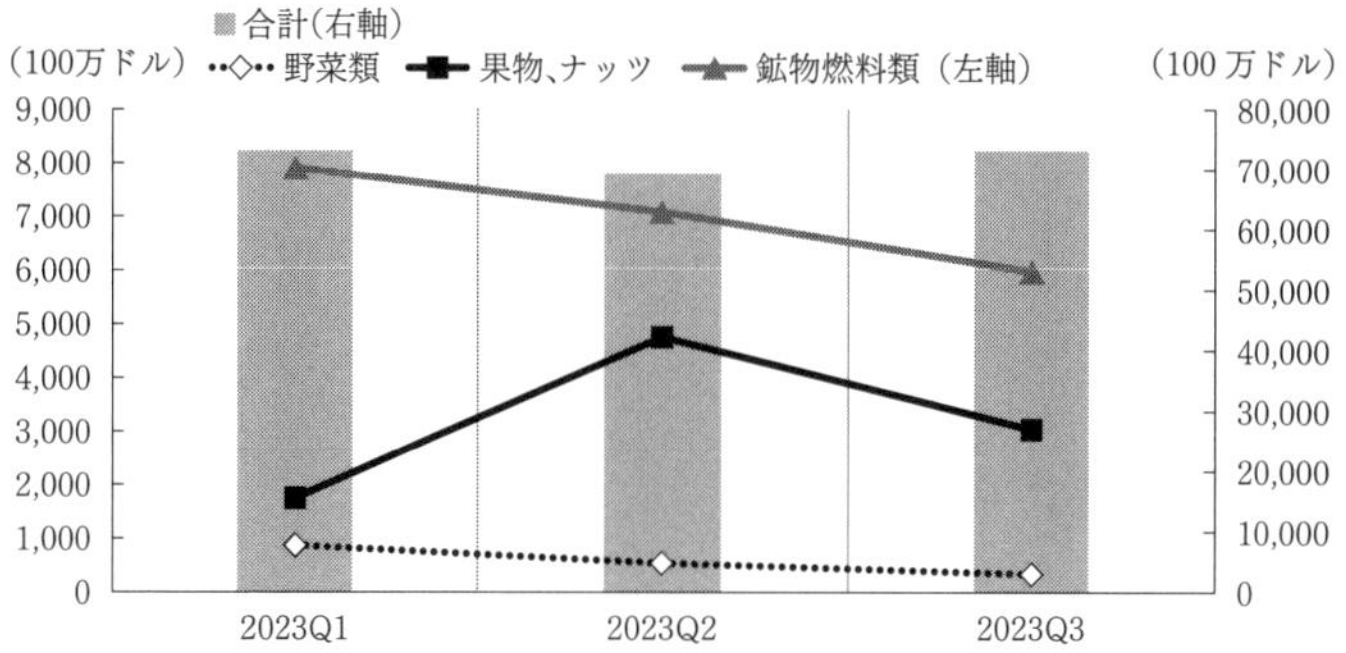

出所：ASEAN Stats Data Portal

高いＡＳＥＡＮはその悪影響が諸外国より大きいとみられる。

ＡＳＥＡＮ経済共同体（ＡＥＣ）が提供する統計サービス「ASEAN Stats」によると、23年第2四半期はＡＳＥＡＮから中国への輸出は前四半期比5・3％減った（図表1－4）。第3四半期には回復したものの、品目によっては減少が目立っているものもある。例えば中国向け輸出の約1割を占める鉱物性燃料は、ロシア産の安い原油が流入している影響もあるが、減少傾向が続いている。消費動向を反映する野菜と果物もそれぞれ第3四半期は前四半期比38％減、同37％減と大幅に下落した。24年に中国の景気減速がさらに進む可能性は高く、ＡＳＥＡＮの輸出面でのダメージは大きくなるだろう。

輸入面でも米中対立のあおりを受け、半導体関連部品、希少鉱物などが中国から輸入しにくくなるだろう。特にＥＶのバッテリー関連は、保護主義が広がる可能性がある。

２　直接投資はＣＬＭ、シンガポールで盛ん

中国は東南アジアなどアジア各国に多くの投資をしている。データベースサービスのHaver Analyticsを使い、毎年のフローではなく、ストックとして積み上がった中国のＦＤＩを調べたところ、シンガポールが断トツで多いことが分かった（図表１－５）。

２０２２年で７３４億ドル（約11兆円）と17年の１・６倍、12年の５・９倍という急増ぶりだ。中国がシンガポールで具体的にどんな分野に投資しているかまでは同データベースでは分からないが、「ASEAN stats」から参考になる情報が入手できる。

同統計によると、22年の中国によるＡＳＥＡＮ全体へのＦＤＩ（フロー）の業種別内訳は製造業が35％、不動産が16％、金融が12％などと続いた（図表１－６）。

シンガポール以外ではインドネシア、ベトナム、マレーシア、カンボジア、ラオスが大きく伸びている。インドネシアは14年、20年にそれぞれニッケルなどの未加工鉱石の輸出を禁止し、インドネシア国内で加工するように誘導したことで、中国企業の進出が増えた可能性がある（図表１－７）。

図表1－5　FDIはシンガポールが一強

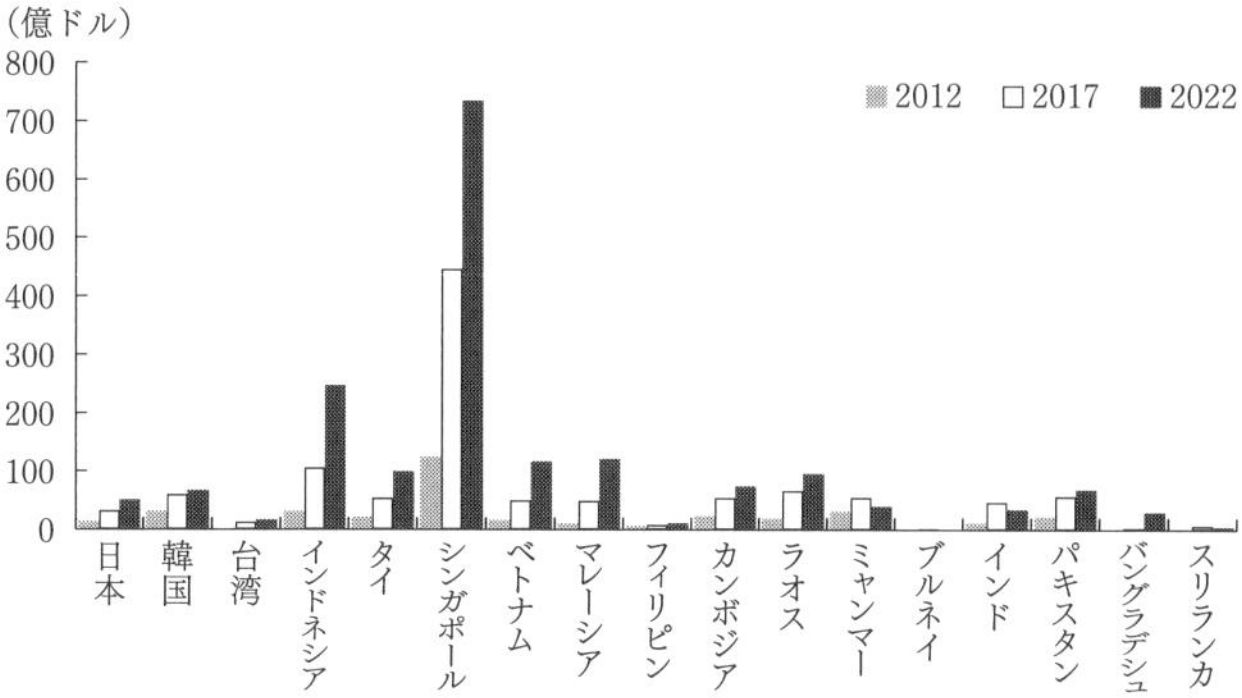

注：中国のFDIには香港、マカオからの分を含む
出所：Haver Analytics, “China's Direct Investment Abroad (Position / Stock)

図表1－6　中国のASEAN投資の業種別内訳

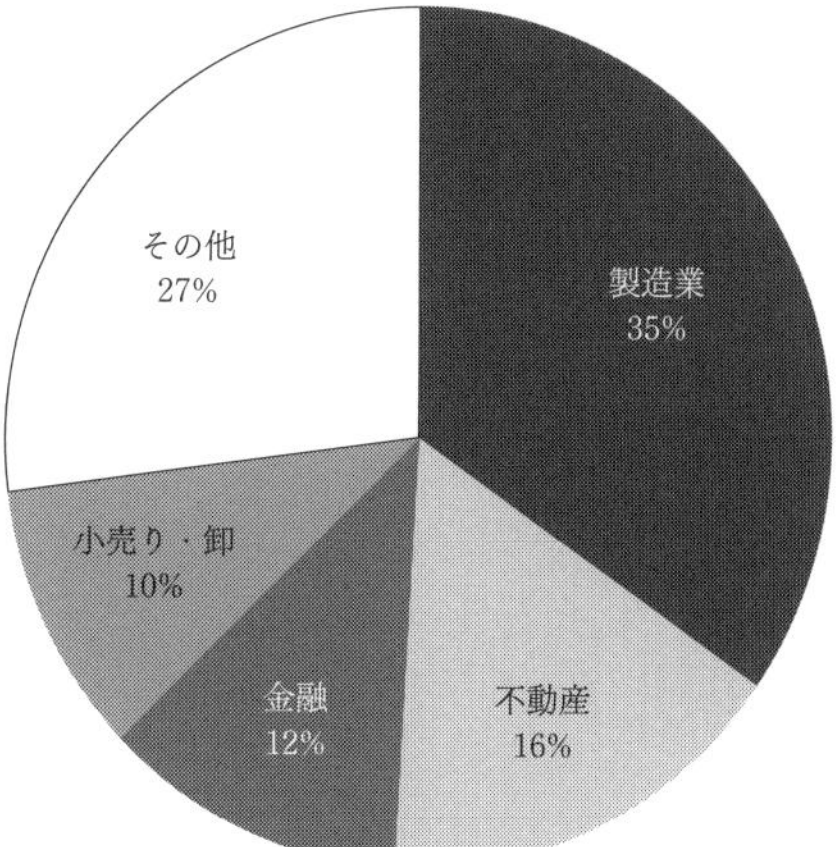

注：ASEAN全体への投資（フロー、2022年）
出所：ASEAN Stats

図表1－7　インドネシア、マレーシアでFDIの伸びが大きい

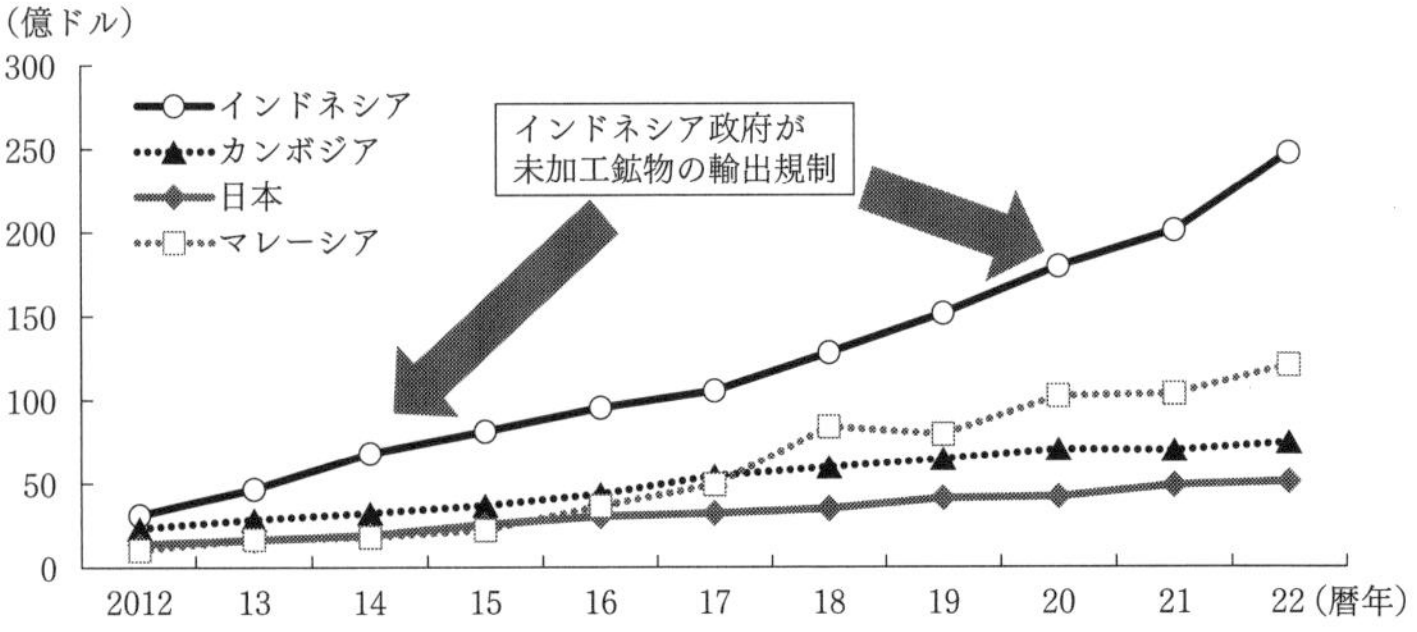

注：中国のFDIには香港、マカオからの分を含む

出所：Haver Analytics, “China's Direct Investment Abroad (Position / Stock)

マレーシアは米中貿易摩擦の影響がプラスに出ており、21年のFDI（フロー）は過去最高を記録した。20年には独ボッシュ、21年には米インテル、22年には独インフィニオンテクノロジーズと半導体関連の投資が相次いでおり、中国企業のＦＤＩが増えていることも欧米勢の動きと連動したものかもしれない。

マレーシアは中華系の人口が23％あり、親中感情がＡＳＥＡＮのなかではシンガポールと並んで高い。米ピュー・リサーチ・センターが22年6月に実施した調査では、米バイデン大統領と中国の習近平国家主席のどちらを信じるか、という質問に対し、62％が習氏、53％がバイデン氏を支持すると回答した。

22年10月に米国が開始した中国への先端半導体の規制は、中国にとっても欧米企業にとっても打撃となる恐れがあるが、マレーシアを経由地とすることで半導体などハイテク製品のサプライチェーンに支障が出ないようにしている、との見立てができる。

３　対中債務、ＣＬＭ・パキスタンなどで重荷に

中国ラオス鉄道は「一帯一路」のインフラの象徴

国際通貨基金（ＩＭＦ）のInternational Debt Statisticsから対外債務に占める中国の割合の推移を調べたところ、ＣＬＭが突出して多かった（図表１－８）。調査対象の17カ国・地域のうち、同統計で対中債務を公開していたのが９カ国だった。

ミャンマーは２０１７年に40％近く増え、22年には20％弱に下がった。17年に１０８億ドルあった対外債務総額はクーデターがあった21年には１３８億ドルに増えた。一方、対中債務は42億ドルから30億ドルに減り、22年には25億ドルに減っている。11年に民政移管で誕生したテイン・セイン政権は民主化と経済開放を進めてきており、欧米の経済制裁も緩和され、ヤンゴン近郊の「ティラワ経済特区開発事業」など日本の支援も増えていった。日本や欧米に接近する一方、中国への警戒感を高めて

図表1－8　対中債務はCLMが突出

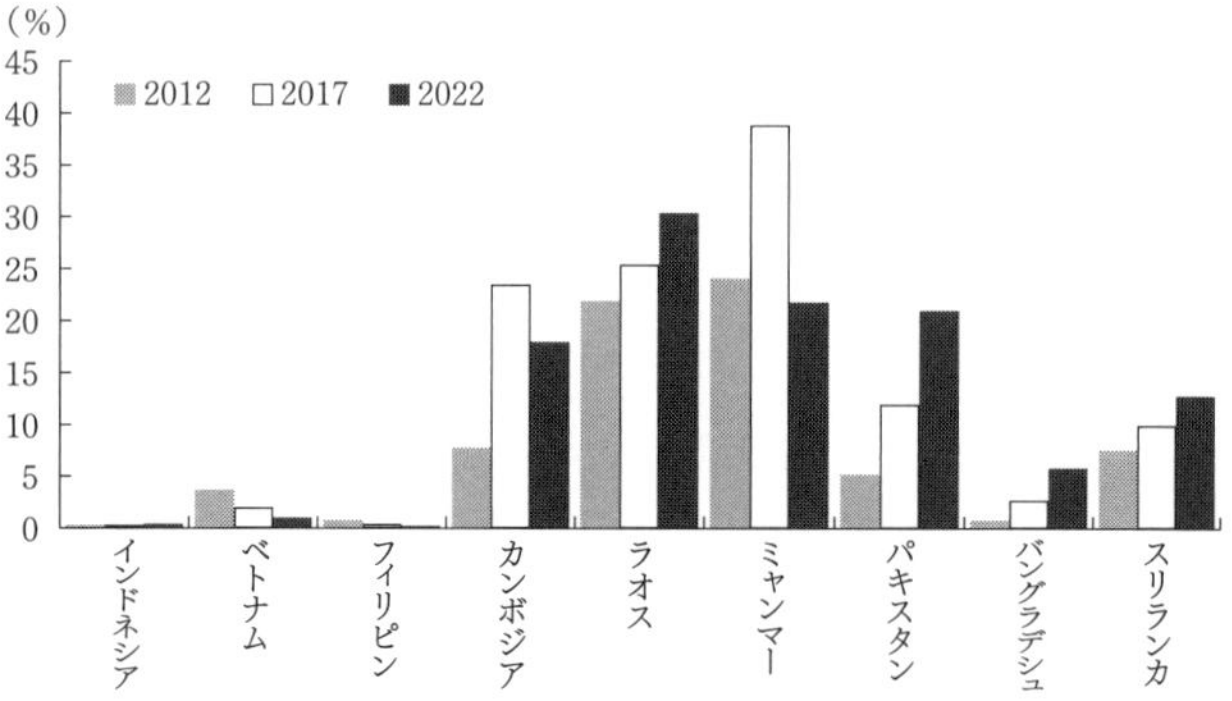

注：下記データベースで対中債務を公開している国のみ
出所：IMF "International Debt Statistics"

いった時期でもあり、対中債務の削減に動いていたものとみられる。

22年時点で対中債務の割合が最も高いのがラオスの28%。21年12月に完成した中国ラオス鉄道はその象徴で、中国雲南省・昆明とラオスの首都ビエンチャン１０３５キロメートルを結ぶ。ラオス中国鉄路によると、開業10カ月間でラオス側の区間を90万人が利用した。ラオスはこのほか、全長４４０キロの中国ラオス高速道路も中国の支援で整備しており、総建設費は１８０億ドルに達する。22年の名目ＧＤＰと同規模だ。

格付け会社フィッチ・レーティングスはラオスの外貨準備高が債務返済に不十分とし、20年9月にラオスの格付けを「Ｂマイナス」から「トリプルＣ」に引き下げた。返済が滞れば、重要インフラの権利を中国側に握られる「債務の罠」に陥る可能性もある。

米民間調査機関のエイドデータの調査でも、中国の金融支援によるラオスの開発が異常に多いことが分か

図表1－9　中国の金融支援による開発総額

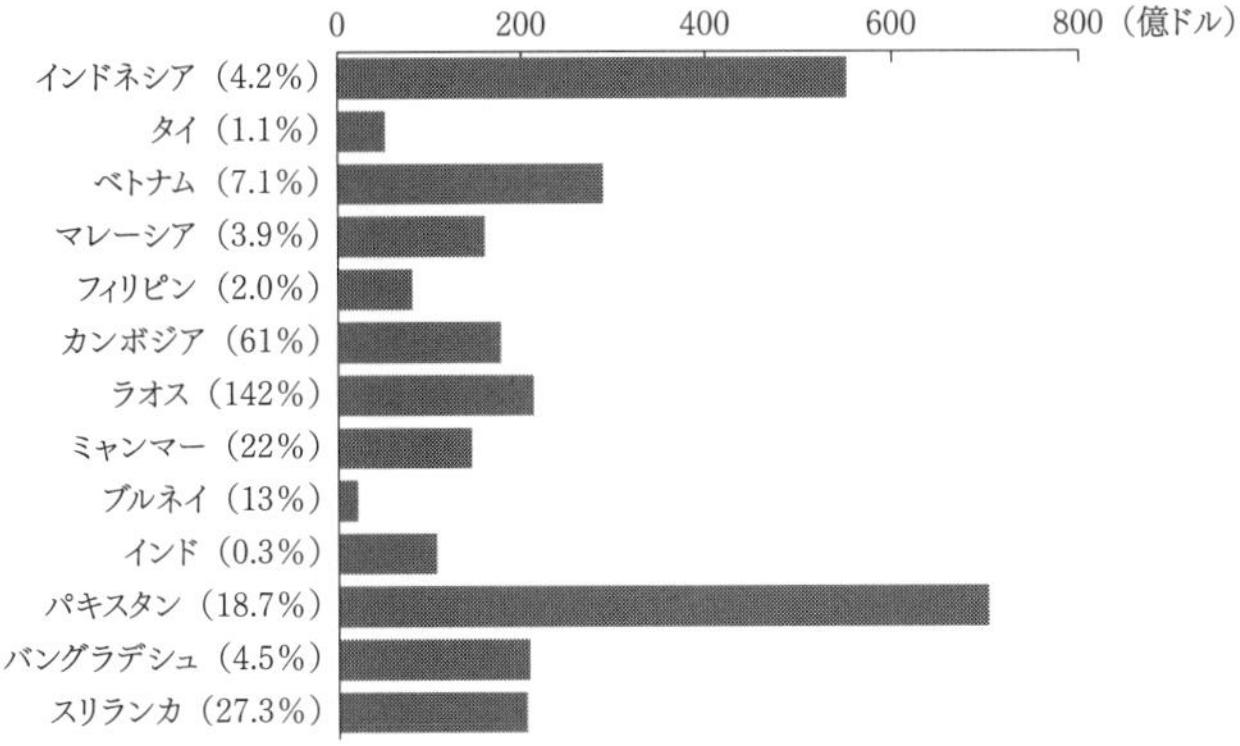

注：国名右のカッコ内の数字は名目GDP比、日本、韓国、台湾、シンガポールはデータなし

出所：AidData "Global Chinese Development Finance"

る（図表1－9）。21年までの開発総額で、ラオスは213億ドルと22年の名目国内総生産（GDP）の1・42倍（142%）。アンゴラ（651億ドル、名目GDP比97%）、スーダン（189億ドル、同55%）などアフリカにも〝分不相応〟な開発を受け入れてしまっている国が目立つ。

ラオスほどではないが、中国に政治的に近いカンボジア、ミャンマー、パキスタン、スリランカがやはり開発プロジェクトも多いことが分かる。

アフリカにも「債務の罠」予備軍

アジア以外の国の対中債務も調べたところ、アフリカに対中債務の比率が高い国が多かった。ボストン大学が2023年9月に公表したレポートによると、中国政府によるアフリカへのソブリン融資（政府保証付き融資）は22年単年で総額9億9400万ドルと04年以降で最低の水準になった。ピークの16

図表1-10　アフリカと南米の一部で対中債務比率の高い国が目立つ

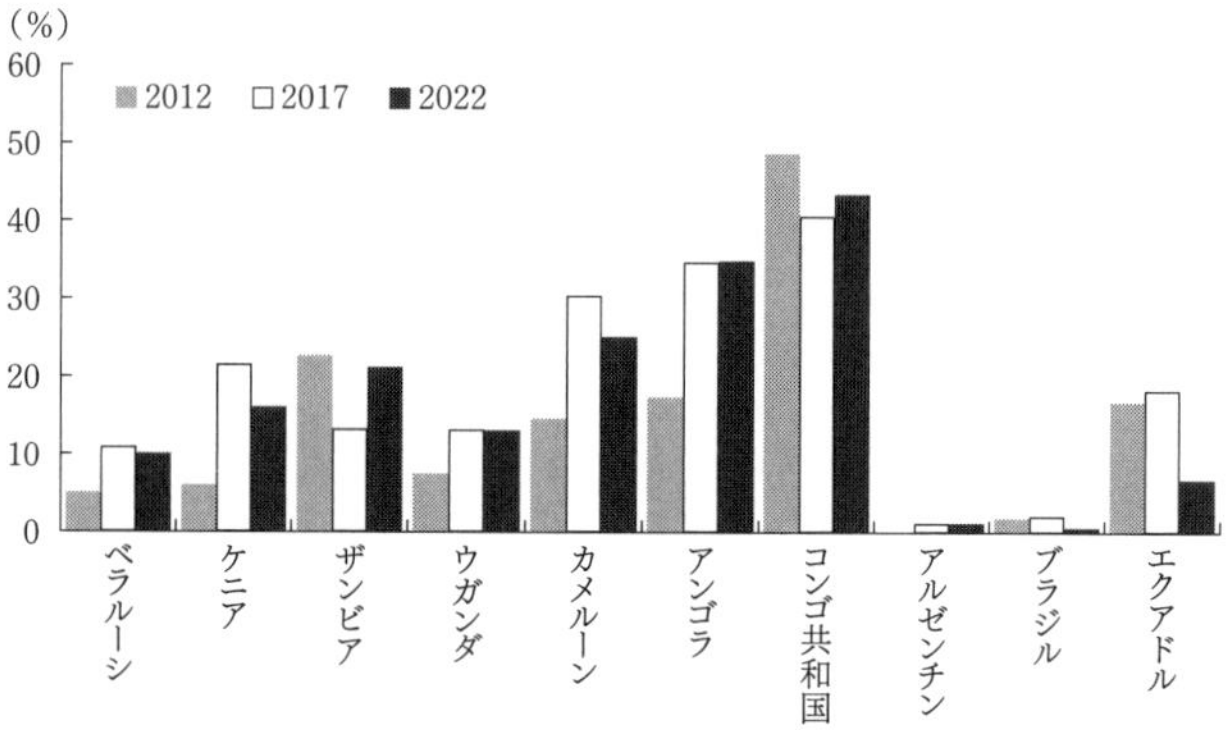

注：下記データベースで対中債務を公開している国のみ
出所：IMF "International Debt Statistics"

年の２８４億ドルと比べると29分の1に減った。財政破綻したスリランカを教訓に「債務の罠」を警戒するアフリカの国が増えているほか、中国の景気減速の影響も大きいとみられる。

国別では中国依存度が著しく高い国も多い。コンゴ共和国は22年の対外債務に占める中国の割合は43・4%。対外債務総額は79億ドルとＧＤＰの6割ほどに膨らんでいる。21年に債務返済の延期に中国政府は合意したとロイターが伝えている。

隣国のコンゴ民主共和国も、22年の対中債務の割合が27%。ピークだった18年の43・4%からは減少している。同国はＥＶに必要なレアメタルのコバルトなどが採掘されるため、ＥＶに力を入れる中国政府が同国とのパートナーシップを強化しつつある。

アフリカ以外ではベラルーシ、エクアドルの比率が高い。ベラルーシはロシアと同盟関係にあり、ルカシエンコ大統領も中国との経済的連携強化をうたっており、今後さらに中国による開発案件が増える可能性がある。エクアドルは、中国が米国に次ぐ貿易相手国。24年1月3日に自由貿易協定（ＦＴＡ）交渉が妥結したばかりだ。バナナ、エビなど農水産品を中心に中国への輸出拡大をもくろむ。

　対中債務問題に関してエクアドル政府は、22年に返済負担を軽減することで中国政府と合意している。産油国のエクアドルは中国に対して長期にわたる石油販売契約を結んでおり、それに関連した形で融資契約が結ばれていた。

4 孔子学院に警戒感広がる

　国同士の外交関係を定量的に分析することは難しい。経済的な影響力を増している中国がアジア各国にどう関与を深めているのかを探ろうと考え、中国が世界で展開する中国語および中国文化の教育機関「孔子学院」の設置箇所数（施設および教室）と、要人の相互訪問回数から類推することにした（図表1－11①②）。

　孔子学院は中国政府が主導し世界各地の大学などと提携して展開しているが、外国における中国の宣伝活動（プロパガンダ）の拠点であるとの主張もある。日本にもあり、政府が孔子学院の

図表１-11　①孔子学院設置箇所数

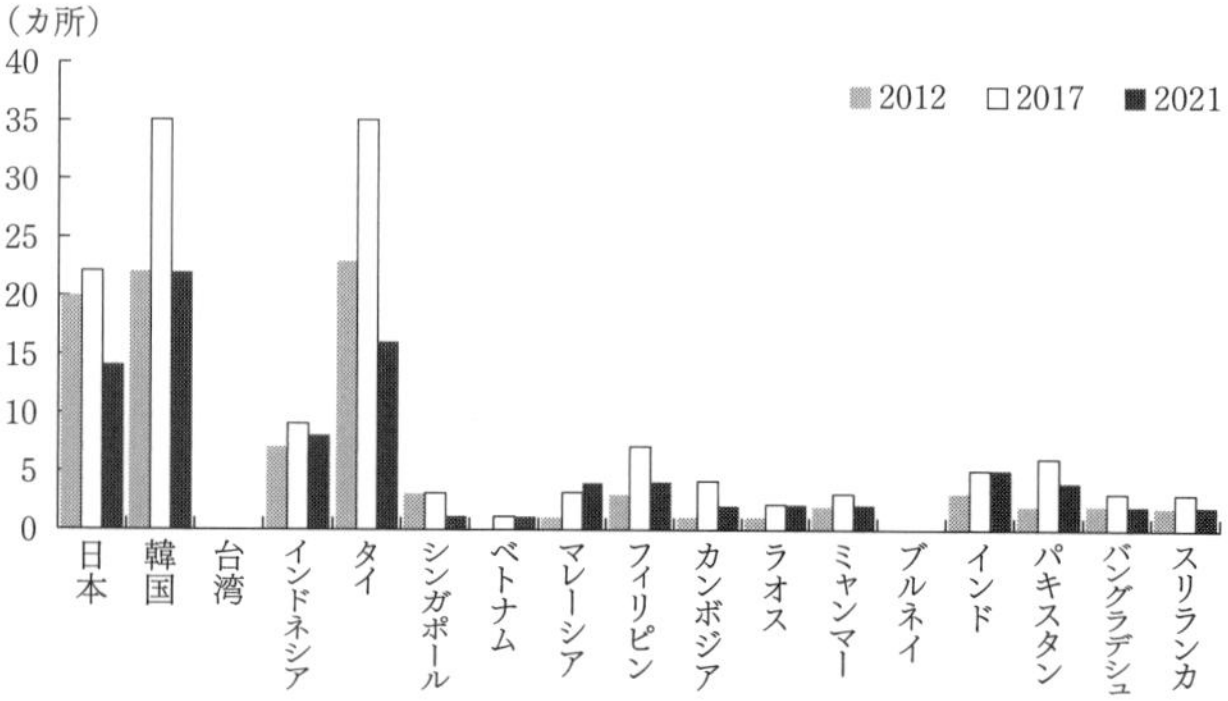

注：孔子学院の設置箇所数は施設および教室の数(最新データが2021年)

②要人相互訪問回数

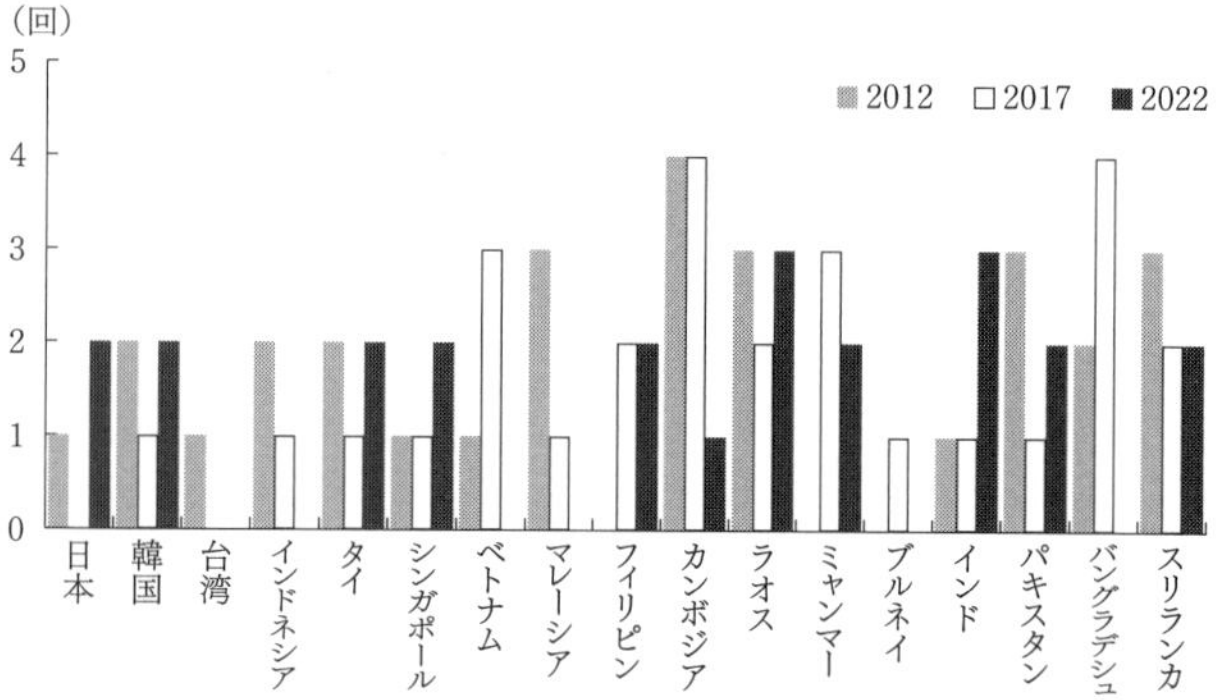

注：要人の相互訪問については大統領、首相、官僚らの訪問回数（テレビ会談含まず）

出所：AidData “Chinese Public Diplomacy”、IDE-JETRO『アジア動向年報』

活動について実態調査を検討するという報道があった。

エイドデータの調査によると、東南アジアで孔子学院が急増したのがタイ。２００５年に3カ所開設されたのを皮切りに、21年時点で16カ所に。シンガポール国立大学は「中タイ関係のなかの孔子学院——中国のソフトパワー」と題する報告で、「(孔子学院からの)紹介によってタイ企業は、中国企業との取引を取り持つ信頼できる仲介者を得ている。こういった活動はタイ政府、王室、実業家の支持を受け、学院が戦略・経済的ツールとなっている」と指摘した。

ただ、その広がりには陰りが見られる。２０１７年こそ35カ所と大幅に増えたものの、21年には半減した。コロナ禍の影響もあると思われるが、ベトナムやフィリピンといった庶民の対中感情が良くない国だけでなく、経済的に親中国の国でも活動は減少傾向にある。

東南アジアのなかでは中国への警戒感が強いとされるフィリピンやベトナムでも、21年時点でそれぞれ4カ所、1カ所開設されている。

要人の相互訪問については、大統領、首相、官僚らの訪問回数をエイドデータと日本貿易振興機構アジア経済研究所（ＩＤＥ－ＪＥＴＲＯ）の『アジア動向年報』から拾った。米中対立が深まり、新型コロナウイルス禍があったこともあるが、17年と22年を比較するとラオス、インド以外は横ばいか減少傾向だった。

南シナ海問題を巡って中国と対立するベトナム、フィリピン、インドネシアなどではとりわけその傾向が強まりそうだ。２０２２年6月、親中派のドゥテルテ氏から親米派のボンボン・マルコス大統領に代わり、フィリピンは米国に接近するような政策が目立ってきた。

象徴的なのは、２０２４年4月11日に米国で開かれた日米比首脳会談だ。南シナ海問題を日米と協力しながら中国に対抗するという強いメッセージといえ、その翌日中国外務省は在中日本大使館の横地晃首席公使を呼び出し、「深刻な懸念と強い不満」を伝えた。

具体的な政策でもフィリピンは２０２３年2月、米国に対して台湾海峡に近いフィリピン北部のカガヤン、イサベラなど4基地を使える権利を付与した。従来の5基地に合わせ、９基地となった。

ベトナムは２０２３年9月、米国を外交関係の3段階ある位置づけで最上位にあたる「包括的戦略的パートナー」に引き上げた。従来は2段階下の「包括的パートナー」だった。2段階を一気に引き上げられるのは異例。ベトナムが信頼する日本でさえ、2番目にあたる「戦略的パートナー」なので米国をいかに厚遇しているかがわかる。

バイデン大統領の訪越が２０２３年9月、ＣＳＩＳ（米戦略国際問題研究所）がベトナムによる南シナ海の南沙諸島での埋め立ておよび監視強化を発表したのが同年11月。そうした米国を後ろ盾にしたベトナムの強気の姿勢を牽制するように習近平国家主席は同年12月、ベトナムを6年ぶりに訪問した。ベトナム共産党機関紙などは習氏が「（中越は）共有された未来を抱く共同体」と述べた、と報じた。

5 軍事協力、ミャンマーとパキスタンが多い

中国人民解放軍（ＰＬＡ）が２００３－16年に外交的軍事行動を何回行ったかをＩＮＳＳ（Institute for National Strategic Studies＝米国防大学国家戦略研究所）が集計している。東南アジアではタイが84回と最も多く、次はベトナムの60回だった（図表１－12）。

ベトナムは１９７９年にカンボジア侵攻に伴って中国の侵攻を受けた「中越戦争」、88年には南シナ海のガックマー環礁での交戦など、中国とは戦火を交えている。近年では２０１４年に西沙諸島に中国が石油掘削リグを設置したことで緊張感が増した。とはいえ、政治的には中国共産党をモデルにしており、党レベルでは緊密に連携している。

今回の調査対象ではないが、図表１－12では参考までにロシアと米国のデータも掲載した。米国は１３５回も外交的軍事行動を共同で実施していた。

ＳＩＰＲＩ（Stockholm International Peace Research Institute＝ストックホルム国際平和研究所）の武器移転データベースを用い、中国が２０１２－22年にアジアのどの国に兵器・武器を移転しているかを集計したところ、パキスタンとバングラデシュがそれぞれ計37回、29回と多かっ

図表1-12　中国人民解放軍との外交的軍事行動

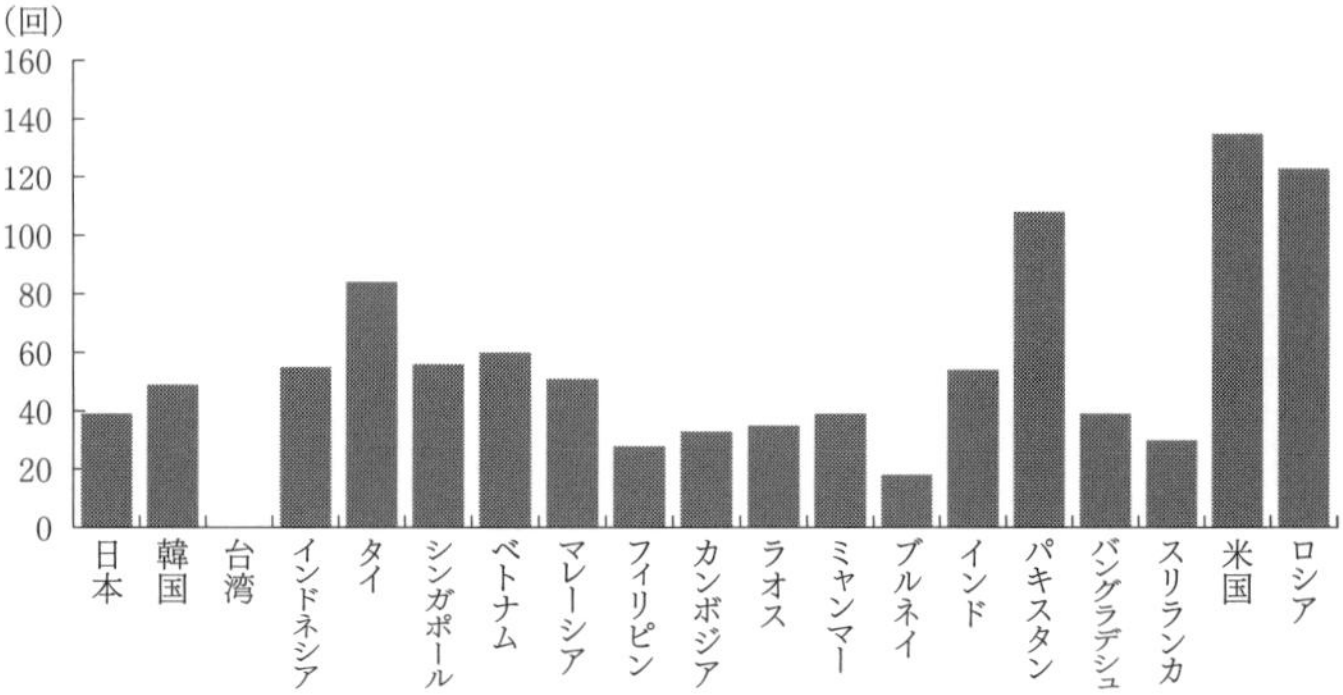

注：2003–16年の累計
出所：INSS“China Strategic Perspective 11”

中国の地対空ミサイル「KS-1A」

た（図表1－13）。東南アジアではミャンマーが28回と最も多く、民政移管翌年の12年には11回もの兵器の供与があった。地対空ミサイル（SAM）の「KS－1A」、中国とパキスタンが共同開発した「90－II」式戦車、レーダー、重火器など多様な武器が供与された。

　カンボジアとラオスの関係は、貿易やFDIの結びつきの強さと比べると、軍事的には弱い。地政学的重

図表1-13　中国からの武器移転回数

	インドネシア	タイ	マレーシア	カンボジア	ラオス	ミャンマー	パキスタン	バングラデシュ	スリランカ
2012	6	4	0	2	1	11	6	3	0
2013	0	0	0	0	0	2	3	6	0
2014	1	0	0	0	0	1	2	1	0
2015	3	1	0	0	1	6	6	5	0
2016	1	2	0	0	0	1	1	1	1
2017	4	2	0	0	3	0	2	1	0
2018	0	1	0	1	2	1	7	4	1
2019	0	4	0	1	1	2	1	5	0
2020	1	0	0	1	0	3	2	0	0
2021	0	3	0	2	0	1	4	1	0
2022	0	0	1	0	0	0	3	2	0

出所：SIPRI “Transfers of major weapons”（From China to other countries）

要性が比較的低いためだ。貿易で中国に依存するマレーシアは英国と旧英植民地のオーストラリア、ニュージーランド、シンガポール、マレーシアでつくる5カ国防衛取極（Five Power Defence Arrangements：FPDA）を締結していることもあり、中国とは距離を置いているようだ。

ISEAS Yusof Ishak Instituteの“The State of Southeast Asia 2024 Survey”によると、台湾有事が起きた場合、「中国を支援する」と回答した割合がASEANで最も高かったのはラオスの8・1％。次に高かったのはブルネイの7・8％、ミャンマーの2・6％。カンボジアは1・1％にすぎなかった。

「侵略側に経済制裁を与えるべきだと思うか？」との質問に「制裁するべき」と答えた人の割合は、カンボジアが17・5％と最も高く、ミャンマー（14・3％）、フィリピン（13・5％）が続いた。

経済的な力はうまく取り込み、自国の発展に役立てたいが、有事の影響は受けたくない、というＡＳＥＡＮらしい風見鶏外交がうかがえる。

【参考文献】

（日本語）

梅田邦夫（2021）『ベトナムを知れば見えてくる日本の危機――「対中警戒感」を共有する新・同盟国』小学館

太田泰彦（2021）『２０３０ 半導体の地政学――戦略物資を支配するのは誰か』日本経済新聞出版

古賀慶（2022）「インド太平洋地域秩序構築と東南アジア――米国政策コミュニティにおける東南アジア・ＡＳＥＡＮへの関心と現状」（在米日本人研究者からのアメリカ便り）笹川平和財団

日本貿易振興機構（ＪＥＴＲＯ、2021）「貿易マトリックスでみるＡＳＥＡＮ市場の成長と貿易相手の変遷――10年間で様変わりしたアジアの貿易フロー」

日本経済研究センター（2023）「第９回アジア経済中期予測――中国減速が変えるアジア経済」

『東洋経済オンライン』『日本経済新聞』『読売新聞』『産経新聞』

（英語）

East Asia Forum（2024）“Cambodia strengthens ties with Japan amid US–China tensions” https://eastasiaforum.org/2024/01/24/cambodia-strengthens-ties-with-japan-amid-us-china-tensions/（accessed 2024-1-24）

Institute For National Strategic Studies（2017）“China Strategic Perspective 11”

Nikkei Asia（2023）“Malaysia needs to get smarter about foreign investment” https://asia.nikkei.com/Opinion/Malaysia-needs-to-get-smarter-about-foreign-investment（accessed 2023-12-3）

Pew Research Center（2023）“Comparing Views of the U.S. and China in 24 Countries” https://www.pewresearch.org/global/2023/11/06/comparing-views-of-the-us-and-china-in-24-countries/（accessed 2023-12-25）

『BBC』『Reuters』『Nikkei Asia』『VTV（Vietnam Television）』

（ベトナム語）

Nhân Dân（2023）“Thúc đẩy quan hệ Việt Nam-Trung Quốc lên tầm cao mới, tạo cục diện đối ngoại thuận lợi cho phát triển đất nước” https://nhandan.vn/thuc-day-quan-he-viet-nam-trung-quoc-len-tam-cao-moi-tao-cuc-dien-doi-ngoai-thuan-loi-cho-phat-trien-dat-nuoc-post787899.html（accessed 2023-12-18）

『Báo Tuổi Trẻ』

【中国の影響力測定に使用した統計】

（貿易）各国政府統計

IMF “Direction of Trade Statistics”

（ＦＤＩ）Haver Analytics “China's Direct investment Abroad”

ASEAN Stats

（対中債務）World Bank “International Debt Statistics 2022”

Boston University Global Development Policy Center “China’s Overseas Development Finance Database”

（外交）AidData “Chinese Public Diplomacy”

IDE-JETRO『アジア動向年報』

（軍事）INSS “China Strategic Perspective 11”

SIPRI “Transfers of major weapons”（2012-2022, From China to other countries）

第2章

対外的影響力を模索する中国外交

プロトタイプとしての東南アジア

山口 信治
防衛研究所主任研究官

注目データ

中国の地域別のパートナーシップの締結・格上げ

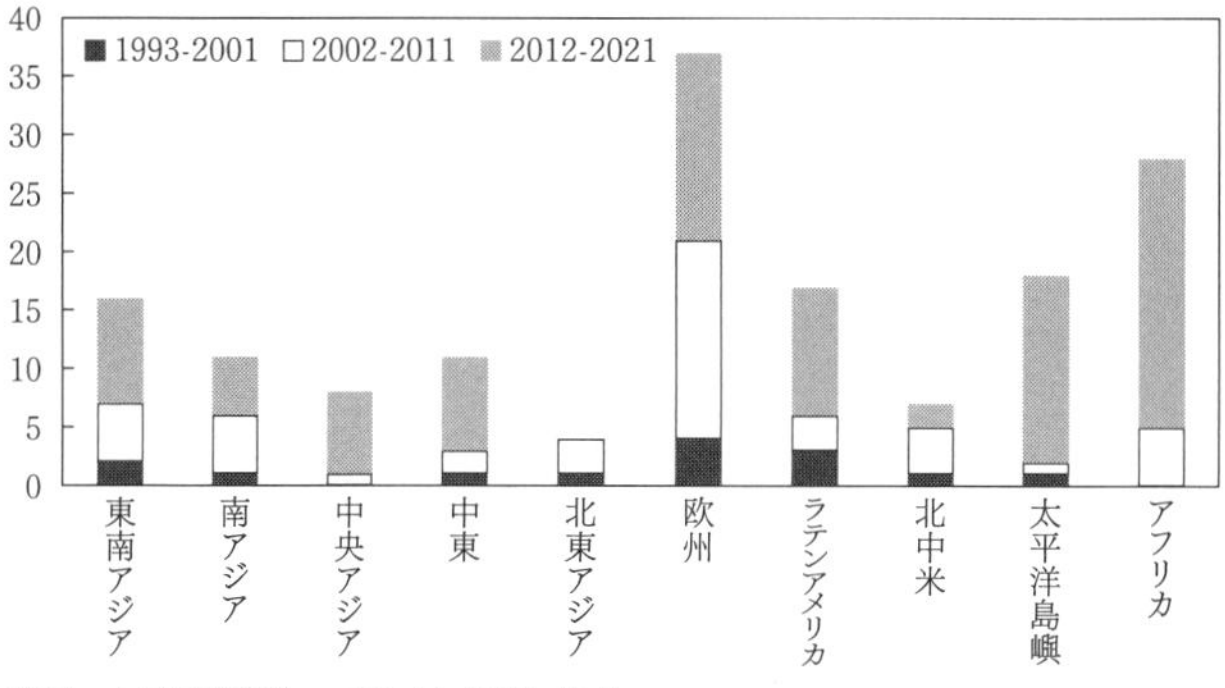

出所：中国外務省ウェブサイトを基に作成

Point

- 中国の対外政策は大きく変化した。冷戦終結後、鄧小平は「弱者としての中国」を前提とした穏健な対外政策の基本方針を定め、これが胡錦濤時代まで続いてきた。習近平はこれを転換し、「強者としての中国」を前提としたより積極的な対外政策を展開している。
- こうした対外政策の転換に伴って中国の影響力がグローバルに拡大している。とりわけ従来の経済・エネルギー中心の外交から、より政治・安全保障上の影響力の拡大が目指されるようになっている。
- 中国外交のなかで、東南アジアはその影響力の増大が早い時期から見られた地域である。経済的な関係の深さに加えて、政治・安全保障において中国は大きな影響力を持っている。他方で、地域の複雑さにも早くから直面しており、その意味で中国の影響力拡大のプロトタイプとみることもできる。

1 中国はどのように台頭するか

21世紀の初めの20年間、我々は中国の台頭という歴史的現象を見てきた。しかしまだこの台頭が地域に、そして世界に何をもたらすのかについて、明らかになっていない。

中国の国内総生産（GDP）は2010年に日本を抜き去り、20年時点で米国の約7割に達するまで成長している。また人工知能（AI）など新興技術開発において、中国は世界のトップグループに入っており、これらを生かしたテック企業の活躍も目覚ましい。軍事力について見ても、中国の軍事費は米国に次いで世界第2位となり、急速に増強されている。このように中国の国力は、まぎれもなく大国の水準に達している。

問題は、すでに大国となり、さらに近い将来超大国になる可能性を持つ中国が、その国力を使って何をするのかということだ。中国は鄧小平以来とってきた弱者としての外交路線を転換し、習近平政権に入って強者としての外交路線をとるようになっている。中国の外交はどのように変化してきたのだろうか。中国はどのようにその影響力をグローバルに拡大しようとしているのだろうか。その強さと弱さを知ることは、中国の台頭がもたらす帰結を知るうえで重要だろう。

2　中国外交の転換

冷戦後の中国の「弱者」外交

1989年6月4日に起きた天安門事件とそれに引き続く東欧におけるビロード革命、さらには冷戦の終結は、中国にとって大きな戦略的ショックとなった。91年にソ連が解体されて消滅すると、中国の国際的孤立は一層顕著になった。

冷戦後の中国を取り巻く国際環境は厳しいものとなった。中国は社会主義圏の崩壊を、米国による平和裏の体制転換のたくらみ（和平演変）によるものととらえていた。またソ連解体後、唯一の超大国となった米国の軍事力は、湾岸戦争やコソボ空爆などにおいて示されたように圧倒的であった。

最高指導者鄧小平は、不利な状況と弱者としての中国の立場をよく認識したうえで、それを前提とした外交政策をとった。

まず鄧小平は、冷戦後の厳しい国際環境のなかで、米国に直接対抗するのではなく、目立たず力を蓄えるという「韜光養晦《とうこうようかい》」を外交政策の主軸に据えた。中国は、米国の覇権に対して直接挑戦することを避け、自国の直接的な利益のかかわらない地域において、米国に挑戦することはなかった。また、中国は各地域の政治的問題に巻き込まれることにも慎重だった。

第2に、中国は主権を非常に重視し、国際社会からの他国の内政への介入に否定的な、非介入の立場を明確にしてきた。中国は、米欧が民主主義や人権といった普遍的価値を掲げ、中国共産党が権力を独占する一党支配体制に対して揺さぶりをかけることを、非常に忌み嫌ってきた。中国は国際秩序を構成する原理のうち、米国が目指してきた普遍的価値に基づくリベラルな国際秩序の構築には明確に反対の立場をとってきた。

中国は、国連憲章第2条や平和共存5原則を国際秩序の基本文書としている。国連憲章第2条は、主権平等、内政不干渉、紛争の平和的解決などの原則を示している。平和共存5原則とは、50年代にインドとの間で合意した①領土保全および主権の相互尊重、②相互不侵略、③内政不干渉、④平等互恵、⑤平和的共存という原則のことである。中国はこれらを国際秩序の基礎と呼んできた。

第3に、中国は、軍事同盟を冷戦時代の遺物と断じ、その軍事中心という特徴について批判的態度をとってきた。日米同盟は、冷戦後も地域の安定と繁栄の基礎として継続されるだけでなく、さらに強化されつつあった。また中国の経済成長が続くなかで、将来中国がより攻撃的となって地域諸国に圧力をかけるようになるのではないかという「中国脅威論」が東南アジアなどで広がっていた。中国は同盟を結ばず、これに対して批判的態度をとることで、米国の同盟を牽制しつつ、周辺国を安心させようとした。

これら「弱者」中国を前提とした外交政策の基本線は、江沢民・胡錦濤時期まで守られてきた。胡錦濤政権の後期には、高度成長を続ける中国経済の台頭は明らかになり、2010年にはGDPにおいて日本を抜いて世界第2位の経済大国となった。

こうした経済成長のなかで、中国はその外交政策を継続するのか、それとも強くなった中国を前提とした外交へと移行するのかをめぐって国内において論争が起きるようになった。

習近平時代の「強者」中国の外交

2012年に党総書記に就任した習近平は、「強い中国」を前提としたものへと中国外交を大きく変容させていった。

①大国化――「100年に1度の大変化」

習近平政権の対外政策の第1の傾向は、国際構造において巨大なパワーシフトが生じているという認識が強まり、それを背景として大国化した中国を前提とした外交を展開するようになったことである。

習近平は、こうした傾向がさらに進み、米中間の力は一層接近し、中国はより積極的な対外政策を実施できるようになったと認識した。2013年10月の周辺外交工作座談会において、習近平は「奮発有為に周辺外交を推進し、わが国の良好な周辺環境を勝ち取る」ことを強調した。中国は周辺外交の名のもと、自国に望ましい周辺環境の構築を目指すようになった。さらに14年11月28日から29日にかけて開催された中央外事工作会議において、習近平は、世界の多極化とグローバル化の趨勢は明らかであり、「国際秩序をめぐる争いには長期性がある」ものの、全体として国際システムの民主化という方向性は変わらない、との認識を示した。

16年以降、ポピュリズムの台頭や移民問題などで西側社会が揺らぎ、英国の欧州連合（ＥＵ）離脱、米国におけるトランプ政権の誕生といった現象が起きたことで、中国では「西側の苦境」が議論されるようになった。すなわち西側の制度は限界を見せつつあり、政治的決定がうまくとれないという状況が出現しているというのである。

このため、中国は国際政治に「１００年見られなかったような大変化」が生じていると考えるようになった。17年12月の駐外使節工作会議出席者に対して、習近平はこの判断を初めて示した。習近平は、18年6月の中央外事工作会議において、これを再確認し、中国が近代以降最良の発展期にあるのに対して「世界では１００年見られなかったような大変化が生じている」と指摘した。

中国では、新型コロナウイルス危機は従来から起きていた国際的な力の構造の変化を加速し、新たな段階に突入させうる出来事と認識されている。コロナ危機は「１００年見られなかったような大変化」を加速させ、米国は唯一の超大国という地位を失い、米国の覇権は終焉を迎えるかもしれないと考えられている。

それによれば、こうした大変化がもたらすのは、米欧中心の国際秩序の衰退と、より多極的な世界の到来だ。そのなかでも台頭著しい中国の存在感は、非常に大きなものとなる。中国は自国の総合的国力に自信を深めるとともに、中国共産党の指導する政治体制がこうした台頭を可能にしたとアピールするようになっている。

②安全保障化──すべてを覆いつくす国家安全の論理

第2の特徴は、あらゆる問題を安全保障化させる国家安全の論理が前面に出てきたことにある。習近平は、「総合的国家安全保障観」を掲げ、幅広い領域を安全保障問題としてとらえ、これに党・国家・軍が一体的に取り組むことを目指してきた。2014年4月15日に開催された党中央国家安全委員会第1回会議において、習近平は「総合的国家安全保障観」を打ち出し、対外的な安全保障と国内の安全保障を総合的に扱う必要性を強調した。

この際に11種類の安全保障領域が指定されたが、これは現在では16種類に拡大されている。すなわち、①政治安全、②国土安全、③軍事安全、④経済安全、⑤文化安全、⑥社会安全、⑦科技安全、⑧ネットワーク安全、⑨生態安全、⑩資源安全、⑪核安全、⑫海外利益安全、⑬生物安全、⑭宇宙空間安全、⑮極地安全、⑯深海安全である。

総合的国家安全保障観が提起された結果、国家安全保障はあらゆる領域に広がり、あらゆる問題が国家安全保障というプリズムを通して理解されるようになっている。その結果、すべてが米国との闘争に収斂することになる。あらゆる領域が安全保障問題化され、その脅威を与える主体として米国が想定されることになった。

特に顕著なのが、政治的な安全という論理である。政治的な安全は、中国にとっての安全保障領域のなかでも最も重要であると考えられている。政治的な安全とは、中国共産党の政権の地位や党がつくりあげてきた統治の制度、さらにはそのイデオロギーの国内における支配的な地位などを含むものとされている。これに影響を及ぼしうる問題は、国家安全保障の問題として認識されている。

③集権化——党の指導強化

第3が、政策決定の集権化と執行に対する監視の強化である。中国は「ばらばらな権威主義体制」と呼ばれ、中国共産党が政治権力を独占する一方で、実際の政治過程において権威が分断化され、必ずしも党中央が一元的に政策を決定するのではなく、より複雑な過程を経ることで知られている。習近平政権が始まった2012年頃には、こうした問題は中国の対外政策の統合性を損なっているとみられていた。

習近平は、外交領域における政策決定の集権化を推し進めてきた。特にトップダウンの政策決定と調整機能の向上が目指されている。18年5月には、中央外事工作委員会が設置された。これは、従来の中央外事工作領導小組と呼ばれる党内に設置された政策調整グループを格上げし、正式の委員会としたものである。従来の領導小組は、外交にかかわる諸部門の調整の場であったが、会議の開催はアドホックであり、日常的に部門間の調整ができていたわけではない。これに対して、委員会への格上げを通じて、よりフォーマルな調整機関としようとした。

　こうした最高指導レベルの政策決定に関する権力集中に加えて、習近平は外務省に対する直接的・間接的な監視を強めている。象徴的なのが、斉玉・元党中央組織部副部長の外務省党委書記への起用である。

　中国では各政府機関内に党委員会が設置され、政策決定に強い影響力を持つ。外務省において党委書記は、外相に次ぐナンバーツーの地位となる。しかし斉玉は、外交官ではなく、これまで外交に携わった経験を持たない人物である。斉玉が異例なのは、党内組織を管轄する中央組織部出身であり、かつ外交経験のないまま外務省ナンバーツーに収まったことであった。外務省にとって、習近平と党の指示を徹底しないことはリスクであり、過剰なまでに党の方針を徹底する素地となっている。

　こうした集権化と監視の強化の結果、習近平の意図が貫徹されるようになった。他方で政策の硬直化が進んだともいえる。すなわち各実施機関にとって、習近平の意図と異なる情報を報告したり、実施において調整したりすることは昇進につながらず、政治的に処罰されることすらあるため危険となる。それゆえ、仮に政策が効果的でなく逆効果をもたらしていたとしても、これを修正するメカニズムが働きづらくなる。

3 拡大する中国の影響力

このような外交方針の転換のなかで、中国は従来よりも政治・安全保障においてグローバルな影響力の拡大を目指すようになっている。

それは、①中国の台頭に伴って海外における利益が拡大し、それを守る必要が増大してきたこと、②そして過剰なまでに国内安全保障への不安感が高まり、国内の安全の確保のためには国外の状況を中国の望ましい方向に形成することを目指すようになったことによっている。

建設的介入の議論

中国外交において以前よりも積極的に他国に関与したり介入したりするインセンティブが高まりつつあるものの、韜光養晦の慎重方針と内政不干渉を外交の原則として重視してきた中国にとって、この問題は敏感にならざるを得ない。中国のパワーの台頭と海外利益の増大に伴い、自国の利益を守るために他国においてそのパワーを行使する必要が増しているものの、これは従来掲げてきた原則に抵触する可能性がある。

そこで、これまでの原則を破ることなく中国の役割を拡大することが可能との理論的整理が行われるようになった。

王逸舟（北京大学国際関係学院）は、中国は国際政治により積極的にかかわっていく「創造的介入」を行うべきであると論じた。すなわち韜光養晦は冷戦後の国内外の状況に応じて出された方針なのであり、状況の変化によって外交を変化させるべきであるというのが、王の論旨であった。そして中国の利益のより多くの部分が、国内ではなく国外において実現されるものになってきており、これらの国益を守るためにも、中国はより積極的な対外政策をとるべきだという。

こうした議論は、党・政府内においても主流となりつつある。王毅外相は、２０１７年の講話において、中国は問題の平和的解決に参加し、「中国の特色ある建設的介入」の方式を探っていくことを明らかにした。建設的介入は、内政不干渉、公正、武力行使反対といった原則に基づく介入であり、西側との違いが強調されている。

このような積極的な介入や関与の姿勢は、近年、習近平政権が強調する「グローバル安全保障イニシアチブ」にも反映されている。同イニシアチブは、中国が国際的な紛争解決とグローバルな秩序の形成・維持に積極的にかかわっていく姿勢を示したものである。

最近、中国は中東においてイランとサウジアラビアの国交正常化を仲介するなど、仲介外交を展開するようになっている。これも従来であれば考えられなかった動きであり、対外的な積極姿勢の表れとみることができるだろう。

一帯一路とグローバルに展開するパートナーシップ外交

中国は2013年に一帯一路構想を提起し、推進してきた。一帯一路構想とは、インフラ建設によってグローバルな相互連結性を高め、共同の経済発展を実現することを目標とする構想であるが、同時に政治、経済、軍事、ソフトパワーなどを包括するパッケージとなっている。

この構想は、経済のグローバル化を強化するものである一方で、中国の影響力の拡大につながるという見方や、「債務の罠」をつくりだし、現地国の中国への過度の依存をつくりだすとの見方がなされることがある。

一帯一路の展開に合わせるように、中国はグローバルなパートナーシップ外交を熱心に進めてきた。習近平は、14年の外事工作会議において「グローバルなパートナーシップ・ネットワークの形成」をうたい、それまで大国や周辺国に限られていたパートナーシップ外交をグローバルに拡大することを目指した。

21世紀に入って中国はパートナーシップ関係の締結を急速に増やし、習近平政権期にはこれをアフリカや中東、オセアニアにまで拡充した。本章トビラの「注目データ」にみられるように、特に中央アジア、中東、アフリカ、ラテンアメリカ、太平洋島嶼国との関係構築が顕著であった。

また従来、パートナーシップの構築は実務・経済協力中心で、政治的問題や安全保障協力にはあまり踏み込まないという特徴があったが、習近平政権下で変貌を遂げ、政治・安全保障分野において協力を進めようとしている。

政治的影響力の拡大と浸透

そのほかに、影響工作（影響力工作）や認知戦と呼ばれる、情報の操作を通じた政治的な影響力の行使が試みられている。その目的は、中国のイメージを向上し、その政策に対する支持を広げること、中国にとって不利な外国の主張や情報に反駁し、そうした不利な主張や情報を遮断すること、相手国の社会の分断を拡大し、政治社会に混乱を生み出すことである。

その手段としては、宣伝・プロパガンダやエリート層への働きかけ、ＳＮＳ（交流サイト）でのディスインフォメーションなどがある。

第1に、プロパガンダ・宣伝は、中国のストーリー・ナラティブ（物語）を世界に伝え、政府の見方や中国文化を伝達し、外国のプロパガンダへ反駁することを目的としている。特に中国国際テレビ（ＣＧＴＮ）など国営メディアの拡大、外国メディアにおける外交官の寄稿や新華社記事の配信などが行われている。

第2に、統一戦線工作とは、主要な敵に対抗するために、主要な敵を内部分裂させたり、友好勢力を増やそうとする策略を意味する。中国共産党は政権をとる過程で統一戦線工作を重視し、その有効性を高く評価し、「法宝（有効な武器、魔法の武器）」と呼んできた。統一戦線工作の対象として重要なのが、華僑・華人や外国における友好人士である。

習近平は、特に統一戦線工作を重視する指導者である。２０１５年以降、習近平は「大統戦（大統一戦線）」を掲げ、統一戦線工作を統一的な指揮のもとで再活性化させようとしてきた。大統戦は、統一戦線工作を党の部門である中央統一戦線工作部のみに任せるのではなく、党全体の重要事業として位置づけ、党の指導強化のもとで関連部門間の連携を強化するものである。

第3に、ディスインフォメーションは、偽情報をソーシャルメディアなどに流すことで、相手国のナラティブへの信用を毀損し、相手の社会や政治に混乱をもたらそうとする行動である。

その主たる対象は、台湾、グローバルサウスの国々、そして各国の華僑・華人である。台湾の独立傾向を防ぎ、さらに統一を促進することは、中国共産党にとって長年の大目標であった。現在の民進党政権は現実路線を歩み、現状維持を掲げているが、中国はこれを崩し、政権への信頼を失墜させようとしている。

次に華僑・華人については、世界中に拡大している華僑・華人コミュニティを中国共産党の政策のためにまとめ上げ、動員することが重要と考えられるようになっている。もちろんこうした人々は実際には多様であり、すべてが中国共産党の影響下にあるわけではない。しかしそうであるからこそ、影響を及ぼすことが重要と考えられている。

さらにグローバルサウスの国々である。中国は自らを「世界最大の発展途上国家」と任じ、「南南協力（発展途上国同士の技術協力や経済協力）」や一帯一路プロジェクトなどによって、グローバルサウスの国家と経済的・政治的・安全保障上の関係を深めようとしている。その目的は米欧など西側諸国が主導する世界秩序や価値観に対抗し、自国の影響力を高めることである。

これに対して、いわゆる西側諸国に対する中国の影響工作は、必ずしも大きな効果を上げているわけではない。強固な民主主義的制度が根づいている国家において、工作を通じて影響力を拡大することは容易ではない。しかしナショナルレベルでは難しくとも、ローカルレベルでは影響の拡大に成功することもある。

政策の決定と執行を担う組織

中国の対外政策の決定過程について概観すると、ほかの政策分野と同様に、重要な方針や戦略に関する決定は、中国共産党中央政治局ならびにその常務委員会に集中している。とりわけ習近平政権になってから、習近平への権力集中が進んでいる。ただし、トップレベルの権力集中の一方、中国の対外政策に関与する組織・機関は外交部だけでなく、多様化している。そしてそれらの間の事務レベルにおける調整機能が弱いことから、全体的な調整が取れているとはいいがたい部分もある。

まず外交系統についてみてみると、習近平政権下で２０１８年5月に中国共産党中央外事工作委員会が設置された。この委員会は習近平が主任、副主任に李克強首相、そのほか委員として王岐山、王滬寧、韓正など高レベルの幹部が名を連ねていた。この委員会は、中国の外交政策の総合的な調整・実施を行う。またその事務機構として中央外事工作委員会弁公室（現主任は王毅）

があり、日常的な業務はこの弁公室が行っている。この中央外事工作委員会の指導下に、国務院外交部、中国共産党対外連絡部、国家国際発展合作署などが入っている。

国務院外交部は、外交政策の実施と諸外国との外交事務を担う機関である。

中国共産党中央対外連絡部は、中国共産党と各国の政党や団体との関係構築を担っている。

２０１８年に設置された国家国際発展合作署が、商務部対外援助司と外交部の対外援助関連の機能を統合しており、対外援助の面では外交系統が管理するようになっている。

そのほかに、特に経済面において地方政府の役割が大きいことが指摘できる。雲南省や広西チワン族自治区は、ミャンマー、ラオス、ベトナムと国境を接しており、メコン地域として広域開発協力を進めてきた。これら地方政府は、一帯一路が打ち出されるなかで、それを利用した東南アジアとの連結性強化を進めている。

中国の影響工作にかかわる組織は非常に多く、その指揮関係は非常に複雑である。このことが示唆するのは、中国の影響工作（と整理できる行動）は、習近平政権の大きな方針に基づいているとはいえ、その実施にあたって関係機関が緊密な調整の下で実施されているというよりは、バラバラな行動の集合と見る方が適切かもしれないことである。

中国の影響工作にかかわる組織は、大きく分けて、宣伝、統一戦線、人民解放軍の3つの系統に分けることができるだろう。まず宣伝系統は、宣伝に関わる組織から構成される。中央宣伝思想工作領導小組（組長）が宣伝工作の全般的指導と調整を行っている。２０１８年の党政機構改革では、中央宣伝部の権限も強化された。

次に統一戦線工作系統である。習近平の掲げる大統戦を効果的に指導するため、組織的な強化が図られている。２０１５年7月30日の中共中央政治局会議において、党内に中央統一戦線工作領導小組を設立することが決定した。また中央統一戦線工作部の機能が大幅に強化されている。２０１８年の機構改革において、それまで政府内の独立部門だった国務院僑務弁公室、国務院国家民族事務委員会、国務院国家宗教事務局が中共中央統一戦線部の指揮下に入り、党の指導が強化された。

最後に人民解放軍は、軍の影響工作を実施する。かつては総政治部が政治工作の一環として宣伝戦や心理戦を統括していたが、軍改革を経てこれは変化している。とくに新たに設立された戦略支援部隊は、サイバー、電磁スペクトラム、宇宙という情報に関わる機能を統括しており、それと関連の深い心理・認知領域についてもそのミッションに含んでいる。

4 プロトタイプとしての中国の東南アジア外交？

中国にとって東南アジアは周辺外交の対象であり、また米国との競争においても重要な地域となっている。東南アジアは、他の地域における影響力拡大と積極的な対外政策への転換に先んじて、早い時期から中国台頭の影響が表れてきた地域である。東南アジアで用いられた手法は、ほかの地域においても用いられるようになっている。またそうであるがゆえに、その関係は中国が主導権を握って思いのまま行動するといった単純なものではなく、地域の複雑な現実にも直面している。

東南アジアにおいて、中国の経済的存在感は極めて大きい。２００９年以降、中国は東南アジア諸国連合（ＡＳＥＡＮ）の最大の貿易相手であり、貿易総額は18年に５８７０億ドルを超えている。また中国の対ＡＳＥＡＮ投資も大きな伸びを見せており、同年に８４０億ドルを超えた。そして一帯一路プロジェクトも数多く実施されている。

歴史的に見れば、中国の内政不干渉原則は、東南アジアにおいてそれほど確固とした原則になってこなかった。毛沢東時代、中国は東南アジア各国の共産党の活動を支持、支援し、その植民地からの独立闘争や政権奪取を援助してきた。

また、東南アジアは古くから中国系住民が移住してきたため華僑・華人の人口が大きく、経済において支配的な存在である。東南アジア諸国において華僑・華人が第五列として中国に協力することは常に警戒されてきた。また毛沢東時代の中国の華僑・華人政策は、現地に帰化した華人を中国人として扱い続けたことで、東南アジア諸国の警戒をさらに高めることとなった。

毛沢東死後、鄧小平は経済発展を促進するために東南アジア諸国との関係改善を望み、各国の反政府勢力への支援を停止するとともに、1980年に国籍法を制定して二重国籍を禁じた。

最近では中国の影響工作も活発に行われている。特に東南アジアにはほかの地域に比べて古くから華僑が移り住んできたという歴史的経緯から、中国の影響工作の対象となりやすい。他方で、東南アジアにおいて中華系移民の歴史は非常に長く、すでに社会の一部として溶け込んでいる場合もあれば、中国新移民と呼ばれる近年の移住者もいて、一枚岩というよりは多様な存在である。そのため、中国の影響工作がどれほど効果的なのかは、それぞれの国についてのより詳細なケーススタディをまたねばならない。

安全保障面では、国境問題がある。近代における中華帝国の解体に伴い、多くの未解決の領土問題が残った。中華人民共和国の陸上の国境問題はすべて片が付いているが、南シナ海問題が残っている。

他方で武器輸出において中国の存在は大きい。特にミャンマーやタイ、カンボジアなどが中国からの武器輸入を積極的に進めてきた。
こうした中国の存在感の大きさと、それぞれの国との関係の複雑さは、中国と東南アジアの関係の独自性であるとともに、他の地域における中国の影響力の増大を見る際の1つの指標となるかもしれない。

【参考文献】

（日本語）

ジョシュア・カーランツィック（2023）『中国の情報侵略――世界化する監視社会体制』（前田俊一訳）東洋経済新報社

持永大（2022）『デジタルシルクロード――情報通信の地政学』日本経済新聞出版

山口信治（2022）「習近平と中国外交の転換――大国化、安全保障化、戦狼化、集権化」『東亜』２０２２年８月号、10－17頁

――（2023）「中国の影響工作外観――その目標・手段・組織・対象」防衛研究所、ＮＩＤＳコメンタリー、第２８８号

――編著（2023）『中国安全保障レポート２０２３――認知領域とグレーゾーン事態の掌握を目指す中国』防衛研究所

ラッシュ・ドーシ（2023）『中国の大戦略――覇権奪取へのロング・ゲーム』（村井浩紀訳）日本経済新聞出版

（英語）

Bates Gill（2022）*Daring to Struggle: China's Ambitions under Xi Jinping,* Oxford University Press.

David Shambaugh（2021）*Where Great Powers Meet: America and China in Southeast Asia,* Oxford University Press

Paul Charon and Jean-Baptiste Jeangène Vilmer（2021）“Chinese Influence Operations: A Machiavellian Moment”, Institut de Recherche Stratégique de l'Ecole Militaire, October 2021.

（中国語）

門洪華、江朋飛（2020）「中意全面戦略顆伴関係的歴史演進與深化路径」『国際展望』２０２０年第5期、１－22頁
王逸舟（2011）『創造性介入――中国外交新取向』北京大学出版社

第3章

フィリピンにおける「中国ファクター」

高まる嫌中感情とその背景

粕谷 祐子
慶應義塾大学教授

注目データ

世論調査にみるフィリピン人の対中不信感

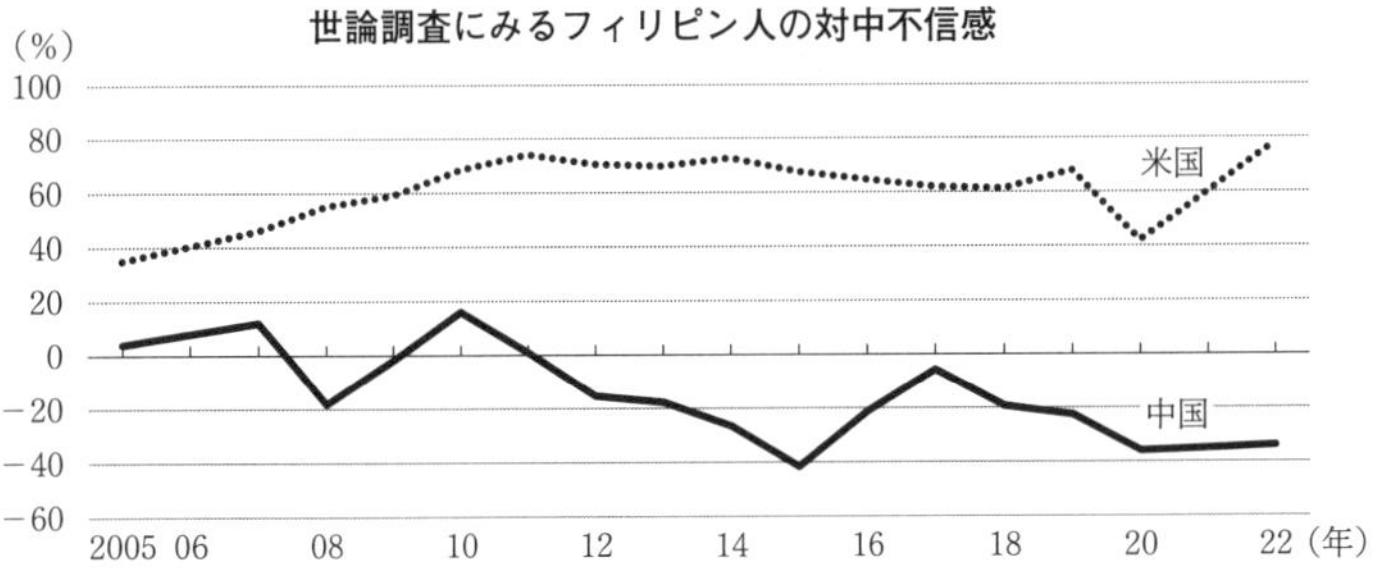

注：「信頼する・やや信頼する」から「信頼しない・やや信頼しない」を引いた値。1年のうちに複数回の世論調査が実施されている年については、各回を平均した値を用いた。一部調査が実施されていない年（2006、2021年）はつなぎの値を挿入した。2022年の数値のみ、同様の質問をしている Pulse Asia Research の調査結果を利用した（Bajo, 2022）

出所：Social Weather Stations などのデータをもとに作成

Point

- フィリピン人の中国に対する好感度は、統計のある１９９０年代から最近まで一貫して低く、東南アジア諸国のなかでもベトナムに次いで低い。
- 対中好感度が低い要因の1つに、中国系フィリピン人と中国とのつながりが弱いことがある。スペイン統治期に中国人のキリスト教への改宗が進んだこと、米国統治期に新規移民が禁止されたこと、独立後は台湾の国民党との関係が重要であったことなどが背景にある。
- 最近の対中好感度を下げている要因としては、成長につながらない中国からの投資、フィリピン社会に悪影響を与える中国人労働者・観光客の増加、南シナ海での度重なる威嚇行為などがある。
- 中国は、フィリピンのマスメディアとソーシャルメディアの両方を使って対中感情を好転させようと情報操作を展開しているが、これまでのところその効果は限定的である。

1　フィリピンにおける対中認識

東南アジアのなかでも極めて低い中国評価

フィリピンは、ここ数年で国際ニュースに取り上げられることが目立って増えている。そのほとんどが、中国をめぐる問題である。南シナ海における領有権問題をめぐっての衝突や、中国に対抗する形での米国、オーストラリア、日本などとの安全保障協力の動きなどが、日本のメディアでも頻繁に報道されるようになっている。

このように国際的に注目度が高まる中比関係であるが、フィリピン人の間での中国に対する態度は、本章トビラの「注目データ」に示した通り、一貫して否定的である。これは、他の東南アジア諸国と比べても顕著な傾向である。図表3−1は、アジア諸国で統一の質問票を利用した世論調査による、対米認識と比較した際の対中認識を東南アジア諸国の間で比較したものである。ここからは、フィリピンはベトナムに次いで、米中を天秤にかけた際に中国が嫌われている国であることがわかる。

フィリピンにおいて対中感情が長期にわたって冷淡である理由としては、フィリピン国内における中国系フィリピン人の特徴、および、中比の国際関係の双方からアプローチできる。以下本章では、本節において中国系フィリピン人が中華人民共和国とのつながりが比較的希薄であることを確認したのち、次節以降で中国および中国人に対する嫌悪感につながっている最近の中国との経済・社会・政治的な関係を考察する。

図表 3－1　東南アジア諸国における対米認識との比較における対中認識

国	対中好感度マイナス対米好感度
マレーシア	18
インドネシア	12.8
タイ	6.4
シンガポール	−7.4
カンボジア	−8.6
ミャンマー	−20.4
フィリピン	−30.1
ベトナム	−60.9

注：元データは、Asian Barometer Survey Wave 4（2014-2015年実施）。値は、「中国の自国における影響はネガティブというよりポジティブである」から、「米国の自国における影響はネガティブというよりポジティブである」を引いたパーセンテージポイントを示す

出所：Oh（2021）を基に作成

中国系フィリピン人

他の東南アジア諸国と同様、フィリピンにおいても中国から渡来した中国系フィリピン人は一定数存在する。公式統計上は、華人・華僑は全人口の1・5%程度であるが、実際には土着のマレー系フィリピン人などとの混血が進んでいるので約4人に1人は中国系フィリピン人という推計もある。その約85%が福建省からの移民で、フィリピンで生まれ育った中国系フィリピン人は、フィリピン語でフィリピン人を意味するスラング「ピノイ」に対して「チノイ」と呼ばれることも多い。

他の東南アジア諸国における華人の多くが渡来前の宗教を移住後も維持しているのに対し、現在のフィリピンにおける中国系人口は約80％がカトリック教徒である。中国からの移民の流入は、16世紀にスペインの統治が始まり、マニラが世界の貿易航路の一拠点となってから本格化する。17世紀初頭には、当時のマニラは、南シナ海交易圏において最大規模の2万人の中国人が居住する港市となった。

18世紀に入ると、スペイン総督が非カトリック教徒中国人の追放政策を開始したことで、中国人移民社会にカトリック信仰が定着するようになった。多くの中国人が、実務的な利益や、現地のカトリック女性と正式に結婚するためにカトリックに改宗したからである。

18世紀半ば以降には中国移民の流入が比較的少人数に抑えられ、カトリック教徒の中国系メスティーソが文化的、政治的、商業的なリーダーとして育っていった。フィリピンの国民的英雄であるホセ・リサール（1861－96）もそのような中国系メスティーソの1人である。リサールの高祖父は、福建省から17世紀にフィリピンに渡り、カトリックの女性と結婚した。

スペイン統治時代には、マニラ市に位置するビノンド地区が中国人商人の居住区に指定された。現在も中国系ビジネスが多く拠点を構えるこの地区は、「世界最古の中華街」と呼ばれることもある。マレーシアやインドネシアなどでの中国系人口は首都圏以外にも散在しているが、フィリピンの場合には、中国系人口は主にマニラ首都圏に集中する特徴を持つ。このような現在の傾向は、スペイン統治時代の政策に端を発している。

スペインから米国の統治下（１８９８－１９４５）に移行してからも、中国からの移民流入制限は続いた。１９０２年には、米本国での中国移民排斥法がフィリピンにおいても適用され、新規の中国人移民は制限された。また、国籍付与において出生地主義が採用され、同時にスペイン統治時代に存在した「中国系メスティーソ」という人種カテゴリーが制度上廃止されたことで、それまで「中国系メスティーソ」と分類されていた人々は公式記録のうえでは「フィリピン人」となり、その子孫もフィリピン国籍を持つようになった。

主権国家として独立した46年から75年に中華人民共和国と国交を樹立するまで、フィリピンは中華民国と非常に近い関係にあった。外交関係だけにとどまらず、中国系フィリピン人の多くは国民党を支持し、フィリピン在住の中国人のほとんどは中華民国のパスポート所有者であった。

東西冷戦期、中国系フィリピン人コミュニティの国民党政府への支援は、世界的に見ても群を抜いていた。それは、資金的な援助だけにとどまらず、フィリピン国内における各種団体の形成にも及んだ。例えば、中国系フィリピン人のビジネスを全国的に組織するフィリピン華人商工会議所連盟（ＦＦＣＣＣＩＩ）の設立はこの時期（54年）であり、ここでも中華民国派が主流であった。

また、冷戦期はフィリピンにおける中華学校の「全盛期」とされ、56年時点で、中華学校は16校、生徒数約６万人、教職員数約２０００人に上った。それらでの教育内容は、中華民国政府が海外華人の教育活動を支援するために設置した僑務委員会の指導を受けていた。中国系財閥の創始者として有名なＳＭグループのヘンリー・シー、ＬＴグループのルシオ・タン、ジョリビーグループのトニー・タン・カクチョンはいずれも、蔣介石にちなんだ菲律濱中正学院（Chiang Kai Shek College）の出身である。

政治学者のテレシタ・シーが95年に中国系フィリピン人５１０人に対して実施した調査では、回答者の83％がキリスト教徒で、97％がフィリピンを「ホーム」と答えている。また、若年層（17－21歳）の回答者が家庭で話す言語は、53％がフィリピン語、29％が英語で、福建語は７％であった。当時の若年層は現時点で40代・50代となっているが、最近の中国系フィリピン人の間での中国への帰属意識不在は一層進んでいると見込まれる。

要するに、フィリピン人のなかで祖先を通じて中国と何らかのかかわりを持つ人は人口の約４分の１という多数を占めているとはいえ、そのほとんどはフィリピン語を母語とするキリスト教徒としてフィリピン社会に浸透しており、中華人民共和国に対する愛着はほとんど持ち合わせていないと推測できる。本章トビラの「注目データ」で示した、一貫して冷たい対中感情は、このようなフィリピンの歴史の上に成立していることが分かる。

２　社交辞令と実際の経済関係

モノ・カネの移動

フィリピンと中国の国交樹立は１９７５年であるが、「モノ・カネ・ヒト」の移動が活発化するのは中国経済が国際的に台頭する２０００年代以降である。図表３－２では、「モノ」の移動、すなわち、対中貿易における輸入額と輸出額の推移を過去20年余りにわたり示している。フィリピンが中国から輸入しているのは、機械・電気製品、食用油、穀物、石炭、繊維製品などである。フィリピン市場において中国製の消費財はあふれており、そのプレゼンスは今後も高まることが予測される。

一方で、フィリピンから中国への輸出は、中国製品の輸入と同じペースでは増えていない。フィリピンが中国へ輸出している物品のトップスリーは、電子部品、ニッケル、銅であるが、中国経済の減速に伴い、これらの中間財や生産財の需要が今後大きく伸びることは予測しがたい。

また、フィリピン製品は、中比間の政治に翻弄されてきた。12年5月には、当時のアキノ大統領のもとで中国へのフィリピン産バナナの輸出が実質的に停止された。中国が害虫などを理由に

図表3-2　増えるフィリピンの対中貿易赤字

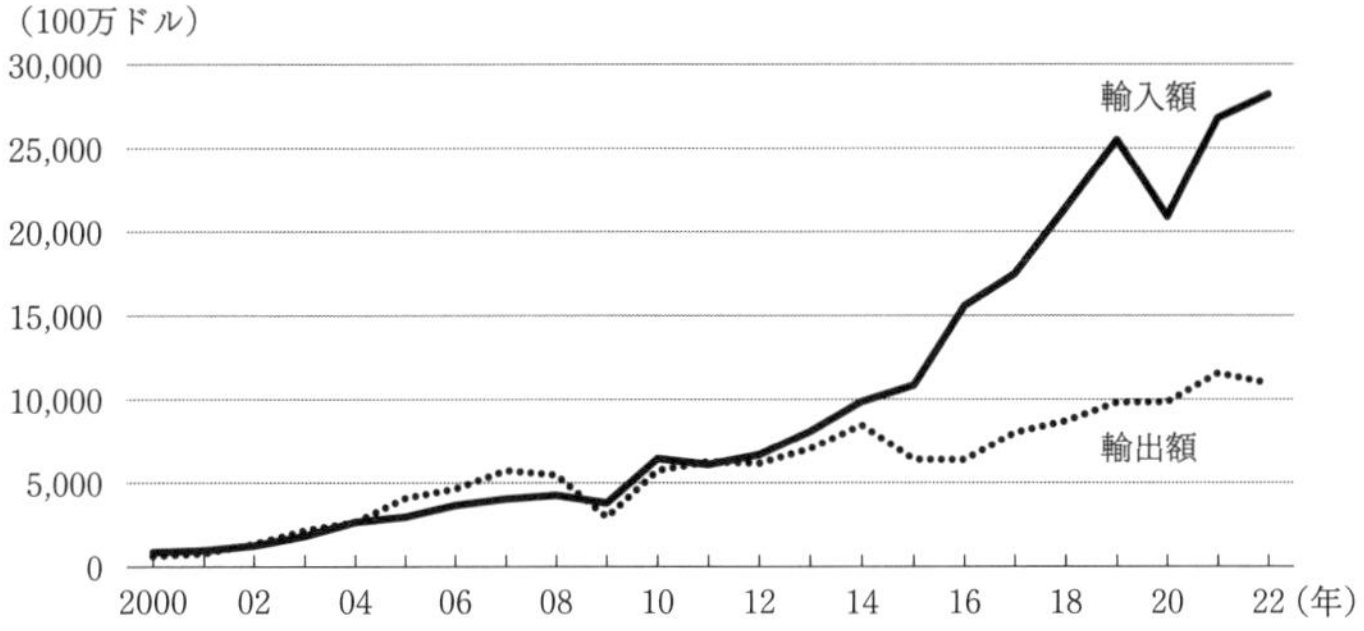

出所：『アジア動向年報』各年版

検疫を強化したためである。このような措置の背景には、南シナ海での中国の軍事力強化を受けて米国とフィリピンが合同で行った軍事演習が引き金になったといわれている。全体として、ここ10年で対中国の貿易赤字は拡大の一途をたどっており、今後、輸入超過状況を改善する要因は今のところ見当たらない。

「カネ」の移動である海外直接投資に関しても、中国からの投資が喧伝される一方で、実際の投資額は伸びていない。フィリピン統計局の資料によれば、11年から22年までを合わせて認可された直接投資額が最も多いのはシンガポール（5000億ペソ）で、以下、日本（3900億ペソ）、オランダ（3800億ペソ）、米国（2400億ペソ）の順で、1800億ペソの中国は5位にとどまっている。[1]

（1）https://psa.gov.ph/content/approved-foreign-investments-reached-php-17270-billion-first-quarter-2023（最終アクセス日：2024年2月20日）

図表3－3　中国からフィリピンへの海外直接投資

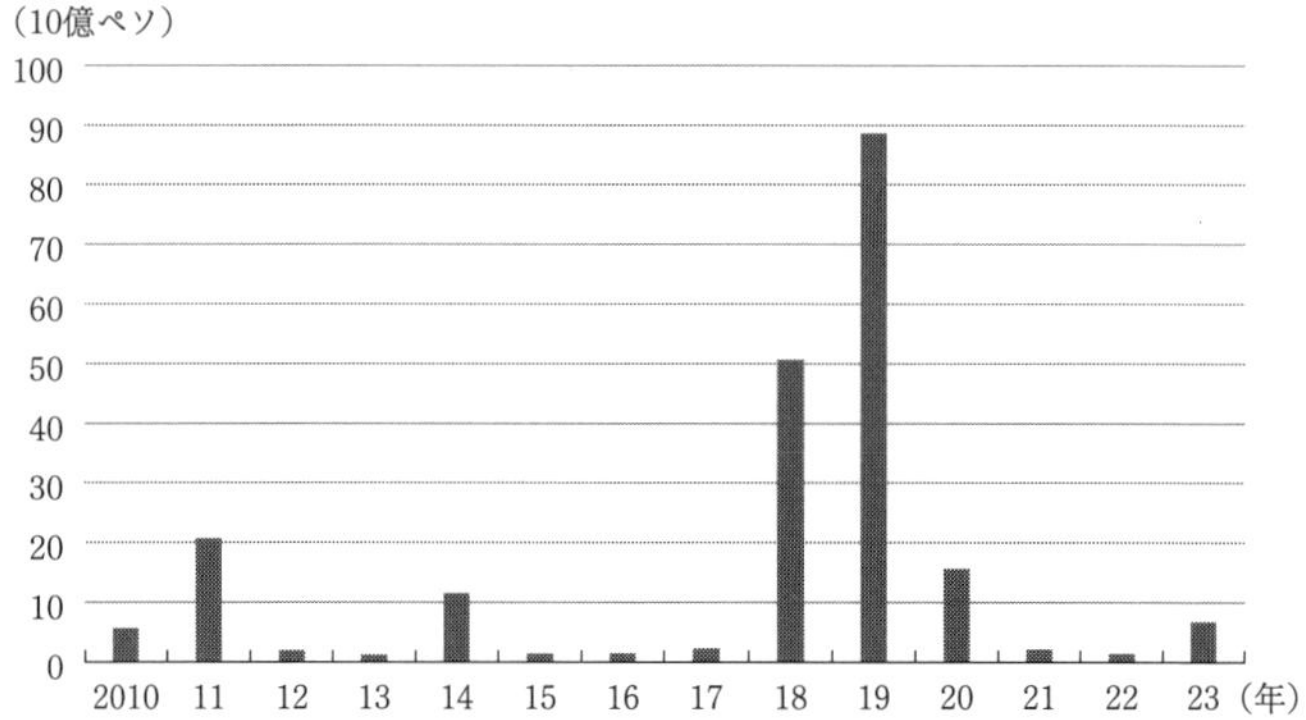

出所：Philippine Statistics Authority（https://www.psa.gov.ph/）を基に作成

また、図表3－3は、中国からの直接投資は、約束と実際の投資額が大きく異なること、および、その投資時期は両国の政治的な関係に大きく依存することを示唆している。アキノ大統領が11年に訪中した際に１３０億ドル、ドゥテルテ大統領が16年10月に訪中した際に２４０億ドルの投資の約束を取りつけたと報道された。

また19年８月には、中国で行われた「一帯一路」経済圏構想の国際会議に同大統領が出席し、１２１億ドルに上る中国企業からの投資の約束を得た。さらに、22年７月から始まったマルコス政権においても、23年１月に中国を公式訪問した際に中国ビジネス界から計２２８億ドルの投資の約束を取りつけたと大々的に喧伝した。

しかしながら、10年から23年時点までの認可ベースでみた中国からの投資は約37億ドルで、アキノ期・ドゥテルテ期に公的に約束された投資額の約５％にすぎない。また、その投資時期は、比較的関係が良好であったドゥテルテ政権期の18年から19年に集中している。さらに投資の内容も、後述するオンラインカジノなどを含んでおり、フィリピン経済の長期的成長に資するものとはなっていない場合が多い。マルコス政権期に入ってからの両国の関係悪化を考慮すると、表面的な約束とは裏腹に、実際の資金投下は今後もあまり望めないといえる。

中国が13年から打ち上げた一帯一路構想においても、フィリピンの参加は比較的遅く、また便益も少ない。フィリピンの実質的な参加は16年のドゥテルテ政権期に入ってからで、これまで主なものとして６つのプロジェクトが始まっている。このうち、23年末までに完了したのは、デジタル通信会社ディト・テレコミュニティの創設である。しかしながら、ドゥテルテ大統領のクローニー（政商）といわれているダバオのデニス・ウイが請け負ったこのプロジェクトは、一般大衆が裨益するよりもダバオの政商に利益をもたらしたとみなされている。

これ以外の主なプロジェクトは、24年初旬時点で未完了か、中断されている。マニラ首都圏に水を供給する目的で建設が進むカリワダムのプロジェクトでは、ダム周辺の自然環境を破壊するとして地元住民らが強く反対し、建設の中止を求めている。また、ルソン島とミンダナオ島における鉄道建設プロジェクトは、中国からの資金到着が滞っていることを理由に運輸省長官が23年10月に停止を正式に表明した。

政府開発援助（ＯＤＡ）の分野でも、中国のプレゼンスは低い。22年時点では、フィリピンが受け取っているＯＤＡ総額の３％が中国からで、９つのプロジェクトがあるのみである。これに対して最大の供与機関はアジア開発銀行（ＡＤＢ）と日本であり、それぞれ約30％を占め、１０

0億ドルを供与している。

ヒトの移動

国内ニュースや街なかで目にする中国人の姿もフィリピン人の嫌中感情に影響していると考えられる。例えば、２０１８年頃から次第に報道が増え、19年から23年にかけて上院公聴会の対象となるまでに話題を集めたのが、オンラインカジノで働く中国人である。

中国ではカジノ営業が違法なため、これが合法なフィリピンにおいて中国人顧客を対象としたオンラインカジノ会社が操業するようになった。フィリピン・オフショア・ゲーミング・オペレーターズの略でＰＯＧＯｓと呼ばれる会社は、ドゥテルテ大統領期に急増した。19年時点で雇用許可を得ていた中国人労働者は11万人であったが、実際にはその数倍の人数が非合法でマニラ首都圏やセブ都市圏のオンラインカジノ会社で働いていたといわれている。

21年よりＰＯＧＯｓライセンス規制を強化した法律が成立して労働者の数は減少しているが、これらの中国人の流入は一般フィリピン人の目につきやすい多くの社会問題を引き起こした。フィリピン人を含む従業員の劣悪な労働環境、売春、傷害事件、マネーロンダリング、入管職員への賄賂、マニラ首都圏の不動産や賃貸価格の高騰などである。

フィリピンを旅行する中国人観光客も、ドゥテルテ政権期に激増した。アキノ政権期には、南シナ海の領有権問題で緊張していたため中国政府は14年から15年にかけて中国人のフィリピン旅行を規制していたが、この状況が緩和されたためである。新型コロナウイルスのパンデミック前の19年には、約１７４万人の中国人観光客がフィリピンを訪れた。これは韓国人旅行者１９０万人に次ぐ数である。

中国人旅行者がフィリピン各地にあふれるようになり、反中国人感情を煽るソーシャルメディア上の投稿が増加した。ヴィロタ・園田（2022）によれば、公共の場で排泄している写真、行列に割り込む写真、警官に食べ物を投げつける写真などが拡散され、大陸の中国人旅行者は「粗野で無礼」であるとのイメージが強化された。

3　南シナ海問題で悪化する外交関係

南シナ海（西フィリピン海）問題

フィリピン人の対中感情を悪化させている最近の要因として、南シナ海域の領有権をめぐっての中国との対立激化がある。この問題は潜在的には第二次世界大戦後の時期から存在していたものの、それが顕在化するのは２０１１年に当時のオバマ米大統領が経済・軍事的にアジアへの回帰を志向する「リバランス」政策を打ち出した後である。これに反発する形で、中国とその近隣諸国との間で衝突が増加した。

13年には、アキノ大統領が中国の主張や活動が国連海洋法条約（ＵＮＣＬＯＳ）に反するとしてハーグにある仲裁裁判所に提訴した。16年には仲裁裁判所がフィリピンの主張を認めたが、中国政府はこれを無効とする主張を現在まで繰り返している。

この間、中国が南シナ海で大規模な埋め立てを行って複数の軍事拠点を構築する動きが進んだ。これら基地で戦闘機用滑走路や補給基地が完備している状況は、ソーシャルメディアなどで伝えられ、広く知られるようになった。

その一方でアキノ政権は米軍の駐留を事実上認める軍事協定（ＥＤＣＡ）を14年に締結し、１９９２年に撤退した米軍基地が再びフィリピンの国土に戻ることになった。さらに２０２３年には、マルコス大統領がＥＤＣＡに基づく米軍の駐留箇所を当初の5カ所から4カ所増やすことを決め、中国はこれに反発している。

南シナ海での衝突は、領域で漁をしているフィリピン漁民との間で起こっているものと、フィリピン政府当局との間で起こっているものに分けられる。漁民との衝突では、19年6月にリード礁（フィリピン名レクト礁）で中国船と衝突した漁船の乗組員22人が海に投げ出される事件が生じ、国内で大きく報道された。

フィリピン政府当局との衝突は、セカンド・トーマス礁（フィリピン名アユンギン礁）で実効支配の拠点とするため意図的に座礁させている老朽軍艦シエラマドレ号の駐留海兵隊員への物資補給の際に起こっている。補給のための小型船が、中国軍の船から水砲やレーザービームを当てられたり、衝突寸前までわざと接近されたりする事案である。23年に入ってからは、フィリピン政府の方針により沿岸警備船が撮影した衝突の映像を国内メディアが放映し、こうした問題が洋上で頻繁に起こっていることを多くのフィリピン人が知るようになった。

中国の対応

南シナ海での度重なる衝突、ＰＯＧＯｓをめぐる問題、進まない中国からの投資など、中国に関するネガティブな情報がフィリピンで広がるなか、中国の側からの懐柔策も打たれている。親中国的なフィリピン人の育成がその1つで、中国に学位留学するフィリピン人向けの奨学金をマニラの中国大使館を通じて支給している。また、中国通信機器大手の華為技術（ファーウェイ）は、２０１５年から毎年数十名のフィリピン人学生に国内奨学金を提供している。さらに、中国の言語や文化などを教える孔子学院を、フィリピンの4つの大学に設置している。

ドゥテルテ政権期以降に進んでいるのが、中国に批判的な報道をしないローカルメディアの育成である。17年には両政府の間でメディア関係での協力を行う覚書を交わし、中国政府の作成するメディアコンテンツがフィリピン国内で放映される機会が増加した。

具体的には、中国政府系の英字新聞であるチャイナ・デイリーが含まれる国際配信サービス（アジアニュースネットワーク）をフィリピンの新聞各社が利用するようになり、チャイナ・デイリーに掲載された記事がそのままフィリピンの大手新聞に掲載されることが増えた。また、伝統ある新聞のマニラ・ブレティンは、グローバル・タイムズ（環球時報）という中国共産党系英字紙の中国紹介コラムの内容を毎週掲載するようになっている。

親中国のフィリピン人ジャーナリストやコメンテーターの存在も、ドゥテルテ政権期以降に目立つようになってきた。中国に招待されて研修などを受けたジャーナリストが、中国に関して好意的な記事を書いたり、南シナ海での衝突問題についても中国側の見解を書いていることなどが報告されている。また、シンクタンクの研究員という肩書きでシンポジウムに登壇して親中国的な発言をし、それがローカルの新聞で取り上げられるという状況も散見する。

ソーシャルメディアも情報操作の対象である。フェイスブック上で中国側の主張を擁護するフェイクアカウントがいくつもつくられており、例えば、水砲事件ではフィリピン側の煽りがあった、中国の軍事基地建設は深刻な問題ではないなどと中国を擁護している。だが、独立報道機関ラップラー社が24年に公表した調査によれば、フェイスブック上の親中コミュニティのネットワークはここ数年の間で縮小しているとのことである。

今後の展望

フィリピン人の対中国感情が今後好転する要因は、現在のところ見当たらない。逆に、悪化する要因はいくつも存在する。マルコス大統領はドゥテルテ前大統領とは対照的に米国寄りの姿勢を見せており、南シナ海問題でも米国の支援を得ようとしていることから、米国を味方につけての中国との対立が進むことが予測される。２０２５年中間選挙を前に、国民の間での反中国感情に訴えてメディア露出を増やそうとしている政治家も見られる。

一方で、中国による情報操作の存在はフィリピン国内のマスメディアでも近年とみに報道されるようになっており、中国関連の情報に対する一般フィリピン人の間での懐疑的態度が今後広がると考えられる。

また、これまでのフィリピンの国際政治上の重要性は主に南シナ海領有権問題を軸としていたが、今後は台湾有事問題への関与国としてもフィリピンの地政学上の重要性が増すと予測できる。台湾有事への備えといわれている米国軍の駐留拠点が23年に増えただけでなく、フィリピンと台湾の間の関係強化が進んでいるからである。

台湾は16年からの「新南向政策推進計画」のもと、フィリピンを含む東南アジア諸国連合（ＡＳＥＡＮ）諸国と経済、文化、教育などの面で双方向の交流を拡大している。また、台湾には15万人のフィリピン人が労働者や留学生として暮らしており、台湾有事はフィリピン政府にとって軍事問題というだけでなく、国民対応にかかわる問題でもある。当分の間、フィリピンへのこれまでにないレベルでの国際的な注目が続くと思われる。

【参考文献】

（日本語）

『アジア動向年報』各年、日本貿易振興機構アジア経済研究所

アレソン・Ⅱ・デセナ・ヴィロタ、園田茂人（2022）「若年層に拡がる中国（人）嫌悪――フィリピンの事例分析」園田茂人・謝宇編『世界の対中認識――各国の世論調査から読み解く』東京大学出版会

（英語）

Alvin Camba（2021）“How Duterte Strong-Armed Chinese Dam-Builders But Weakened Philippine Institutions”, Carnegie Endowment for International Peace.

Anna Felicia Bajo（2022）“Philippines Should Trust US the Most, China the Least—Pulse Asia Survey”, GMA NEWS Online, July 29, 2022　https://www.gmanetwork.com/news/（accessed December 11, 2023）.

Freedom House（2022）Beijing’s Global Media Influence 2022: Philippines, Freedom House.

National Economic and Development Authority（2022）*2022 Official Development Assistance*（*ODA*）*Portfolio Review Report,* National Economic and Development Authority.

Social Weather Stations（2022）SWS July 3-6, 2020 National Mobile Phone Survey–Report No.4, Social Weather Stations.

Teresita Ang See（1997）“The Ethnic Chinese as Filipinos”, in L.Surayadinata ed., *Ethnic Chinese as Southeast Asians,* Institute of Southeast Asian Studies, Singapore.

Yoonah Oh（2021）“Southeast Asian Public Perceptions of China: Clusters and Gaps”, *The Korean Journal of International Studies* 19（3）: pp.377–403.

第4章

重層的なタイ・中国ネットワーク

冷戦期から現在までの変容

外山　文子
筑波大学人文社会系准教授

注目データ

中国からタイへの直接投資額の変化（2012-22年）

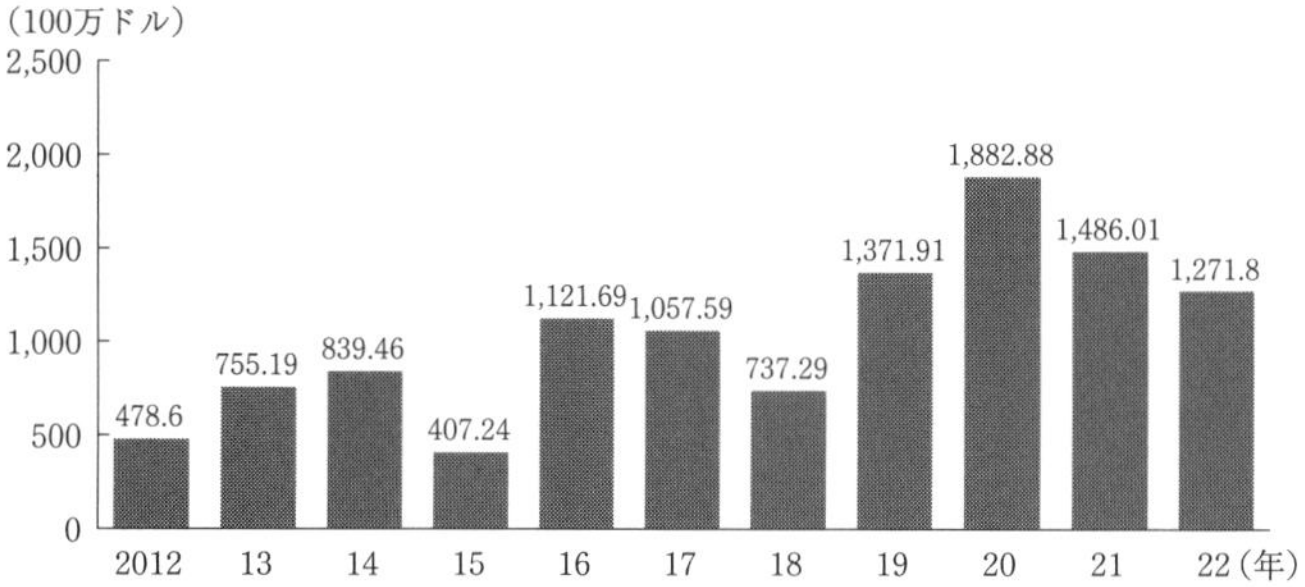

出所：Statista ウェブサイト（2024年２月３日最終アクセス）
https://www.statista.com/statistics/720401/china-outward-fdi-flows-to-thailand/

Point

- 近年、タイでは安全保障分野における米中の、経済分野における日中の競争が激化しているが、タイ―中国間には、19世紀後半に中国南部から多数の中国人が移民として流入して以降、重層的なネットワークが構築されており、他地域とは異なる中国の強固なアドバンテージが存在する。
- タイは米国の同盟国であるが、1970年代に米国がベトナムから撤退後は、タイの敵国は中華人民共和国ではなくベトナムに変化した。以後、タイ知識人たちの米国に対する反感に加え、タイと中国のアカデミアの共同研究により、タイにおける中国や中国人のイメージは好転している。
- 冷戦終結以後は、チャワリット元首相（元陸軍司令官）が創設した泰中文化経済協会がタイ・中国関係を取り持ってきた。同協会は、両国軍の関係を基盤とした組織であり、経済や文化分野における交流だけではなく、安全保障分野においても両国の関係強化に向けて活動してきた。

1 タイと中国——親密化する両国関係

タイは、東南アジア諸国連合（ＡＳＥＡＮ）加盟国のなかでも日本にとって最も重要な国の１つである。アユタヤ王朝の時代から現在に至るまで、日本とは歴史、文化、経済、政治の様々な側面において重要なつながりを持ってきた国である。

タイ外交の基本姿勢は、「バランス外交」または「竹の外交（bamboo diplomacy）」と形容されてきた。これは、タイが自国の自立を維持するため複数の大国の間で協力関係を柔軟に切り替えることを指すとされる（真辺 2018; 青木 2023）。しかし近年、タイが中国への傾斜を強めていると指摘されている。特にプラユット・チャンオーチャー政権（２０１４－23年）のもとで、タイと中国との関係がより親密化していることをうかがわせる報道が相次ぐようになった。

契機は、プラユットが陸軍司令官として起こした２０１４年5月のクーデターであった。クーデター後、欧米諸国は軍事政権に対する批判を行った。当時の米オバマ政権は、タイに民政復帰を求めて軍事支援を凍結した。また米国は、１９８２年から米国とタイの主催で毎年実施してきた東南アジア最大級の多国間合同軍事演習「コブラ・ゴールド」への参加人数を大幅に削減した。

このような動きに対して、タイの保守的エリート層や軍部は危機感を覚えるとともに、強く反発した。翌年、プラユット政権は東北部のコラート空軍基地で中国空軍と初の合同演習を実施した。タイ海軍は中国製の潜水艦３隻を購入する方針を決定するなど急速に中国に接近し始めた。また、プラユット政権のフラッグシップ事業の１つである東部経済回廊（ＥＥＣ）も、中国の一帯一路政策と結びついた開発プロジェクトである。

タイ政府の中国への傾倒は、２０２３年9月に発足したセター・タウィーシン政権においても変化はない。セター政権は同年5月に総選挙を経て選出された民選政権であるが、プラユット政権を支えてきた親軍政党を取り込んだ連立政権であり、軍部をはじめとする保守派との妥協により誕生した。

セター首相は、23年10月17日から19日に北京で開催された「第3回一帯一路国際協力フォーラム（ＢＲＦ）」に参加し、中国の習近平国家主席と北京の人民大会堂で会見した。24年1月には、両国政府は、新型コロナウイルスの流行で打撃を受けた両国の観光業の復興のため、ビザを相互に免除することで合意した。また、両国は中国―タイ鉄道の建設を加速させ、国際犯罪対策で協力することでも一致したと報道された（ロイター ２０２４年1月28日記事）。

このように中国と親密化するタイであるが、タイは冷戦期以降、米国の同盟国の１つであり続けてきた。米国はフィリピンと並んでタイを「主要な非ＮＡＴＯ（北大西洋条約機構）同盟国」に指定している。22年7月には、プラユット首相が米国のアントニー・ブリンケン国務長官と会談を行い、両国の同盟関係を再確認し、「タイ・米国間の戦略的同盟とパートナーシップに関する共同声明」を発表した。同声明では、経済の活性化、気候変動対応、安全保障と法の執行、サイバーセキュリティと技術協力などについて取り組みを強化することがうたわれた。

なぜタイ政府は、米国と中国に二股をかけるような外交姿勢をとり続けるのだろうか。タイの外交姿勢や、タイ—中国関係を理解するには、冷戦期以降の両国の歴史を理解する必要がある。タイ—中国間のネットワークは重層的であり、21世紀になって中国が本格的に進出したアフリカや中東の事例とは異なるだろう。本章では、タイ—中国間の重層的ネットワークの歴史を概観し、両国の関係について深く理解していく。

2 華南からの移民——古いネットワーク

冷戦期のタイ—中国関係について考察する前に、19世紀後半から本格化した中国南部からタイへの移住について確認しておきたい。彼らがタイにおける華僑・華人の最初のネットワークを構築した人々である。なお、「華人」とは中国からの移住者を祖先とする現地の国籍を有する住民を指し、「華僑」は中国（または台湾）の国籍を維持している住民を意味する。

華人・華僑の正確な人数は把握することが困難であるが、吉原和男によると、中国からタイへの移住者数が統計的に最大であったのは、１９１８年から31年までの間であり、入国者数累計が約１３３万人に対して出国者数累計は約83万人を下回り、純増数は約50万人であった。

タイ国内に定住した華僑は、19年の約26万人から37年の約54万人と20世紀前半には増加をたどった。第二次世界大戦後に漸減したが、47年には約48万人の華僑がいたと指摘される。その後は、帰化した「華人」が増加し、華僑の人口は70年に約31万人、87年には約18万人まで減少したとされる（吉原 2016、１０１頁）。

また濱下武志は、タイ政府国家研究院の華僑問題小委員会の推計値は、75年の時点では約４４０万人であるが、これは二重国籍者を含めた数字であると紹介している（濱下 1992、68頁）。この当時のタイの人口が約４０００万人であったので、全人口の１割以上が華僑・華人ということになる。おそらくバンコクなど都市部ではより比率が高かったと思われる。

地縁に基づく団体

タイの華人社会は方言グループ単位で地縁的に結びつき、それぞれ会館を組織した。大きく分けて、潮州グループ（56％）、客家グループ（16％）、海南グループ（12％）、広東グループ（７％）、福建グループ（７％）、その他（２％）であった（濱下 1992、69頁）。１８７７年の広東グループにより設けられた広肇会館を皮切りに、潮州会館、客属会館、海南会館、福建会館、江浙会館、

図表４－１　泰国潮州会館ホームページ

出所：http://www.tiochewth.org/（2024年２月６日最終アクセス）

台湾会館の七大会館が設立された（濱下 1992、69頁）。

　また濱下によると、各方言グループは特定業種に集中する傾向があり、例えば潮州グループが精米業、製材業、金融業、客家グループは百貨店、海南グループはコーヒーや木材加工業、広東グループはレストランや機械修理業、福建グループは輸出入業やゴム栽培、江浙グループは家具製造、台湾グループは工業企業などを営んだ。また業種ごとに同業公会も組織された。そして全体の利害調整をするために中華総商会が設立された。

　これらの方言グループの会館は、一部は名称を変更したりしながら現在も存在する。例えば、１９３８年に設立された潮州会館は幾度か所在地の引っ越しを重ねながら活動を継続し、現在の幹部組織は第41期にあたる。毎月ディナーパーティーが催され、様々な情報について意見交換を行うなど積極的な交流が持たれている。学校運営も行っており、潮州中学（２００３年開校）など４つの学校が存在する。ただし、方言グループによる会館は、タイ在住の華人によると、昔とは異なり、現在はあまり大きな影響力は持っていない。

慈善団体

　慈善団体と同姓団体も重要なネットワークの役割を果たしてきた。慈善団体は、華僑報徳善堂（１９３６年設立）と泰国義徳善堂（１９７０年設立）などが存在する。ともにレスキュー隊の活動を中心に行っている。また、例えばプミポン国王の崩御後には、王宮前広場にて弔問に訪れた国民に対して無料の食事や飲料を提供するなど、あらゆる機会において積極的にボランティア活動を行っている。

　また華僑報徳善堂は「社会奉仕と教育発展」プロジェクトの一環として、私立の総合大学である華僑崇聖大学（１９９４年設置）の運営を行っている（牧 2020、81頁）。開学の際には、開学式にプミポン国王が行幸したことで知られる。同大学では、北京大学との共同事業「タイ・中国リーダーズ・プログラム」が開設されており、積極的に中国との交流を図っている。また中国政府主導の中国語および中国文化の教育機関である孔子学院も設置されている。建学の精神は「社会奉仕のための学び」であり、タイという国に対する感謝が強調されている（牧 2020、82－83頁）。

同姓団体

　タイには華人の同姓団体が多数存在する。同姓団体とは、吉原によると、本来は父系血縁関係に基礎づけられた親族組織である同姓による宗族の連合体が、国外・海外に移住した華人の社会においては、祖国における宗族組織やその連合体を先行組織あるいはモデルにして、任意加入団体として創設されたものである。

同姓団体としては、「宗親会[1]」と「宗親総会[2]」の2つの類型が紹介されているが、父系血縁関係がある人々だけでは規模が大きい組織を結成できないため、「同姓であるからには、先祖を遠くさかのぼればどこかの世代で必ずや父系血縁があるはずである」という考えに基づいて創出されている。吉原によると、バンコク大都市圏には１９９０年代には約90の同姓団体が存在したとされる（吉原 2016、１０２頁）。

これら同姓団体も慈善活動を行うことがある。例えば、前述の２０１６年10月のプミポン国王の崩御後、王宮前広場にて弔問に訪れた国民に対して食事や飲料をふるまっていた集団のなかに、同姓団体のテントがいくつも存在した。

（1）中国語方言を共有する人々によって結成されることが多く、概して会員本人の出身地や先祖の出身地が同じであるとされる。

（2）中国語方言が異なる同姓の宗親会の有志が協同して結成されていることが多い。

3　タイの対中認識・対米認識の変化

タイは、1954年に東南アジア条約機構（SEATO[3]）に参加して以降、冷戦期を通じて現在に至るまで米国の同盟国である。82年に開始された多国間合同軍事演習「コブラ・ゴールド」は継続中であり、また2010年からは、タイ海軍が米国海軍主催の「環太平洋合同演習（RIMPAC）」にも参加している。

しかし、タイを米国陣営の国であると理解することは、必ずしも現実をとらえ切れていない。タイの対中認識や対米認識は、国際状況に合わせて変化し続けてきた。特にタイ政府やタイ人の対中認識は、いわゆる旧「西側陣営」のそれとは異なっており、現在の国際状況にも影響を与えている点も注意を払う必要がある。

1950－70年代前半

中国からの移民は、プレーク・ピブーンソンクラーム首相（在任1938－44年、1948－57年）の同化政策により厳しい統制を受けた。ピブーンは、華語学校をすべて閉鎖させた一方で、華僑の帰化は許可していたため、彼らの同化を促進することとなった。また第二次世界大戦中には、ピブーン政権が日本軍のタイ国領域通過に関する協定を承認して枢軸国側についたことから、日本軍の敵でもあった華人・華僑に対しては引き続き厳しい姿勢をとった。

ピブーンは、戦後は一時失脚したものの、米国の東南アジアでの反共政策に後押しされて、反共政権として政治権力を取り戻した。つまり大戦中は、反西欧帝国主義を掲げていたが、冷戦が始まるとともに反共産主義に鞍替えしたことになる。しかし当時、中国はまさに中国共産党の勝利目前の状況であったので、ピブーンが「反中国政策」から「反共産主義政策」に変更したことは大きな変化ではなかった（Wasana 2022, p.65）。

反共政策によりピブーンは、米国からの援助を得ることができた。また長年の政敵であったプリーディー・パノムヨン元首相（在任１９４６年）とその元閣僚を、共産主義者の疑いにより放逐することに成功した。

しかし、ピブーンの反共という立場は、１９５５年に開催されたバンドン会議[4]に代表を送った頃から変化し始めた。同会議に参加した外交官から、米国への政治経済的依存を減らすために、

(3) １９５４年９月８日に米国、英国、フランス、オーストラリア、ニュージーランド、パキスタン、そして東南アジアからタイとフィリピンの８カ国により結成された対共産圏包囲網。マニラ条約により成立し、翌55年２月19日までに全加盟国の条約批准が完了し、正式に発足した。

中国（中華人民共和国）との外交関係構築の必要性について進言された。これを機に、ピブーンは徐々に中国に接近するようになった。しかし当然に米国から警戒され、57年にサリット・タナラットのクーデターにより打倒された。

サリットは、反共産主義と王室への敬意を掲げて、米国の軍事援助と日本の経済援助を受けて独裁体制を構築した。サリット政権下では、強烈な反中（反中華人民共和国）政策がとられ、従前以上に華語学校や華語新聞に対して厳しい統制がなされた。63年にサリットが病死した後は、米中央情報局（ＣＩＡ）のサポートを受けて、タノーム・キッティカチョーンが政権を継承した。

サリット―タノーム体制のもとで、華人系資本家たちは身の安全を図るために、影響力のある軍人たちを、自らの企業の幹部メンバーに迎えるようになった（Wasana 2022, pp.66-68）。この時代には、タイの敵国は、共産主義を掲げる中華人民共和国であり「中国人＝共産主義者」とみなされた。そのためタイ国内の華僑や華人たちも厳しい立場に置かれた。

１９７０年代後半以降

前節までの対中認識が、おそらく多くの日本人が想像するタイ政府やタイ人の対中認識だと思われる。ところが実際には、１９７０年代半ば以降、タイの対中認識は大きく変化して現在に至っている。契機は、71年の米国ニクソン大統領の中華人民共和国への訪問であった。これにより米国と中国が外交関係を復活させ、国連の代表権も台湾（中華民国）から中華人民共和国に変更された。またタイにとって最も衝撃的だったのは、73年に南ベトナムに駐留していた米軍が撤退したことであった。その後、インドシナ半島に共産主義の嵐が吹き荒れ、75年には隣国でラオス人民民主共和国が成立した。

タイは国際情勢の変化に大きく動揺したが、ククリット・プラモート政権（１９７５－76年）は柔軟に姿勢を変え、75年7月にはククリット首相が中国の毛沢東主席と面会を行った。この頃を境にタイ政府の外交方針が変わり、従前は反中国共産主義であったが、政敵がベトナム共産主義へと変化した。タイ国内の反共産主義プロパガンダにおいても、反政府運動を行っていた学生たちを、タイ王室の討伐を訴えるベトナム共産主義者だと描いた。またタイは、カンボジアに対しては、中国の支援を受けていた反ベトナムのクメール・ルージュを支援するようになった（Wasana 2022, p.70）。

対米認識の変化——中国の文化戦略とタイ知識人

タイ政府の外交政策が変化するとともに、タイ人の対中認識と対米認識にも変化が見られるよ

（4）１９５５年にインドネシアのバンドンで開催された歴史的な国際会議。第二次世界大戦後に英国、フランス、米国やオランダなどの帝国主義を標榜する欧米諸国の植民地支配から独立したアジアとアフリカ29カ国が参加した。

うになった。変化はタイ側と中国側の双方から起きた。

　タイ知識人たちは、米国による政治的支配のみならず、米国アカデミアのタイアカデミアに対する支配に対しても異を唱えるようになった。米国のタイ調査や学術援助に対して、それはタイを米国に従属させるための手段であるとの批判が起きるようになったのだ。このような反発から、タイ知識人たちは、中国により構築された知識に関心を持つようになった。

　以上のような流れのなかで、タイ知識人たちの中国に対するイメージは、ネガティブからポジティブに変化していった（Sittithep 2021, pp.104-105）。

　中国側も、タイ—中国の歴史や、タイにおける華人の位置づけに関する研究を政治的な手段ととらえ、積極的にタイ—中国間での共同研究を推奨した。中国側の中心となったのは、雲南省社会科学院歴史研究所（Yunnan Academy of Social Sciences' Institute of Southeast Asian Studies: ＩＳＥＡＳ）である。ＩＳＥＡＳの学長は、中国とタイとの関係について討論するために、タイの中国研究者に加えて、潮州会館にも訪問するなど精力的にコネクションを形成していった。

　ＩＳＥＡＳは、タイ—中国の歴史は常に友好的なものであったと描いた。またタイに住んでいる中国人についてもイメージを変えさせた。例えば、中華系として知られるトンブリー王朝のタークシン王（在位１７６７－82年）は中華系のルーツを否定的にとらえられてきたが、ＩＳＥＡＳは、タークシン王を国家の英雄として描き、多数の中国人がタイ王室のために仕えたことを強調した。また、中国人が様々な側面でタイ経済の発展に多大なる貢献をしたと主張した

(Sittithep 2021, p.108)。

このように、華人たちは同化されるべき「よそ者」ではなく、タイにとり「脅威」となる存在ではないとして、華人をめぐる認識を変化させていった。

１９７０年代半ばには、タイ知識人の間でもナショナリズムが高まり、「米国の知的植民地主義」に対する批判が激しくなった。彼らは、タイの知識人たちを、外国アカデミアの植民地から解放し、真にタイによる知識を構築しなくてはならないと主張した。著名な歴史研究者であるチェンマイ大学のニティ・イアウシーウォンもタークシン王に着目し、タークシン王は中国ネットワークを使用して国を救うことに成功したと強調した。

またタイ人は誰なのか、Thainess（タイらしさ）とは何かという問いについても、タイ人の祖先が中国南部から移住してきたという従来の学説とは異なり、タイ人とは、様々な民族や文化が混ざり合ってできあがったのだという学説が唱えられるようになった（Sittithep 2021, pp.110-111)。

対照的に、対米認識は悪化していった。米国がタイの内政にたびたび介入し、クーデターを引き起こして、ＣＩＡの工作などを通じて、タイ国内に独裁政権を誕生させたことを否定的にとらえる考えが広まった。73年の民主化を引き起こした10月14日事件以降、学生たちは、米国が軍事政権を誕生させた原因だとして、米国との関係に強い不信感を持つようになった。

米国に対する悪感情は、その後のアジア通貨危機や、２０１４年のクーデター後のプラユット政権に対する非難などの際に、幾度も再生産されてきた（Raymond and Blaxland 2021, pp.67-100）。

4　冷戦後の新しいネットワーク——泰中文化経済協会

１９８９年11月のベルリンの壁崩壊を契機に、冷戦が終結した。90年代は米国の一極体制とみられ、国際機関により民主主義、良き統治、人権擁護といった価値観が世界に広まり始めた。冷戦後もタイは米国の同盟国であり続けたが、対中関係はどのように変化したのだろうか。本節では、冷戦後に誕生した新しいタイ—中国の新しいネットワークについて概観する。

泰中文化経済協会の成り立ちとミッション

現在もタイ—中国の間には様々なネットワークが存在するが、１９９０年代から今日まで、両国の国際交流において中心的役割を果たしてきたのが、泰中文化経済協会（Thai-Chinese Culture and Economy Association）である。同協会は、冷戦末期の両国の軍部の交流を基礎として設立された。東南アジア諸国と中国とのネットワークは、通常はビジネスセクターを中心に展開されるのだが、タイの場合は軍部が協会の基盤となっている点に特徴がある。

　75年にタイは中華人民共和国と国交を樹立した。しかし、その後もインドシナ半島の動乱は続いた。そのため前述のように自国をベトナム共産主義勢力から守るために、当時のタイ政府および軍部が新たなパートナーとして目をつけたのが中国であった。80年代には陸軍のチャワリット・ヨンチャイユット将軍[5]らが北京を訪問し、鄧小平中国共産党中央軍事委員会主席と交渉を行った。冷戦終結後の93年にチャワリットが泰中文化経済協会を創設し、法人登録を行ったうえで初代会長に就任した。

　泰中文化経済協会は、理事会の下に6つの委員会が設置されており、軍事委員会、経済委員会、文化委員会、教育関係委員会、姉妹都市関係委員会、ＡＳＥＡＮ―中国投資委員会に分かれている。

　同協会は、以下のようなミッションを主に担う（担ってきた）と説明されている。

（5）チャワリット・ヨンチャイユット：１９３２年生まれ。86年に陸軍司令官に着任、同年10月から国軍最高司令官代行を兼任。90年退役。チャートチャイ政権（１９８８－91年）の副首相兼国防相、第1次チュワン政権（１９９２－94年）内相、94年副首相、バンハーン政権（１９９５－96年）副首相兼国防相、１９９６－97年に首相、タクシン政権（２００１－06年）副首相兼国防相。ソムチャイ政権（２００８年）副首相。

1. タイ軍と中国人民解放軍を結び、関係を強化する最短の橋であり、両国の軍事、安全保障、軍の強化の協力を推進する
2. タイ政府を後押しして、江沢民国家主席、朱鎔基首相、曹剛川国防相と交渉して、パンダのつがい1組をタイに贈ることで合意に達した
3. タイ政府に対し、中国政府と交渉し、貿易、投資、観光における協力の中心となる国家レベルの委員会設置について合意に達するよう働きかけた。両国政府は合意に達し、タイ側はタイと中国の経済関係を強化するための委員会を設置した。経済担当の副首相が議長を務める。中国側も中国とタイの経済関係を強化するための委員会を設置し、こちらも経済担当副首相が議長を務める
4. タイの県と中国の県・市との姉妹都市関係の確立に向けて調整を行っている
(プーケット県と煙台市、スコータイ県と陝西省、プラチンブリー県と長春市など)
5. 中国の西安、成都、南寧、厦門市の計4カ所に、タイ総領事館の設置を推進した
6. 中華人民共和国福建省の華僑大学と協力し、兵士、警察、民間人、独立組織を含むすべての公務員が、無料で1年間、同大学で中国語を学ぶためのプログラムを連続7年継続している
7. ASEAN諸国と中国の資本市場協力のモデルとなるように、タイ証券取引所と上海証券取引所との間で協力協定を結ぶように交渉を行った
8. 2011年末の大洪水の際に、中国政府、中国人民解放軍、そして中国の民間部門に対して

支援要請の交渉を行った

9. メコン川で中国船強盗事件が発生し、13人の中国人船員が惨殺されて、国民の間に深刻な誤解が生じた際に、タイ政府と中国政府組織との間を取り持ち、相互の理解を深め、協力して問題を解決できるように調整した。具体的には、①タイ・ラオス・ミャンマー・中国の4カ国によるメコン川警備のための統合部隊の設立を提案し、実現した、②本事件は、タイ兵士の行動ではなく、「第三者」による行為であったことを報告した。その後、ラオス当局が犯人を逮捕した

パンダ外交を推進するチャワリット

出所：泰中文化経済協会ウェブサイト

協会の名称には、「文化」「経済」といった言葉が入っているが、実際の活動を概観すると、最初に両国の軍部の強化や協力関係の推進がうたわれており、軍部が最重要事項として位置づけられている。２０２３年12月に元中国海軍司令官の董軍（Dong Jun）が新しい国防相に任命された際には、同協会のフェイスブックに祝福の言葉が掲載されている。(6)

（６） https://www.facebook.com/photo/?fbid=768912401939807&set=a.472053654959018（２０２４年２月６日最終アクセス）

また、メコン川での中国船強盗事件のような国際安全保障にかかわるような事項にも関与している。パンダ外交のようなソフトなイメージの文化的な活動は一部にすぎない。

図表4－2　泰中文化経済協会歴代会長

第2代会長：ソムキット・チャトゥシピタク（学者）（2005-）
　タクシン政権時＝副首相
　プラユット政権時＝副首相
第3代会長：ウィチット・ヤーティップ（元陸軍副司令官）（2008-）
第4代会長：ピニット・ジャールソムバット（政治家）（2010-）
　タクシン政権時＝公衆衛生相
第5代会長：ポーキン・ポンラグン（学者）（2013-）
　バンハーン政権時＝首相府相
　チャワリット政権時＝首相府相
　タクシン政権時＝副首相、内相、下院議長
　インラック政権時＝顧問

中心的人物たちと近年の活動

泰中文化経済協会の会員数は、ウェブサイトに掲載されている数字によると636名である[7]。歴代会長たちは、タイ政府と深くかかわってきた。チャワリット以外の重要人物について、簡単に確認してみたい（図4－2）。

歴代会長の多くが、いずれかの政権の閣僚を務めている。特にタクシン政権とのつながりが強い。第2代会長のソムキットは、タクシン政権と、軍事政権であったプラユット政権の両方に仕えていることで注目を集めた。また、タクシンのいとこであるウタイ・チナワットは泰中文化経済協会の副会長であり、現在のセター政権の顧問でもある。加えて、プラウィット副首相の顧問を務めたパイサーン・プットモンコンは同協会副会長であり、チャワリット首相の顧問でもあった。

タクシン政権（2001－06年）と中国

タイ—中国関係の緊密化に熱心に取り組み始めたのは、タクシン政権からであった。タクシンは、チャワリットが構築した人脈を利用しながら、政治、経済、文化など様々な面で両国の関係強化を図った。タクシンは政権樹立後、米国訪問前に中国を公式訪問し、中国がタイにとってより重要な国であることを示した。タクシンは、在職期間中に4度も中国を訪問した。

また、チャワリットも国防相として2001年6月に訪中している。チャワリットはハイレベルな軍事関係を制度化する試みとして、中国の遅浩田国防相に年次国防相会合を提案し、遅国防相がこの考えに同意した。これにより、両国国防相による正式な防衛安全保障協議は02年から年次開催となった。両国軍が接近するなか、タイは米国や日本の自衛隊と共同して実施してきた合同軍事演習「コブラ・ゴールド」の視察に中国を招待した。02年に中国はオブザーバーとして軍事要員を派遣した。また反対に、03年には中国がタイを中国の軍事演習視察に招聘した（チュラチープ 2009）。

プラユット政権（2014－23年）と中国

プラユット政権になると、中国との関係は一層深化し始めた。前述のように、2014年のク

（7） https://www.thaizhong.org/th/about-us/members.html（2024年2月6日最終アクセス）

ーデターについて米国などから批判されたことに対して、タイの保守派層が強く反発した。これを契機にタイはより中国との関係を重要視するようになった。

米国と中国との対立が深まるなか、タイと中国の政治指導者は、お互いに賞賛の言葉を送り続けた。19年3月の総選挙後、プラユットが首相として返り咲くことが決定した際には、中国の李克強首相がプラユット首相に対して「近年、タイはあなたの指導のもと、国の発展において有望な成果を達成しました。あなたは国家を築くためにタイの人々をリードし続けると信じられています」と祝辞を送った。また、プラユット首相は、同年11月のＡＳＥＡＮ首脳会議における李首相との会合で、地域の安定と繁栄に対する中国の貢献を賞賛した。

経済面においても中国の重要性は増しており、プラユット政権のフラッグシップ事業であるタイ東部の経済特区「東部経済回廊（ＥＥＣ）」は、中国の「一帯一路」構想と連結したものである。「一帯一路」構想との連結は、中国側の要請を受けてタイが応じた部分もあるが、それ以上にタイの方が積極的であった。17年5月に北京で第1回「一帯一路」国際協力フォーラムが開催されたが、このフォーラムに招待された30人の政治指導者のなかにプラユット首相が入っていなかった。一帯一路においてタイが重要な位置を占めているにもかかわらずである。

プラユット首相の代わりにデジタル経済社会相などが招待されていたが、プラユット首相が除外されていた事実がタイに与えた衝撃は大きく、わざわざ外相から「プラユット首相は同年秋のサミットに参加することが決定しているため」との説明がなされた（外山 2022）。

図表4－3　タイの武器調達国の変化（2001-22年）

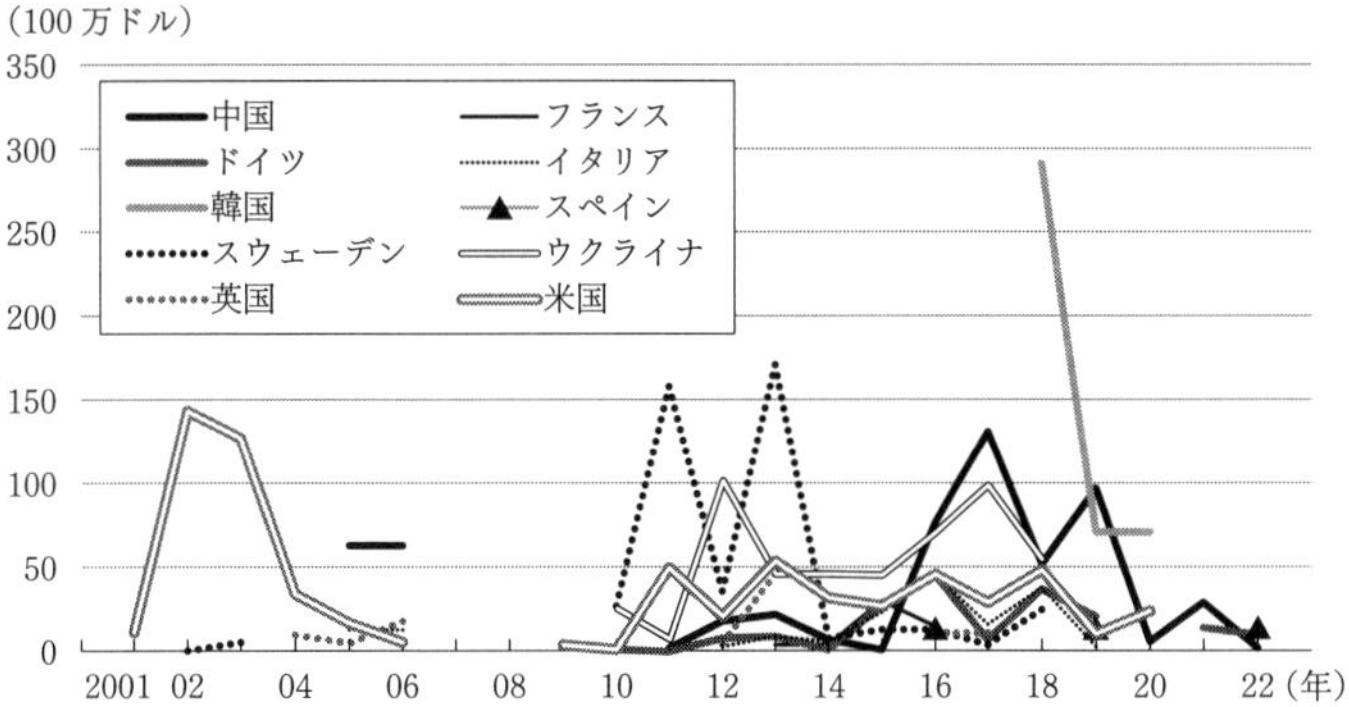

注：2001-22のタイへの武器輸出トレンド指標の値
　SIPRIのトレンド指標の値（TIVs）は100万ドル単位で記載
出所：SIPRI Arms Transfers Database

また近年、タイへの武器供給国が変化している点も注目すべきである（図表4－3）。タイへの武器供給国は、1999年から2003年までは米国（54・4％）、ドイツ（20・5％）、イタリア（15・3％）の3カ国が全体の大半を占めしていた。同時期には、中国はわずか3・8％のみであった。これに対して、14年から18年は、韓国（19・7％）、ウクライナ（18・4％）、中国（18％）、米国（12・4％）と変化しており、武器供給国が多様化したことが顕著に表れている（外山 2023）。

中国への傾斜とタイの国益

タイの中国重視の姿勢は、タクシン政権からプラユット政権、そして現在のセーター政権まで受け継がれてきた。タクシンは、中国との関係を重視する理由として、中国の経済力増大を挙げていた。タクシンは、中国国民の購買力向上はタイからの原材料、農産物や製品を吸収する可能性があり、世界における中国の影響力は友好国であるタイにも利益をもたらすと主張した（チュラチープ 2009: 102)。実際、中国に対してタイ産の果物や野菜の関税引き下げを実施させたことにより、農作物分野での対中貿易はタイ側の出超となった（チュラチープ 2009: 103)。

また農産物分野に限らず、1997年のアジア通貨危機以降、多くの中国企業がタイの製造、建設、通信を含む多くの分野で投資しており、他方で、CPグループに代表されるように、タイ側の華人系資本も中国本土でのビジネスを拡大するなど、双方にとって相手国の重要性が増している。

また政治、安全保障分野においても中国の重要性は増している。前述のように1970年代後半以降、タイ国内には米国に対する不信感と中国に対する良好な印象が醸成されてきた。特に1980年代からはプミポン国王の次女であるシリントーン王女が中国語を学び幾度も中国を訪問するなど、両国を結ぶ絆となってきた。

タクシンは安全保障分野においても中国との関係強化を図ったが、より重要な転換点となったのは2014年クーデタであろう。同クーデタに対する欧米諸国の批判を受けて以降、プラユット政権期を通じて、タイは米国の同盟国でありつつ中国との合同軍事演習を繰り返してきた。

タイは21世紀に入って以降すでに2006年、14年と2度のクーデタが起きており、民主主義が後退している。軍事政権であったプラユット政権にとっては、より安心できるパートナーが中国であったという事実も否定できない。ただし、中国の世界的な影響力拡大や両国間の歴史を鑑みると、タイで民主的政権が樹立されたとしても、タイの外交方針が大きく変化するとは考えにくい。

5　濃密な関係と高齢化する人脈

本章ではタイと中国とのつながりについて概観したにすぎないが、両国のネットワークは、①多様なネットワークにより重層的につながっていること、②チャワリットの人脈を介したタイ軍と中国軍とのつながりが中核に存在すること——以上2点が特徴だと考えられる。

タイは親日国であり、日本企業の進出に対しては非常に好意的である。他方で、多くのタイ人たちは「タイとの関係において、決して日本は中国よりも上にくることができない」と断言する。今後、日本がタイと政治経済的なつながりを深化させていくうえで、タイにおいて中国との競争はさらに激化すると思われるが、タイ—中国関係の濃密さについては忘れてはならないだろう。

ただし、新しいネットワークについても、例えばタイ—中国の国際交流で中心的役割を果たしてきた泰中文化経済協会のポーキン会長は70歳であり、創設者のチャワリットは91歳と高齢になっている。タイは、おそらく他の東南アジア諸国と比べると、まだ政治において世代交代が十分に進んでおらず、高齢者が影響力を持っている。タイ―中国ネットワークも比較的高齢の世代が中心を担っている。今後、世代交代が進むなかで、どのような変容を見せるのか注視する必要がある。

【参考文献】

（日本語）

青木（岡部）まき（2023）「『竹の外交』から『多元的外交』へ――戦後タイ外交再考のための論点整理と課題提示」『アジア経済』第64巻第2号、23－43頁

チュラチープ・チンワノ（2009）「中国の台頭とタイの戦略的関与政策」恒川潤編『国際共同研究シリーズ4　中国の台頭――東南アジアと日本の対応』防衛省防衛研究所、82－110頁。

外山文子（2022）「タイ・プラユット政権におけるディールの変化――21世紀における軍事政権と資本家との関係に着目して」後藤玲子・玉井良尚・宮脇昇編『談合と民主主義――公共空間におけるディール』志學社、105－132頁

――（2023）「東南アジア地域における安全保障の現地点――『バランス外交』の背後にあるものは」『修親』765号、10－13頁

濱下武志（1992）「移民と商業ネットワーク――潮州グループのタイ移民と本国送金」『東洋文化研究所紀要』116号、61－106頁

牧貴愛（2020）「タイ華僑崇聖大学の存立基盤――社会奉仕の精神とタイ王室の庇護」『大学教育論叢』第6号、77－87頁

真辺祐子（2018）「タイの『バランス外交』再考――対米関係、プラユット軍事政権の外交姿勢を中心として」『アジア地域文化研究』第14号、１２８－１５３頁
吉原和男（2016）「タイの華人同姓団体――家族会と族親会に注目して」立教大学アジア地域研究所「21世紀海域学の創成――「南洋」から南シナ海・インド洋・太平洋の現代的ビジョンへ」研究成果報告書　https://www.rikkyo.ac.jp/research/institute/caas/qo9edr000000ml88-att/06.pdf（２０２４年2月７日最終アクセス）

（英語）

Raymond,Gregory and Blaxland, John（2021）"Historical Memory and the US-Thai Alliance", In Raymond, Gregory and Blaxland, John, *The US-Thai Alliance and Asian International Relations: History, Memory and Current Developments*, pp.67-100.
Sittithep Eaksittipong（2021）"The Chinese of Thailand: Academic Diplomacy and the Convergence of Sino-Thai Intellectual Nationalisms". In Hoon, Chang-Yau and Chan, Ying-kit eds. *Contesting Chineseness: Ethnicity, Identity, and Nation in China and Southeast Asia*, Singapore: Springer, pp.101-122.
Wasana Wongsurawat（2022）"Chineseness and the Cold War in Thailand: From "red scare"to strategic ally", In Taylor, Jeremy E. and Xu, Lanjun eds. *Chineseness and the Cold War: Contested Cultures and Diaspora in Southeast Asia and Hong Kong*, New York: Routledge, pp.61-73.

（その他）

泰中文化経済協会ホームページ　https://www.thaizhong.org/th/about-us/members.html（２０２４年2月６日最終アクセス）
潮州会館ホームページ　http://www.tiochewth.org/（２０２４年2月６日最終アクセス）
ロイター記事「中国とタイがビザ相互免除、協定に調印　3月発効」https://jp.reuters.com/world/china/AD5NHFLGFVJUJPCASAYV4CUDRA-2024-01-28/（２０２４年２月３日最終アクセス）
SIPRI Arms Transfers Database　https://www.sipri.org/databases/armstransfers（２０２４年2月６日最終アクセス）

第5章

ジョコ政権下のインドネシア・中国関係

相澤 伸広

九州大学教授兼東アジア・アセアン経済研究センター（ERIA）公共政策院院長

注目データ

中国の対インドネシア投資の推移

分野	2016	2017	2018	2019	2020	2021	2022
金属産業（精錬所含む）	1,519.0	1,718.5	594.0	1,629.9	2,070.6	1,692.5	1,467.3
運輸、流通、通信	84.2	160.7	551.3	1,605.3	1,621.7	725.7	998.5
電力、その他公共サービス	324.9	938.0	615.5	975.2	636.7	249.1	151.8
工業団地および他の不動産	18.3	83.0	147.3	203.2	312.4	174.3	422.8
化学・製薬	175.9	90.1	47.2	53.7	21.6	24.5	366.7
中国本土からの直接投資総額	2,665.3	3,361.2	2,376.5	4,744.5	4,842.4	3,160.4	3,625.6

注：セクター別、単位は100万ドル

出所：インドネシア中央銀行（BI）、技術評価応用庁（BPPT）を基に集計

Point

- ジョコ政権下の対中外交の最大の達成目標は投資誘致であり、コモディティ品の輸出拡大のためにも、とりわけエネルギー鉱業資源への投資、インフラ事業への投資を求めた。
- なかでも鉱業における付加価値増大を求めるインドネシアと、戦略資源の確保を重視する中国の利益が一致したことで、ニッケル鉱業が政権のトッププロジェクトとして政治的支援を受けた。
- 両国の利益が一致するのと同様に、リスクの所在も一体化した。すなわちインドネシアの基幹産業の浮沈が中国の需要頼みとなる脆弱な構造が生まれた。

1　中国の対インドネシア投資

ジョコ政権下のインドネシアと中国の関係を象徴するのは、高速鉄道に象徴される政府主導型の大規模インフラ輸出、そしてニッケル鉱山をはじめとするエネルギー・鉱業部門に対する集中投資であった。とりわけジャカルタ―バンドン間の高速鉄道は、日本案との間で決定が二転三転した経緯もあり、日本でも多くの注目を集めた。

ジョコ大統領が就任する前年の２０１３年の中国の対インドネシア投資額は、国別順位で13番目であった。それが、22年には2位にまでその規模を拡大させ、1、2年のうちに中国が直接投資で1位になるだろうと当時大統領もその勢いを称えた。

中国からの直接投資の急速な伸びのなかでも、主要部分を占めるエネルギー、鉱業部門の投資については、中国人労働者数の急速な伸びとインドネシア人の雇用を創出していないといった批判や、環境破壊、そして強制立ち退きなどの問題が報告されたものの、新型コロナウイルス禍の時期を乗り越え堅調な伸びを見せた（本章トビラ「注目データ」参照）。本章では、どのようにしてインドネシアと中国の関係において、このような関係が深化したのかを論じたい。

2　インドネシアの外交的立ち位置

経済成長のための政治

インドネシアの対中政策をめぐっては、1950年代、60年代前半までの政治的な蜜月時代、1960年代後半から80年代にかけての外交断絶期を経て90年代から漸次的に経済関係を深めてきた。1990年代当初は貿易関係に留まっていたところから、中国の急速な経済成長によって、2000年代後半移以降、投資関係としてその関係を深化させていった。南シナ海や貿易赤字の問題なども存在するが、1960年代に内政干渉によって関係が断絶した過去の教訓も手伝って、政治的に物言わぬ経済パートナーとして、インドネシアにとって極めて大事な経済パートナーとしてみなされるようになった。

日本や米国との関係も重視するインドネシアとしては、地政学的環境が厳しくなるなかでも、中国との関係を維持すべく、ジョコ政権以前のユドヨノ政権と同じ原理が存在していた。それは、「選択をしない選択」であり、表現としてはバランス外交、等距離外交、ヘッジング外交と様々な形があるものの、どの国とも関係を良くし、どこかの国に依存はしない、つまり中国とも特別な関係を結ぶのではなく、是々非々でつきあうという方針であった。

　非同盟主義を堅守するインドネシアにとっては、こうした「是々非々」でのつきあいを通じて、インドネシアの基本的な自治、主権を守るべく、レトノ外相も、２０２２年9月22日の国連総会のスピーチにおいて、「我々は新たな冷戦時代の駒になることを断固拒否する」「主権と領土の一体性という国家の根本原理において一切の譲歩はない」と語った。

　大国間競争時代に「選択をしない選択」を行うのは、一見して脆弱な外交政策と解釈されることもあるが、その背景には、国際政治、地政学の合理性以上に、インドネシアの国内政治上の合理性、つまり「経済成長のための政治」という政策の優先順位があり、人口が「老いる前に豊かに」なるために、地政学的なリスクは最小化する必要があった。

　つまり、地政学的な政治選択によって、経済成長の機会が阻害されないよう注意し、なりふり構わず豊かになる必要があり、そのためにも、２０００年代、10年代の主たる経済成長要因である国内消費に加えて、海外投資誘致の強化を通じた経済成長を企図する必要があった。「経済成長のための政治」とはより具体的に言えば、「中所得国の罠」を抜け出し、高所得国化するということであり、そのためにも「早く」豊かになるためにインドネシア政府として、最も実現可能性が高いインフラ投資、海外投資誘致とコモディティ輸出によって経済成長を牽引しようとした。

　このような「経済成長のための政治」が国内政策だけでなく外交政策上もインドネシアの基本原則となりうる理由の1つは、インドネシアの防衛能力の強化のためにも、そもそも経済規模が大きくならなければならない、という外交戦略に基づいていることにある。
その戦略判断は、とりわけシリアの内戦をめぐる泥沼化から再確認されていた。地域紛争に対して、国際社会、特に国連安全保障理事会が紛争回避、紛争終結の機能をまったく果たせず、その結果、サウジアラビアやイランといった地域大国、ひいては米中ロといったグローバルな軍事大国間の勢力圏競争の代理戦争の様相を呈したことに、インドネシアは強い危機感をいだいていた。

シリア内戦をめぐる国際社会の対応からインドネシアが得た教訓とは、東南アジアのようないわばグローバル大国を含まない地域において、地域内における対立が大国間の勢力圏争いによっていとも簡単に軍事力による紛争にエスカレートするということであった。したがって、東南アジアが中東と同じ運命をたどることなく、平和を維持するために必要なのは、法や軍事力以上にグローバルな経済における地域が持つ影響力を高めることにある――というものであった。

投資誘致主体の外交は安全保障戦略上も合理的

南シナ海における中国の勢力圏拡大は、当然のことながらインドネシアにとっても安全保障上も地政学上も極めて重要な出来事であり、一見すると外交政策の主眼を「経済成長のために」設定することは安全保障上の無策とみなされかねない。

ただ、インドネシア側の理屈としては、強兵のためにも、先に富国が必要であり、そこで必要とされる富もまたグローバルな経済のサプライチェーン（供給網）のなかに組み込まれた富を蓄積することが安全保障上の戦略的合理性を獲得する手段であり、したがって、投資誘致主体の外交は安全保障戦略上も合理的という答えが弾き出されるのであった。

以上の観点を踏まえれば、中国からインドネシアへの資源投資が拡大することは、一般的な意味で債務を含めたリスクを引き受けることになるが、同時に、中国に対してサプライチェーンの一端を担うこととなり、ある種の安全保障上の抵当保証をとることにもなる。これは事実上、インドネシアなりの経済安全保障政策であった。

両者をどのようにバランスをとって管理するかは難題ではあるものの、「中国には立ち向かう、しかし、米国の手先にはならない」と語りつつ外交上のエージェンシー（主体性）を保つうえで、経済成長のために中国の投資誘致に積極的に取り組むのは、以上の論理ゆえといえよう。

3 中国にとってのインドネシア

海洋シルクロード演説

一方で中国にとってインドネシアの存在価値を象徴的に表していたのは、２０１３年10月にインドネシア国会議場で行われた習近平国家主席による「海洋シルクロード」演説であった。インドネシアが「海洋シルクロード」の要衝にあり、両国の連携がもつ歴史的かつ地政学的な合理性を強調するスピーチであり、同時に呼水としてのインフラ投資やあらゆる経済協力のツールに注目を集めるものであった。

中国にとってのインドネシアの重要性が中国のより大きな対外戦略のなかで語られたことで、14年のジョコ政権誕生を前に、ちょうど時期を同じくしてインドネシアへの貪欲な投資戦略が中国でも推進されるタイミングを迎えていた。そのなかでもとりわけ目立ったのが、ニッケル鉱山、ニッケル精錬所およびその工業団地への投資であった。

中国の戦略資源獲得政策のなかでも、ニッケルは他のレアメタルと異なり、中国の世界市場に占める生産割合が５％と小さい鉱物資源であった。とりわけ電気自動車（ＥＶ）の開発において、バッテリーなどの原材料となるニッケルは戦略的資源であり、世界最大の埋蔵量（世界の22％を占めると予想）を誇るインドネシアは当然注目された。

圧倒的なニッケル投資

中国の動きは早く、ユドヨノ政権下で２０１３年にニッケル鉱石の輸出禁止令を準備すると、ニッケル生産大手の青山控股集団が広域経済圏構想「一帯一路」プロジェクトの１つとして６億２８００万ドルにも上る投資をわずか45日足らずで決定。中央スラウェシ州モロワリ県にニッケル精錬所の建設を決定した。

中国の青山控股とインドネシアのビンタン・ドゥラパン グループのジョイントベンチャーという形で、３０００ヘクタール以上の規模を誇るインドネシア・モロワリ工業団地（ＩＭＩＰ :Indonesia Morowali Industrial Park）が建設され、世界でもトップクラスのニッケル産出、精錬拠点としてその地歩をつくりあげた。

第1号の精錬所が15年に完成してから、徐々にその生産力を上げていくと、ステンレス原料のフェロニッケルの輸出は国家統計局（ＢＰＳ）データによると、17年には１００万トンを超え、20年には２８７万トン、21年には３５０万トン、そしてピークとなった22年には５７８万トンの生産量となり、ジョコ政権の経済政策のなかでも最大の成功事例として喧伝されることとなった。

このような勢いを受けて、日米韓が消極的ななかで、22年にはニッケルの精錬割合を上げて実際にＥＶのバッテリーに使えるレベルまで精錬できるよう、鉱石を高温かつ高圧の硫酸と反応させて抽出するという高圧硫酸浸出（ＨＰＡＬ）方式の20億ドルにも上る高額な精錬所の建設を決定し、インドネシアと中国はニッケル鉱山を通じて経済関係のみならず、政治関係もそのかかわりを拡大、深化させていった。

4　インドネシアの対処法——3つの異なる対応

このような中国の旺盛な投資意欲、そして資源の輸入意欲に対し、インドネシアは最優先で対応した。インドネシアとしては3つの異なる対応があった。

全面的なバックアップ——ニッケル投資

第1に、上述のニッケル産業に関してである。インドネシアはモロワリにおけるニッケル精錬をはじめとする鉱物資源開発に関して、中国に対して全面的なバックアップを行った。ユドヨノ政権からジョコ政権にかけて、いわゆる未加工の鉱石輸出を禁じ、サプライチェーンのなかでもインドネシア国内における付加価値を向上させることが経済政策上の優先事項にあった。2014年の時点で高額な精錬所を建設することでコミットしたのは中国だけであり、経済的な合理性に疑問があるなかで、戦略的な合理性をもって他国とは異なるスタンスをとる中国に対して、インドネシア政府は土地の賃借や環境問題、そして労働者問題がプロジェクトの足かせとならないよう、様々な支援を行った。

例えば、コロナ禍で全国的に海外渡航が厳しく制限されている際に、モロワリの工業団地に勤める中国人には特別のビザの発行を準備し、優先的に中国から渡航できるよう便宜を図った。また、精錬所では様々な形での労働争議や死者が出るような争いが発生し、そのたびに、市民による政府批判が広まった。ただ、こうした争議が大きくなり、反中国運動、反政府運動に飛び火しないよう、オフライン、オンライン空間双方において、繰り返し情報戦をしかけた。ルフット海事・投資担当調整相が繰り返し、ニッケル精錬プロジェクトの正当性、経済へのインパクトの大きさを強調し、例えば、統計上、地域における1人当たりの国内総生産（ＧＤＰ）の急上昇を引用し、その経済的な効果を激賞した。

一方で、プロジェクトは単純に中国企業を利しているだけで、インドネシアにはほとんど利益の配分がなされていない、との学会やジャーナリストの批判にも、それらは瑣末《さまつ》な問題であるとして言説空間の支配に政治資源を投入した。

その一例を挙げれば、中国人労働者がこうしたプロジェクトに大動員され、インドネシア人の雇用を生んでいないとしても、インドネシアで働いている中国人の人数は在外インドネシア人労働者の人口に比べれば些少《さしょう》にすぎない、というロジックを最大限活用した。

中国に代わって、インドネシア警察などの組織を動員し、サイバー空間への検閲や圧力を通じて批判の声を封殺、中和することに成功し、ニッケル産業への投資意欲を見せてくれる中国の大規模投資を守り、中国の投資家に自信を与えることに成功したといえよう。

交渉戦略の敗北——インフラ開発協力

第2に、インフラ整備への対応である。ジョコ政権期の中国とインドネシアの関係深化を象徴するのは、鉱物資源だけではなかった。ジョコ大統領はとりわけ第1期においてインフラ整備を政権の主たる看板政策として掲げ、インフラ整備を通じて国内の産業育成、経済活性化、そして経済成長の実現を主たる政策としていた。その重要な鍵となるインフラ整備において、十分な資金が国内にないことから、中国の資金をどれだけ呼び込めるかが、インドネシアの外交上も極めて大きな課題であった。この課題が、インドネシアと中国の関係を規定したもう1つの大きな要因である。

インドネシアによる中国とのインフラ開発協力のマネジメントにおいては、鉱業に比べて苦戦した。その苦戦状況は、インフラ整備の最も代表的なプロジェクトであったジャカルタ―バンドン間を結ぶ高速鉄道にかかる中国との交渉において特に象徴的な展開をみせた。その展開で鍵となったのは、土地収容や工期の遅れなどで予算が当初計画を大幅に上回るタイミングで、中国は当該プロジェクトに対する政府補償を後から求めた時にあった。

元来は、高速鉄道建設はあくまでも政府間ではなく企業間のプロジェクトであり、政府補償はないというスタンスをインドネシア政府は主張していた。当初その論理がゆえに、プロジェクト借款への政府補償を求める日本案が対象外になったという説明が、インドネシアから日本になされていた。

しかし、中国との契約後、プロジェクトが進展し予算が枯渇していくなかで、インドネシア政府は中国側との交渉のバーゲニングパワーを失い、追加予算を求めるうえで提示された政府補償を認めざるを得なくなり、さらにはその追加予算に対する金利も大幅に上昇し、契約後に行われたインフラ整備協力における様々なルール変更をめぐる中国の交渉戦略にインドネシアは完全敗北したといえよう。

この結果、高速鉄道の経済性が悪化すれば国家予算を投入する必要が生じ、他の政策に対する予算上の大きな制約を生むこととなったのであった。

東南アジア各国との投資誘致合戦での敗退

第3の課題として顕在化したのは、東南アジア各国との投資誘致競争の激化であった。米国と中国との競争関係が激化し、サプライチェーンのデカップリング（分断）が始まったことは、東南アジアにとって投資誘致の絶好期とみなされていた。特にコロナ禍によって経済成長が大幅に減退したことで、「中所得国の罠」抜け出す長期計画に急ブレーキがかかったことで、再び長期計画に乗せるためには、一気に高い経済成長率を達成しなければならず、あらゆる策を講じて景気を上向きにするため、東南アジア各国の間で競争的に投資誘致合戦が繰り広げられた。

これによって、東南アジア各国は競争相手であるという視点が再認識され、隣国を東南アジア諸国連合（ＡＳＥＡＮ）のシングルマーケットを協力して構築する仲間としてではなく、互いにこの好機をとり合う競争関係に陥らせたのである。

　こうした競争ゲームへのインドネシアの参入は功を奏せず、中国にある生産拠点の再移転先としてベトナムに大幅に遅れ、タイ、マレーシアにも遅れ、好機を十分に活かすことはできなかった。このことに大統領も何度も失望し、その失望は担当相への怒りとなり、「我々は遅れをとっていることを認めなければならない、我々はマレーシア、タイ、ベトナムとの競争に負けている」として、閣僚交代が繰り返された。

5　ジョコ政権期に生まれたもの

中国市場にニッケル相場が左右されるリスク

　以上のインドネシアと中国の関係を見ると、両国は投資関係、貿易関係が深化することで、経済における国益のあり方について、ある程度、政策や構造を同期させることに成功したといえよう。

　しかしこのことは必ずしも経済成長を約束するものではなく、インドネシアから見れば、自分

図表５－１　ニッケル価格の変動

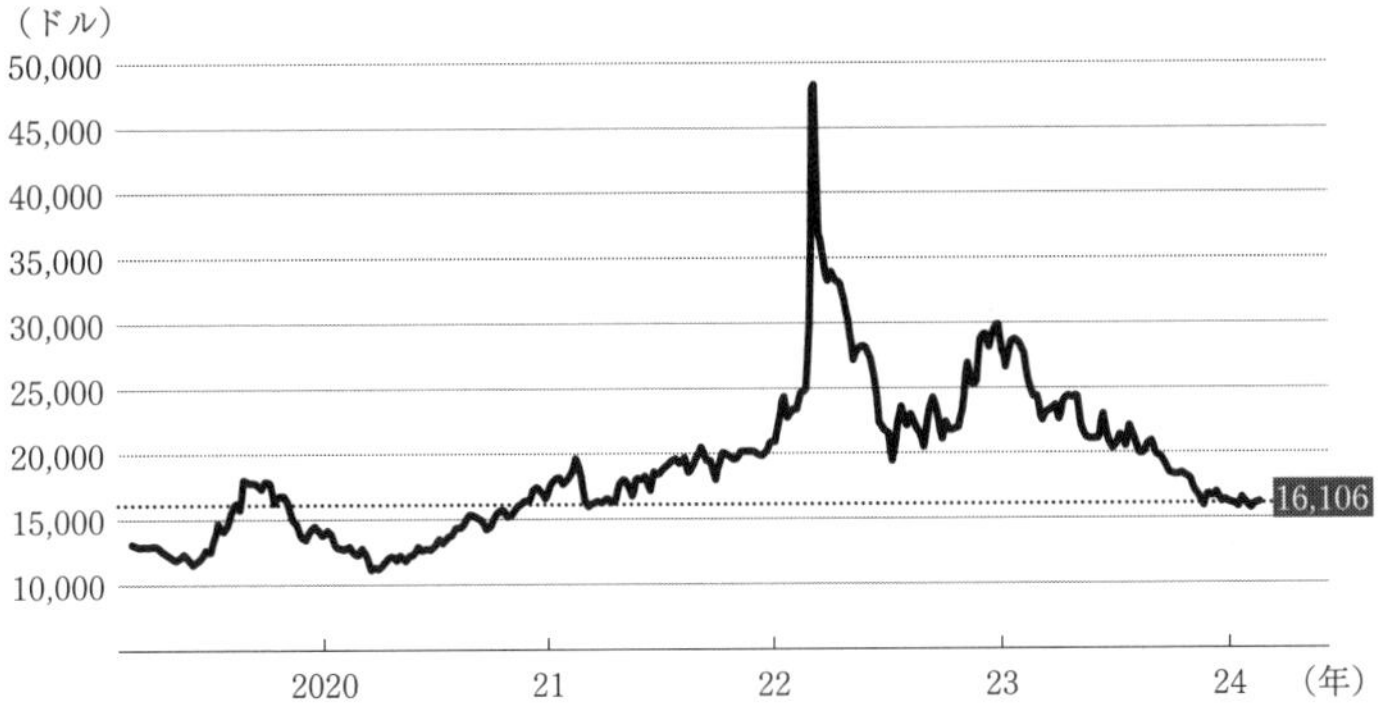

出所：Trading Economics 2024

より大きな経済母体との同期がゆえに、大きなリスクもはらむ関係性となっている。とりわけジョコ政権下の経済成長を中心的に支える鉱業部門について、中国市場の影響をより直接的に受けやすくなっていることが、２０２３、24年の動向から見て取れる。

最も顕著な例が、ニッケル価格の急速な下落によるニッケル精錬業の業績悪化である。24年２月時点で、ロンドン金属市場の取引価格ですでに１トン当たり１万６０００ドル台まで下がっており、価格が急騰し投資が盛んに行われた22年（の終わり）と比較しても、約50％値下がりしている（図表５－１）。

その理由は諸説あるものの、ニッケルのなかでもＥＶのバッテリーに用いる最高グレードのニッケル需要が、比亜迪（ＢＹＤ）、上海通用五菱汽車、奇瑞汽車（チェリー）といった中国の代表的なＥＶ会社がリン酸鉄リチウムベースの燃料電池に転換したことで減退しつつあり、グレードの低いステンレス鋼に使われるニッケルにしても、中国における建築需要が減退したため価格に下方圧力が加わっている。

つまり、中国における技術革新と需要変化のスピードに、インドネシア—中国の共同事業、およびその修正スピードが追いついていない状況が見て取れる。より高いニッケル価格を見込んで22年に建設を開始した精錬所を用いた背景となった国際価格はもはや存在せず、現在の国際価格のままでは、利益を上げられない構造になりつつある。

中国市場の需要、中国の製造業のサプライチェーンとの接続を見込んで計画された最も大型のインドネシア—中国協力プロジェクトが、皮肉なことに中国自身の需要動向に極めて直接的に左右される構造をつくりだしていることを顕在化させてしまった。

中国に経営権を握られるリスク

ジャカルタ—バンドン間の高速鉄道プロジェクトをはじめとする国営企業ベースの経済協力についても、追加予算分が極めて高額な利子つきであるため、完成に至るうえで使用した予算の債務繰延を今後求めれば、事実上経営権を金額に応じて漸次的に失っていくこととなる。つまり、ジャカルタ—バンドン間の鉄道沿線のコントロールを中国の国営企業などに握られる結果になり、インドネシアが計画していた経済成長を通じて、国際的なバーゲニングパワーを上げるという計画と真逆の状態が生じる可能性をはらんでいる。

もっとも、ジョコ政権は外交政策を定めるうえでも、経済的な損益で国益を一義的に定義していたことから、上述したようにインドネシアと中国の間で経済利益を同期させる構造も、政府組織に根差した強い構造というよりは、インドネシア、中国政府双方の市場動向や経済政策の変化ですぐに変わる、より緩やかな構造であるといえよう。

２０２４年はインドネシアの大統領交代期であり、これまでジョコ政権において対中政策を担っていたルフット調整相らが対中投資政策、エネルギー・鉱業プロジェクトの元締めの立場を継続できる公算は低い。ルフットと新大統領のプラボウォは陸軍時代から微妙な関係にあり、対中政策の窓口になる人物も当然変化が見られる公算が高い。

先にも述べた通り、インドネシア、中国間の経済関係には、大規模なニッケル、石炭プロジェクトについて、国際価格が低下した際の大きなリスクが残っている。この点は、財界においてプラボウォ陣営支持をまとめた、ボイ・トヒルらに大きな役割を任せる一方で、これまで国営企業中心型の経済協力関係から、民間企業同士の経済関係に移行していくためにも、エネルギー鉱業中心の関係から、産業政策への関わりをインドネシアは求めていくであろう。

ただ注意すべきは、中国との経済協力の深化によって、インドネシアの経済成長を達成するというジョコ政権の継続的なスタンスの一方で、軍人としてのアイデンティティの強いプロボウォ新大統領としては、主権に触れる政治案件については、極めて慎重な政策運営をすすめることになるであろう。

今後のインドネシアと中国の関係の行方は、ジョコ政権が最終盤に発する政策・法令、そして、新政権の担当閣僚、担当国営企業のコミッショナーの顔ぶれに大きなヒントが隠されているであろう。

【参考文献】

（英語）

Ministry of Foreign Affairs Indonesia（2022）“Statement by Minister for Foreign Affairs of the Republic of Indonesia at the General Debate of the 77th Session of the UN General Assembly New York, 26 September 2022”, Ministry of Foreign Affairs Indonesia, September 26,2022. https://kemlu.go.id/portal/id/read/4018/pidato/statement-by-minister-for-foreign-affairs-of-the-republic-of-indonesia-at-the-general-debate-of-the-77th-session-of-the-un-general-assembly-new-york-26-september-2022（accessed 2024-2-20）

Office of Assistant to Deputy Cabinet Secretary for State Documents & Translation（2023）“President Jokowi Thanks Chinese Investors for Contributing to Indonesia’s Development”, Cabinet Secretariat of Indonesia, October 16th, 2023. https://setkab.go.id/en/president-jokowi-thanks-chinese-investors-for-contributing-to-indonesias-development/（accessed 2024-2-20）

Tenggara Strategics（2022）“RI-China reach agreement on Jakarta-Bandung HSR cost-overrun”, *The Jakarta Post*, February 22nd, 2023. https://www.thejakartapost.com/opinion/2023/02/22/analysis-ri-china-reach-agreement-on-jakarta-bandung-hsr-cost-overrun.html（accessed 2024-2-20）

（データベース）

BPS-Statics Indonesia（https://www.bps.go.id/id）

Trading Economics（https://tradingeconomics.com）

第6章

ベトナムにおける中国ファクター

「最優先の2国間関係」の二面性

石塚 二葉
日本貿易振興機構アジア経済研究所
ガバナンス研究グループ長

注目データ

ベトナムの輸出入総額の相手国・地域別比率

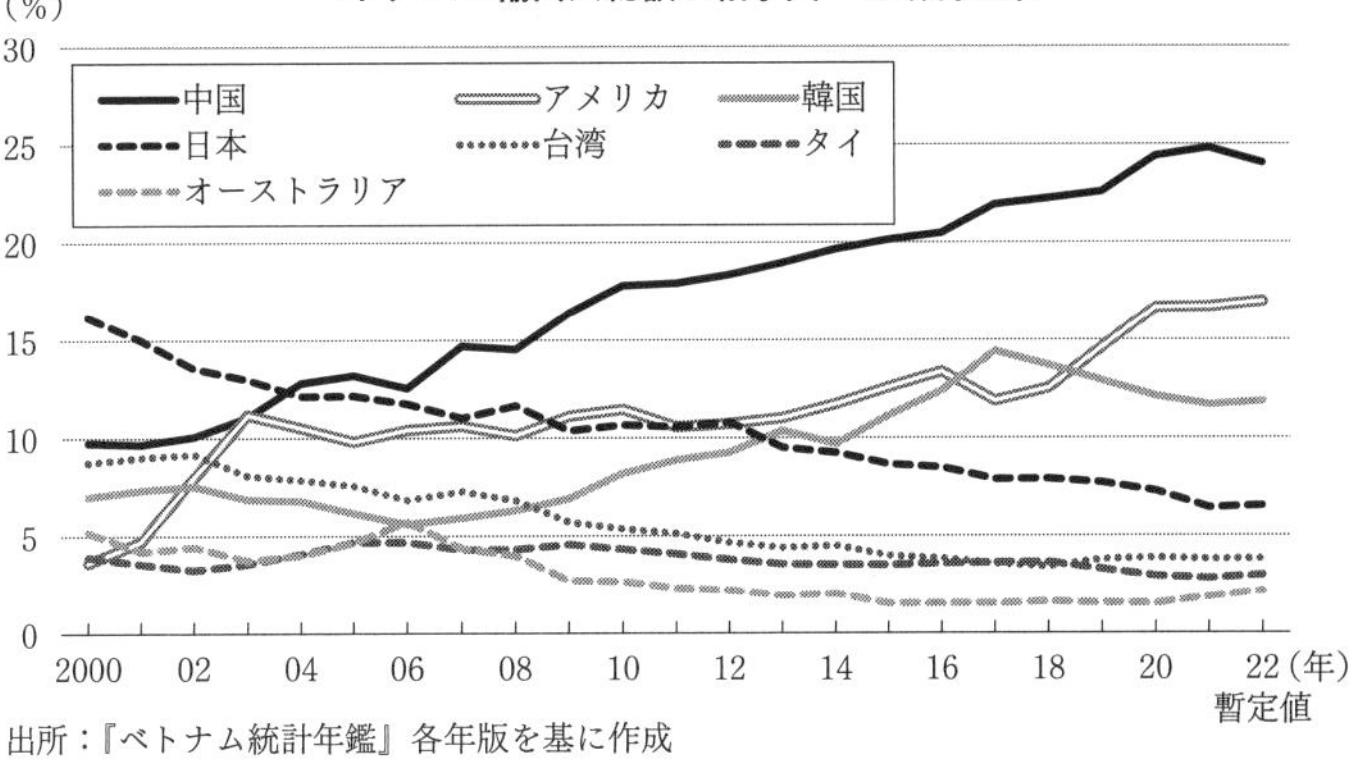

出所：『ベトナム統計年鑑』各年版を基に作成

Point

- ベトナムは、古代より中国歴代王朝による直接・間接の支配を受け、ともに社会主義国として独立を果たした後にも中越戦争を戦った経験などから、隣接する大国とのつきあい方を学んできた。ベトナムの対中姿勢の根底には、中国の覇権主義や両国の国力における非対称性に関する現実的な認識と警戒感がある。
- 地理的な近接性と非対称性、そして政治体制の共通性は、今日でも両国関係を特徴づける要素である。政治分野では、重層的に発達した両国間の対話チャネルが、中国からベトナムへの影響力行使の経路ともなってきた。ベトナム経済は、中国への依存を深めながら発展してきた。
- ベトナムは中国との対話・交流を密にし、中国に対する友好的な姿勢を堅持する一方で、自国の安全保障にかかわりうるセンシティブな分野や問題に関しては慎重に中国の影響力の浸透を管理・抑制しようとしている。ベトナムにとって「最優先の2国間関係」は、このような緊張感を内包したものなのである。

１　ベトナムは「親中」か「反中」か

米中対立のなかでどちらの「陣営」にも取り込まれたくないというのは、東南アジア諸国に多かれ少なかれ共通して見られる姿勢であるが、各国が抱える事情はそれぞれ異なっている。

ベトナムの場合、最も特徴的なことは中国との地理的・政治的な「近さ」、すなわち、地理的には東南アジア諸国連合（ＡＳＥＡＮ）加盟国でミャンマーに次いで長い陸上国境を中国と共有するとともに、南シナ海ではパラセル（ホアンサ・西沙）・スプラトリー（チュオンサ・南沙）諸島に対して全面的に重なり合う領有権の主張を行うなど、その近接性から歴史上も中国と密接かつ複雑な関係を結んできたこと、そして中国と共通の政治体制を持つことであろう。

特に南シナ海問題は、越中関係の目下最大の懸案事項であると同時に、米中対立の１つの焦点ともなっていることから、２０１０年頃以来、メディアの報道などにおいてもしばしば越中関係の「闘争」的側面がクローズアップされるようになっている。

その半面、ベトナムが中国と同様の政策を採用したり、その指導者たちの言動が中国の意向に配慮したものとみられたりするような場合には、改めて両国間の結びつきの強さの証として、これもまた注目を集めることになる。

ベトナムは反中か、親中か、中国離れが進んでいるのか、中国寄りを強めているのか、といった視点がベトナムを見る際の主な関心事になり、場合によっては相当程度異なるベトナムのイメージが描かれることもある。

しかし、ベトナムに限らず、一国の対中姿勢を親中か反中かに割り切ることはいうまでもなく困難であるし、ベトナムのように中国との関係が深い国にとってはなおさらそうである。

本章は、主に2つの面からベトナムの対中姿勢理解のための手掛かりを提供することを目的とする。第1に、越中関係の歴史の大きな流れを振り返り、今日のベトナムの基本的な対中認識の背景を示す。第2に、近年のベトナムの政治・経済・社会各面における中国の影響とそれに対するベトナムの対処の仕方について検討する。最後に簡単な考察を行ってまとめに代えたい。

2 越中関係の歴史

脱中国化のための中国化

ベトナムは、学術的には東アジア文化圏に分類されるなど、東南アジア諸国のうちでも中国文化の影響を色濃く受けている国である。それは、ベトナム側の主体的かつ選択的な「中国化」受け入れの結果という面もあった。

ベトナム人の国家が最初に形成されたのは紀元前7世紀頃とされるが、紀元前2世紀になると、現在のベトナム北部を拠点としていたベトナムの王朝は、中国の漢王朝によって滅ぼされてしまう。ベトナム史における「北属」期の始まりである。「北属」は、歴代中国王朝のもとで１０００年余りにわたり継続するが、ベトナム人が完全に中国に同化されてしまうことはなかった。９３８年には、将軍呉権《ゴ・クエン》が南漢軍を破ってようやく中国からの独立を果たし、呉朝を開いている。

１００９年に成立し、初の長期政権となった李朝の時代に、ベトナムは朝貢国として中華帝国の冊封体制に組み込まれ、この新しい越中関係は基本的に19世紀まで続くことになる。１１７４年、李朝の英宗は、中国の宋朝に「安南国王」として冊封を受けた。他方、李朝は国号として自らは「安南」ではなく「大越」を名乗り、以後、ベトナム歴代王朝が小中華的な独自の帝国としての自己認識を形成していく基礎をつくった。

その過程で、北方からの脅威に対処すべく統治の安定、国力増強を図るベトナムの支配者たちが選択したのが、律令制と科挙官僚制度に支えられた中国的な集権的国家体制の整備であった（古田 2017、77頁）。そのような意味において、前近代、特に11－15世紀頃にかけて、ベトナムは「脱中国化のための中国化」（桃木 1996）を進めたといわれる。

15世紀初めの明による約20年間の直接支配（属明期）を終わらせて成立した黎朝は、中国的な国家体制を完成させ、ベトナムは集権的封建国家の繁栄期を迎えるが、続く16－18世紀にかけては宮廷内抗争から国内は権力分立状態に陥る。19世紀初めにこれを統一して、初めて現在のベトナムの版図とほぼ同一の国土を支配することとなった阮朝の嘉隆（ザーロン）帝は、清朝から冊封を受け、新たに「越南（ベトナム）」の国名を与えられた。

この「越南（ないし自称「大南」）」国は、しかしながら、１８６２年以後、段階的にフランスの植民地支配下に組み込まれていく。清仏戦争の結果、１８８５年に清がフランスのベトナムに対する保護権を承認したことで、ベトナムと中国の間の朝貢・冊封関係には終止符が打たれた。

「社会主義兄弟国」という新たな関係

植民地支配による断絶を経て、両国は、今度は「社会主義兄弟国」ないし「同志・兄弟」関係という新たな関係を築くことになる。この関係は、独立闘争期における両国の共産党指導者同士の関係に端を発し、１９５０－60年代に至って、中華人民共和国がアジア社会主義革命の中心として立ち現れ、ベトナムの独立・統一闘争の最大の支援者となったことで実現したものである。

ベトナム共産党の創始者ホー・チ・ミンは、科挙官僚の家の出身であり、中国語が堪能であった。ホー・チ・ミンは、24年、コミンテルンの活動家として中国にわたり、中国南部を拠点に植民地政権打倒を目指すベトナム人青年らに訓練を施し、30年にベトナム共産党を創設する。この頃から、ホー・チ・ミンは、劉少奇をはじめとする中国共産党幹部と親交を深め、彼らとの間で個人的な信頼関係を築いてきた（栗原 2018）。

ベトナム共産党は45年にベトナム民主共和国の独立宣言を行ったものの、どの国からも国家承認を得られず、インドシナに復帰してきたフランスと独立をかけた戦争に突入する。そのようななか、49年に中国で政権をとった中国共産党は、ホー・チ・ミンのアピールに応えて世界で初めてベトナム民主共和国を承認し、その戦争遂行を支援した。劉少奇が63年に国家主席として初めてハノイを訪問した際、出迎えたホー・チ・ミンは「越華の情宜の深さは、まさに同志でもあり、兄弟でもあるが如き」という詩を詠んでいる。

構造的欠陥がもたらしたもの

この「同志・兄弟」関係は、指導者間の信頼に支えられた緊密な協力関係という性格を持っていた半面、そこには通常の主権国家間の関係とは異なる、冷戦期の社会主義国家間の同盟関係に特有な「構造的欠陥」があったと指摘される（栗原 2018、50－51頁）。

それは、共産党の伝統的な理論に国家と主権という概念がなく、社会主義国家間の関係は国益を超越した共通のイデオロギーによって支えられると考えられたこと、また、国家間の平等という概念もなく、党間の指導・被指導の組織原則が国家関係にも移植されたことであった。例えば、両国間では国境画定条約のような基本的な取り決めが正式に行われていなかった。

実際、１９６９年のホー・チ・ミンと劉少奇の死去後、70年代になると、両国間の利害が対立する場面が目立つようになってくる。ベトナム戦争中の72年のニクソン米大統領訪中や、74年の中国によるパラセル諸島の武力による占領などは、ベトナムの指導者たちの中国に対する不満・不信を増幅させた。

両国関係の悪化は、78年末のベトナム軍のカンボジア侵攻を契機として、翌年、中越国境戦争が起こったことで表面化した。戦争自体は約1カ月で終結するが、その後10年余り越中の国交は断絶し、国境付近では緊張状態が続いた。この間、ベトナムは中国に関係修復のための交渉を呼びかける文書をたびたび送ったが、中国側はそれを無視ないし拒絶し続けた。

国交正常化が実現に向けて動き出したのは、86年にドイモイ路線へと舵を切ったベトナムが、89年に始まる東欧・ソ連の社会主義体制の激変と中国の天安門事件への対応を目の当たりにした後のことであった。

90年9月、成都で実現した両国首脳の会談で、社会主義体制の存続に不安を抱くベトナムは、中国に対し「残存社会主義国同盟」の中心的役割を果たしてほしいと要請したが、この提案は中国側に拒否されている。91年11月に出された国交正常化に関する共同声明には「社会主義」の文字はなく、両国関係の基本原則とされたのは「領土・主権の尊重、不可侵、不干渉、平等互恵、平和的共存」の平和5原則であった。ドイモイ期の越中関係は、ようやく「兄弟」でも「敵」でもない、まして「支配・被支配関係」でも「朝貢関係」でもない、通常の2国間関係となったのである。

なくならない近接性と非対称性

もっとも、越中2国間関係を強く規定してきた両国の近接性と非対称性という条件がなくなったわけではない。ベトナムが対中関係の歴史から得てきた様々な教訓は、現代にも生きていると思われる。たとえば、古田（1999）は、１９９１年の中国との関係正常化は、ベトナムの中越戦争への反省から導かれた中国の「大国」性の認識に基づくものであったと指摘して、以下のように述べている。

> この中国との関係正常化に際してのベトナム側の基本認識は、中国が「覇権主義」的な国家であるという警戒心はもちつつも、その中国を、ベトナムに対して戦争を発動するところまで「怒らせた」のはベトナムにとって得策ではなく、「大国」中国がベトナムに公然たる敵対姿勢をとっていては、「小国」ベトナムは身動きがとれない状況に追い込まれる、したがってベトナムが経済発展に全力を注ぐためには対中関係改善が不可欠である、というものだったとみてよいだろう。
>
> つまりはベトナムは、中国の「大国」性を自覚して、中国との関係正常化を実現したのであり、「過去を閉ざし、未来を志向する」という外交スローガンには、かつて中国の王朝から攻撃を受けた時には、中国軍がベトナム領から撤退さえすれば、ただちに中国皇帝のもと

に朝貢使節を派遣し、その面子をつぶさないように関係を正常化してきた、「中華世界の小国」ベトナムの歴史的経験から生まれた外交的知恵が継承されているといってよいだろう。(古田 1999、8－9頁)

このような基本認識は、現在のベトナム共産党指導部の対中姿勢の根底にも存在しているものと思われる。

3 今日のベトナムにおける中国の影響

政治

越中関係が通常の2国間関係になったとはいえ、今日の世界で数少ない社会主義政治体制をとる両国の政治的結びつきには、他の2国間関係にはあまり見られない特殊性もある。

政治面での越中関係の特徴は、両国の党・国家機関・軍の間の重層的な対話チャネルの存在である。国交正常化以来、党・国家の首脳レベルの往来はほぼ毎年、平均して年1回以上のペースで行われている。首脳外交以外にも、党・国家機関や大衆組織など、各分野の様々なレベルで定

図表6－1　越中間の主な協力・交流枠組み

協力・交流枠組みの例	所管
理論シンポジウム（2003年–）ほぼ年1回	党理論評議会
越中2国間協力指導委員会（2006年–）年次	外務省
越中戦略国防安全保障対話（次官級は2010年–）年次・次官級	国防省
越中国境友好国防交流会（2014年–）年次・2015年以降閣僚級	国防省
越中犯罪防止対策協力会議（2008年–）隔年・閣僚級	公安省
越中陸上国境合同委員会（2011年–）	外務省
越中経済貿易協力委員会（1994年–）	工商省
越中青年フェスティバル（2010年–）	青年団

出所：佐久間（2017）、Le Hong Hiep（2017）、新聞記事などを基に作成

期的な交流が行われている（図表6－1）。

近年、ベトナムは、日米をはじめ様々なパートナー国との間でも経済、国防その他の分野における政策対話などの枠組みを構築しているが、例えば公安、国防両分野で閣僚級の定期的な会合が行われているのはおそらく中国との間のみであろうと思われる。

これらのチャネルは、一面、ベトナムにとって、中国との良好な関係を確認し、その経験や知見に学ぶとともに、意思疎通を密にすることで紛争発生のリスクを抑制するなど、2国間関係を安定的に管理する手段となっているが、他方、非対称的な相手方との密度の濃い交流は、ベトナムが中国からの影響ないし圧力を受けるリスクを高める可能性もある。

実際に中国がベトナムの政治的意思決定に影響を与えたないし与えようとしたといわれる事例は、主に主要な党・国家幹部人事やベトナムの対外政策にかかわっている。

よく知られているのは、越中国交正常化が実現する直前の1991年6月の第7回党大会で、当時のグエン・コ・タク外相が中央委員の座を奪われ、外相を解任されるに至った事例である。こ

れは、カンボジア問題の解決をめぐる同外相と中国側との対立などから、中国側がその解任を要求したことが原因であったとされている。

また、より最近、タクの息子であるファム・ビン・ミン前外相についても、中国はその外相就任に反対したといわれる。その結果、当初見込まれていた２００６年にはミンの外相就任は見送られ、11年になってようやく実現したという（佐久間 2014、33頁）。

より一般的に、ベトナム共産党の党大会の前などには、特定の最高幹部候補を中国側指導者が支持・支援しているといった噂がしばしば流れるが、実態は不明である。

中国によるベトナムの対外政策への介入については、特にベトナムの対米政策に関して中国がベトナムに「助言」する、ないし圧力をかける事例がしばしば報告されている。

例えば越米通商協定については、１９９９年7月に交渉が最終段階を迎え、同年9月にも調印される見込みとなっていたところ、ベトナム側から異論が出て、調印は延期された。その１つの理由として中国の反対があったといわれている（フイ・ドゥック 2021、４５０－４５１頁）。

２０１３年にベトナムが米国との間で初めてパートナー関係を宣言した際も、当初目されていた「戦略的パートナーシップ」でなく、一段階低いとされる「全面的パートナーシップ」となったのは、中国に対する配慮が一因であったとみられる。

他方、23年に越米が外交関係の「包括的戦略的パートナーシップ」への格上げを実現した際には、中国共産党系メディアの『環球時報』は「米国は自国の利益のためにベトナムを利用しようとしている」というオピニオン記事を掲載し、また、同時期に、中国市場向けのベトナム産フルーツの輸出が品質問題を理由とする検疫強化により停滞するという出来事があった。

このように、ベトナムは、中国の意向に従うこともあれば従わないこともある。特に14年に南シナ海のベトナムの排他的経済水域内に中国海洋石油総公司がオイルリグを設置した事件後は、ベトナムは、中国の度重なる不快感の表明にもかかわらず米国との関係強化を進めてきた。

ただしベトナムは中国の不快感を無視するわけではなく、中国側に対しても礼を尽くすことを怠ってはいない。中国の面子を立て、怒らせないことは、今日においてもベトナムにとって鉄則なのである。

経済

ベトナムは、１９９０年代初め以来、概ね順調な経済成長を続けているが、近年では輸出額の国内総生産（ＧＤＰ）比が１００％近く、また輸出の約７割を外資部門が占めるなど、経済の輸出依存、外資依存が高まっている。また、観光収入も年々増加し、２０１９年には対ＧＤＰ比が10％近くに達している。

中国との緊密な経済的結びつきは、ベトナムの経済発展の原動力の１つとなってきた。中国は、04年以来、ベトナムの最大の貿易相手となっている。ベトナムの輸出入合計額に占める中国の割合は年々拡大しており、近年では25％近くに達している。輸出先としては米国に次ぐ第２位で輸

図表6－2　ベトナムの主要輸出相手国・地域

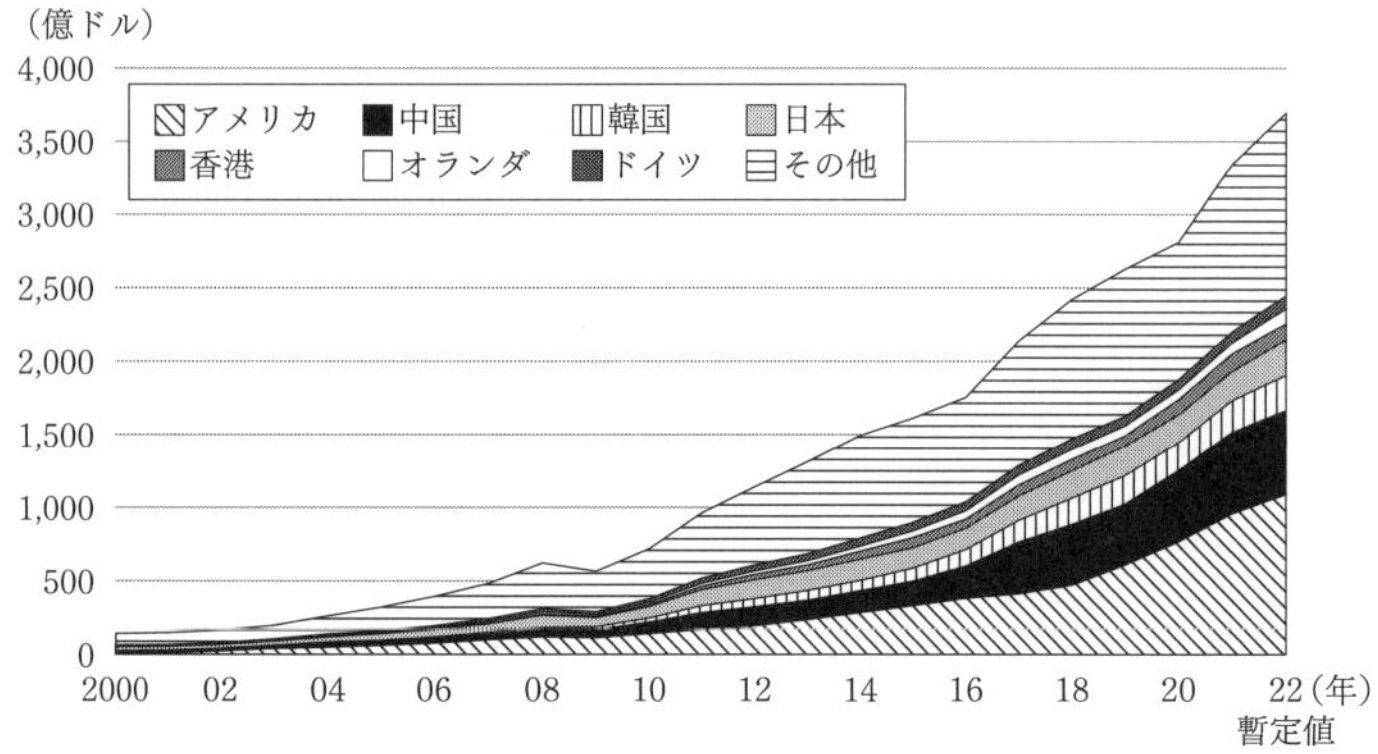

出所：『ベトナム統計年鑑』各年版を基に作成

出総額の15％前後を占めており、輸入相手としては第1位で輸入総額の3割超を占めるに至っている。

ベトナムから中国への輸出品は鉱物・ゴムなどの中間財と農水産品などの消費財が主であり、ベトナムの中国からの輸入品は機械・設備などの資本財と繊維・皮原材料などの中間財が大宗を占めている。

外国直接投資については、22年までの累積認可額では、中国は全体の5％強で第6位にとどまっているが（香港からの投資額を合算すると、韓国、シンガポール、日本に次ぐ第4位）、ここでも近年シェアを拡大してきている。また、ベトナムへの海外からの来訪者数に関しては中国は長らく第1位であり、19年では全体の約3割を占めた。

一方、中国への過度の経済的依存は、ベトナムの安全保障上の脆弱性につながる恐れがある。ベトナムは現在までに、ＡＳＥＡＮ自由貿易地域（ＡＦＴＡ）をはじめとして包括的・先進的環太平洋経済連携協定（Ｃ

図表6-3　ベトナムの主要輸入相手国・地域

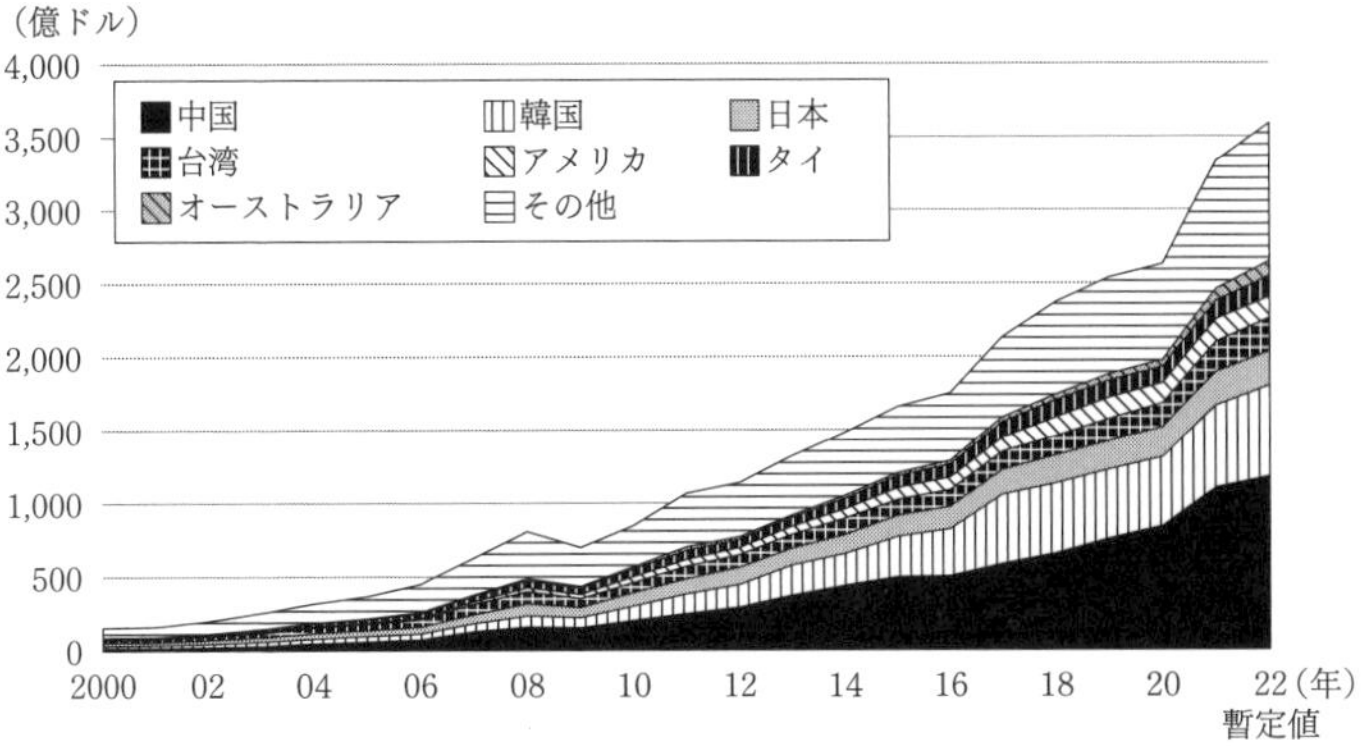

出所：『ベトナム統計年鑑』各年版を基に作成

図表6-4　主要国・地域による外国直接投資（累積認可額）

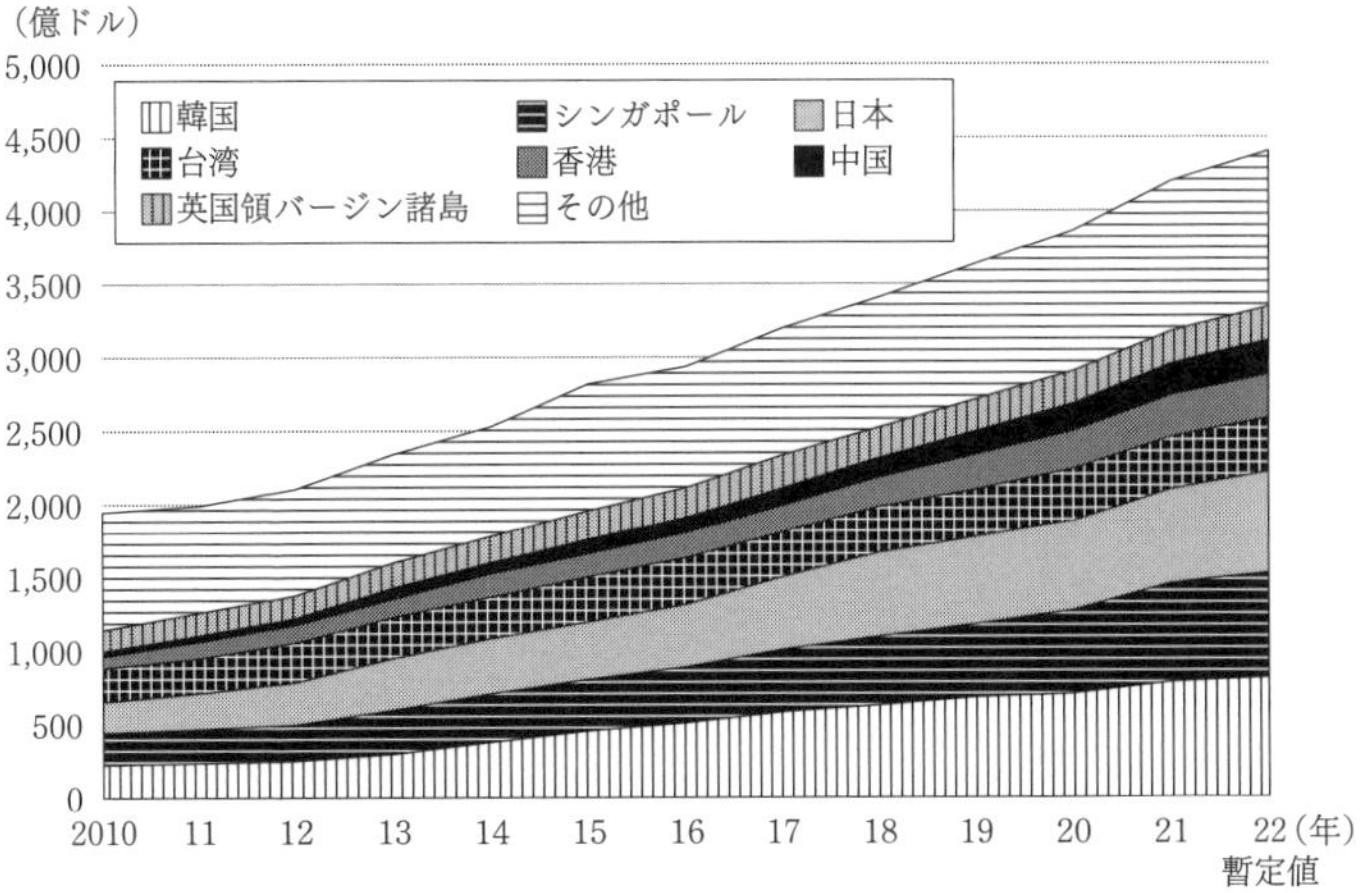

出所：『ベトナム統計年鑑』各年版を基に作成

図表６－５　国籍別訪越外国人数

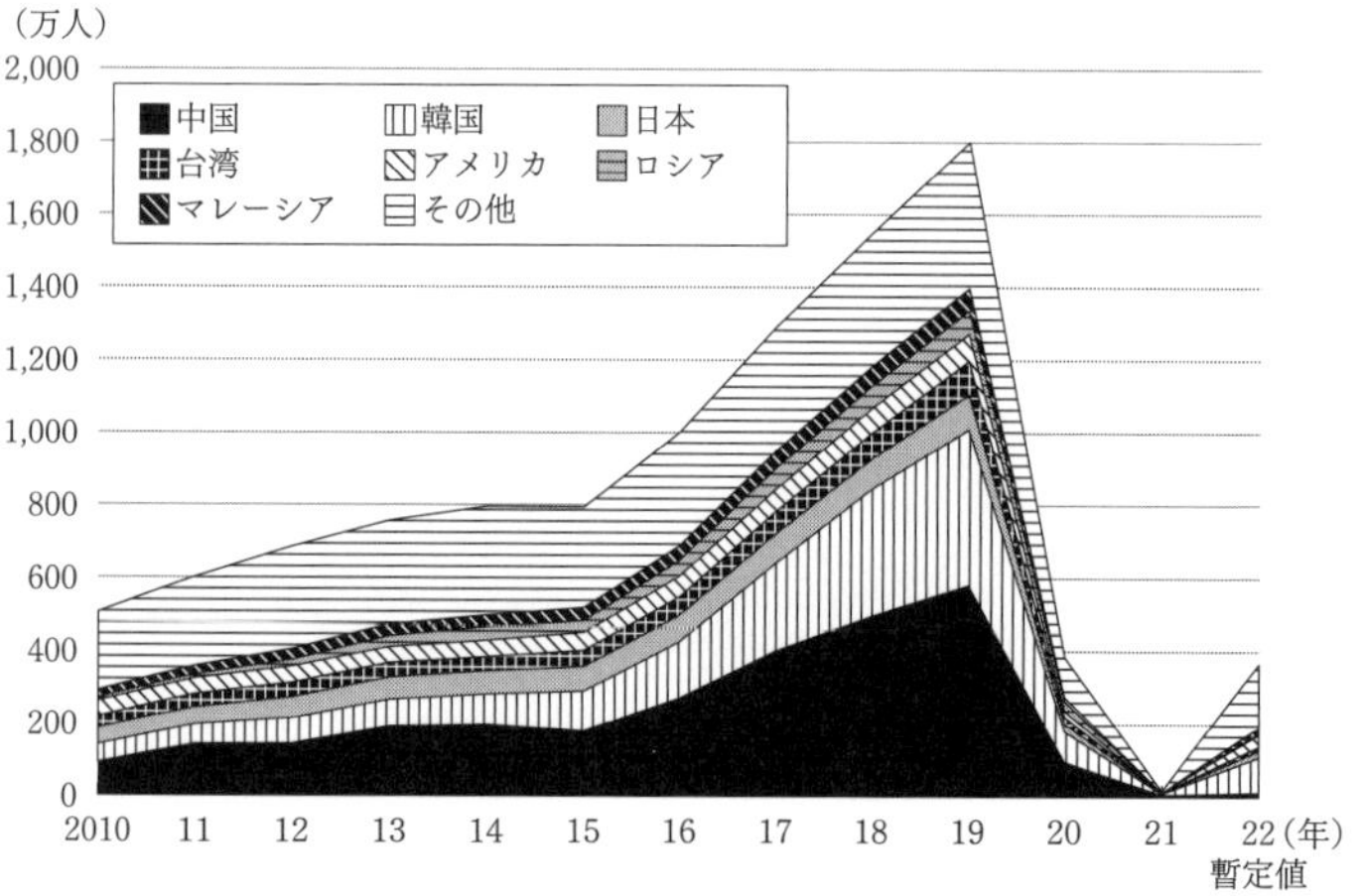

出所：ベトナム統計総局ウェブサイトを基に作成

ＰＴＰＰ）、東アジアの地域的な包括的経済連携（ＲＣＥＰ）を含む16の2国間・多国間の自由貿易協定（ＦＴＡ）に署名するなど経済関係の多角化を図っているが、今のところ中国への依存度上昇に歯止めはかかっていない。

対中国貿易赤字も依然として拡大傾向が続いている。両国間の貿易額は18年に１０００億ドルを超え、ベトナムの対中貿易赤字は22年には６００億ドルに達した。もっともこの点については、両国の経済力や産業構造などからみて、短期的な解決は難しい問題であると思われる。

ただし、個別の分野において中国資本の流入や中国企業の進出などに伴って生じる、あるいは生じることが懸念されるより具体的な問題については、党・政府が慎重に対処している様子もうかがわれる。

まずインフラ分野であるが、ベトナムは公的声明などにおいては中国の一帯一路構想への支持を早くから表明している一方、ベトナムで公式に一帯一路プロジェクトと認定されている案件は3件にとどまる。これらは、ハノイの都市交通システム（メトロ2A号線）、ビントゥアン省のヴィンタン第1石炭火力発電所、ティエンザン省のロンジャン（龍江）工業団地であり、これまでのところ、大型の旗艦プロジェクト的なものはない。

インフラ分野に関して目立つのは、むしろ中国企業による建設工事の受注である。例えば、12年のある新聞記事によれば、中国企業はベトナムにおける火力発電所プロジェクトにかかる設計・調達・建設（ＥＰＣ）契約の9割を受注していたとされる（Le Hong Hiep 2017, p.95）。

他国でも見られるように、中国輸出入銀行の借款やバイヤーズクレジットによって賄われるプロジェクトの場合には受注できるのが中国企業に限られていることや、そうでない場合でも、中国企業は入札価格が低いことが、その高い受注率の主な理由である。

しかし、中国企業はしばしば低い価格で落札しておいて、後から様々な理由をつけて費用を吊り上げる、また工期が遅れがちで、そのために一層費用がかさむといった問題が、ベトナムでは広く認識されている。

ハノイのメトロ2A号線はまさにその典型例で、着工から10年後の21年にようやく開業にこぎ着けたが、最終的な建設費用は当初の予定の6割増しになった。それに加えて工事中に事故が何件も起こったり、工事が完成した後も安全検査に時間がかかったりしたことなどは、中国企業による建設請負に対する負のイメージを強めることになった。

このような問題に対して、ベトナム当局は一定の対策を講じてきた。13年改正入札法では、入札審査基準に価格以外の技術点やライフサイクルコストにかかる基準が追加された。また、19年9月、交通運輸省は、主要インフラプロジェクトである南北高速道路建設プロジェクトの8つの区間について、予定されていた国際入札を破棄し、代わりに国内で一般競争入札を公募して国内企業を選定する方針を発表した。

当初、国際競争入札の予備選定を行ったところ、入札意思の表明を行った60社のうち半数が中国企業であったことが、このような方針変更の原因であると考えられている（Le Hong Hiep 2019）。この決定は（国内企業の能力などに不安は残るが）国内では概ね歓迎されているようである。

次に資源開発について見ると、まず、南シナ海の油田・ガス田開発に関しては、そもそも領有権に争いがあるところであるため、中国企業はベトナム側の開発プロジェクトに参加していない。中国側は「主権にかかる論争を棚上げして共同開発を行う」ことを提案しており、13年には両国政府間で「海洋開発協力作業部会」が設置されているが、具体的な進展については明らかでない。

中国が関与しているその他の主要な資源開発プロジェクトとしては、中部高原のボーキサイト開発プロジェクトがある。

ベトナムのボーキサイト埋蔵量は世界有数であり、複数の外国企業がその開発に関心を示してきたが、07年8月、ロイターは、中国の国有企業の中国アルミニウム（ＣＨＡＬＣＯ）がベトナム石炭鉱産グループ（Vinacomin）との間でボーキサイト採掘・アルミナ精錬にかかる協定を結んだと報じた。同年11月には、２００７－15年段階のボーキサイトの探査・掘削・精製・使用計画を承認する首相１６７号決定が公布されている。

中部高原のボーキサイト開発に関しては、01年末に当時のノン・ドゥック・マイン書記長が中国を訪問した際の共同声明で両国が協力して行うことがうたわれており、これが06年の第10回党大会後に具体化に向けて動き出したものとみられる。

このプロジェクトは、09年1月、「救国の英雄」ヴォー・グエン・ザップ将軍が、その環境・社会的影響や安全保障上の懸念を指摘する公開書簡を党・国家指導部に送ったことで政治問題化した。

ボーキサイト採掘による自然破壊やアルミナ精製に伴う有害廃棄物排出による生態系への深刻な影響の可能性に加え、ラオス、カンボジアとの国境地帯で民族・宗教上も複雑な政治的背景を持つ中部高原地域に多くの中国人労働者が流入していることが問題視されたのである。

国会では、同プロジェクトが国家予算による大規模プロジェクトであり、環境や国防・治安に大きな影響を及ぼすものであるにもかかわらず、国会の審議の対象になっていなかったことが批判され、政府は10年の後期国会で改めてプロジェクトに関する説明を行った。

このプロジェクトは中止にはならなかったが、従来であれば党・国家の上層部だけで決定、実施されていたかもしれないこのような対中協力プロジェクトについて、一定の手続き遵守や説明責任が求められたという意味では注目される事例となった。

その他には、情報通信分野の事例が挙げられる。19年、東南アジア主要国の多くが高速通信規格「5G」導入を進めるにあたって華為技術（ファーウェイ）など中国通信機器大手をパートナーとして選ぶ動きを見せるなかで、ベトナムの通信各社は、中国企業以外の世界の企業との提携に加え、独自の基地局開発も目指すことを明らかにした。

同年、米国政府は各企業と各国に対しファーウェイ製品を購入しないよう呼びかけているが、ベトナムは、そのような呼びかけに応じたというよりは、ベトナム自身の安全保障上の観点からこのような判断に至ったものとみられる。

以上のように、ベトナムは、中国への経済的依存が進むなかで、中国資本の導入や中国企業のプレゼンスが社会的あるいは安全保障上の問題を生じるリスクを抑制するための対策を講じるべく努めている。このような姿勢は、以下でみるような国内の反中感情への配慮に基づくものでもある。

社会

ベトナムはＡＳＥＡＮ諸国のなかでも国民の反中感情が強い国の1つであることを示す若干の調査結果がある（Seah, et al. 2023; 園田 2020)。これらの調査は知識人層や大学生を対象としたものであることには留意が必要であるが、全体的な傾向としては概ね現実に即していると思われる。

ベトナム人の反中感情の理由とされる要因は多岐にわたるが、主なものを3つ挙げるならば、第1は上述したような歴史的背景である。1991年の関係正常化後、ベトナム政府は学校教科書における中越戦争や南シナ海問題の記述を簡素化したということであるが（Vuving and Thuy A. Do 2017, p.163）、越中の抗争の歴史は近現代にとどまらず、ベトナムの伝説的英雄の多くが中国の侵略に抵抗した人物であることなども考慮すれば、歴史認識が国民感情に一定の影響を与えることはある程度無理からぬことともいえる。

しかし、歴史認識は単独ではそれほどの力を持つとは思われない。第2の要因は、巷にあふれる安価で質の低い中国製品など中国の事物に対して多くの人々が持つネガティブな印象である。質の低い中国製消費財の大量流入は中国との地理的近接性の1つの帰結でもあるが、そのような製品の危険性をメディアが熱心に報道してきたことも、ネガティブな印象を定着させるのに貢献したと思われる（Le Hong Hiep 2017, pp.110-111）。消費財ばかりでなく、前述のような中国企業による建設工事なども同様である。

そして第3の要因が、南シナ海の領有権をめぐる現在進行中の抗争である。係争海域で操業中のベトナム漁船が中国当局により拿捕されたり沈没させられたりする事件も、これに含まれる。

上述のように関係正常化後、党・政府は、国内における南シナ海問題に関する議論を抑制してきたが、問題が再燃した２００９年以降はこの姿勢に変化が見られ、１９７０－80年代にパラセル・スプラトリー諸島をめぐって起きた越中間の「海戦」の犠牲者追悼行事が実施されたり、メディアに関連記事が掲載されたりするようになっている（Vuving and Thuy A. Do 2017, p.163）。これは、国民の反中感情に呼応するものであると同時に、ナショナリズムを動員することで中国側に圧力をかけることを意図した動きともとれる。

もっとも、ベトナム人の反中感情ばかりを強調するのは一面的にすぎよう。反中的言辞がいわばデフォルトとなっているベトナム社会では大きな声にはなりにくいが、実際には中国製品は普通にベトナム人の生活に浸透しているし、商売などを通じて直接中国とかかわりを持つ人も増えている。

その１つの証左として、中国語学習の需要も高まっているようである。ハノイ国家大学外国語大学外国語学科の２０２３年度の合格最低点をみると、中国語学科の合格最低点は、韓国語や日本語のそれを上回り、英語学科とともに最も高くなっている。また、中国製のテレビドラマは１９９０年代初頭からベトナムでも多く放映されており、国民の間での人気も高い（Le Hong Hiep 2012）。このあたりは、中国のソフトパワー外交が一定の成功を収めているとみることもできる。

党・政府が、近年、警戒を高めているのは、中国が南シナ海で主張する独自の境界線「九段線」が様々な商品や映像作品などに紛れて社会に浸透してくる現象に対してである。２０１９年10月、ベトナム政府は、米中合作の子供向けアニメ映画「アボミナブル」の劇中に九段線が描かれた地図が映る場面があることを理由として、その国内上映を中止した。以来、同様の措置を受けた主な映像作品は、23年の米国映画「バービー」など5本に上る。

同じく19年、ベトナム政府は、九段線を示すカーナビが搭載された自動車を輸入した業者に、地図ソフトを削除するように指示した。20年には、九段線入りの地図を掲載する出版物を没収し、出版者に罰金を科すことなどを定める政府議定（政令）が公布された。

中国政府自体が発行する公式文書に九段線の記載がある場合にも、ベトナムは単に外交的に抗議する以上の対策を講じている。12年、中国政府が発行した南シナ海を自国領に含む地図を掲載したパスポートを持った中国人旅行者に対し、ベトナム政府はパスポートを無効として扱う一方、旅行者の入国自体は拒否せず、別途入国査証関連書類を配布するという方策をとった。また、19年からは、同パスポートの所有者に対し労働許可発給を停止する措置もとられている（Le Hong Hiep 2023）。

以上のように、ベトナム社会においては中国のソフトパワーの浸透が一定程度見られるが、党・政府は、国民の間に広く存在する反中感情を時に抑制し時に利用しつつ、ベトナムの国家主権の主張と矛盾する中国の主張を容認しない姿勢を貫こうとしているとみられる。

4　対中関係の安定的な管理

本章では、ベトナムの対中関係の歴史を見直すことから得られる含意や、近年のベトナムの政治・経済・社会における中国の影響とそれに対するベトナムの対応の検討を通じて、ベトナムの党・国家指導部の対中姿勢を読み解く手掛かりを抽出することを試みた。

ベトナムの対中姿勢の根底には、中国の覇権主義や両国の国力における非対称性に関する現実的な認識と警戒感がある。そしてそのような中国に対処していくために、ベトナムは中国との対話・交流を密にし、中国に対する友好的な姿勢を堅持する一方で、自国の安全保障にかかわりうるセンシティブな分野や問題に関しては注意深く対策を講じ、可能な限り中国の影響力の浸透を管理・抑制しようとしてきた。

最近、ベトナムの指導者は、「対中関係はベトナムの対外政策において最優先事項であり、中国との友好関係はベトナムの戦略的選択である」という表現を多用しているが、その影響の大きさからいって、ベトナムが対中関係を最重要視するのはある意味必然的である。ただし、この非対称な関係を安定的に保つためには、その負の影響、ないしその可能性をできるだけ排除しておくことが肝要であることも、ベトナムは肝に銘じているものと思われる。

しかし、ベトナムが中国との関係を今後も安定的に管理していけるかどうかには、不安要素もある。

まず、ベトナム共産党の指導部交代である。ベトナム共産党は集団指導体制をとり、一般に指導者個人の交代による政策路線への影響は比較的少ないと予想されるが、現職のチョン書記長は2011年以来書記長の座にあり、特に16年の党大会以来、党内で強い指導力を発揮してきた。遅くとも26年には実現するであろう書記長の交代は、ベトナムの内政・外交の継続性に予期しがたい影響を及ぼす可能性がある。

第2に、経済面におけるベトナムの対中依存の拡大である。14年の南シナ海における緊張の高まりを受けて、ベトナムは経済的な対中依存への警戒を強めているが、その後も現実にはむしろ依存が深まっている。中国からの資本財・中間財への依存構造から抜け出すことができなければ、党が目標とする24年の先進国入り実現のための持続的な経済成長の実現もおぼつかない。

第3に、国際情勢の不透明性である。本章では論じていないが、ベトナムの対中関係の安定性は、2国間関係のみならず、ベトナムがその他の諸国との間で構築する様々な分野における協力関係との微妙なバランスの上に成り立っている。昨今の国際社会分断の様相は、このようなバランスを維持することを困難にするリスクをはらんでいる。条件次第では、ベトナムは、中国の影響力に対しより脆弱になる可能性も、反対に中国との関係を悪化させる可能性もないとはいえないのである。

【参考文献】

（日本語）

栗原浩英（2015）「中国とベトナム——『兄弟』から『パートナー』へ」『季刊中国』１２０号（春）

——（2018）「ベトナム・中国関係における『同志』性に関する考察——１９５０年代～60年代および１９９１年～現在（２０１７年）を中心に」『アジア太平洋研究』31巻

佐久間るみ子（2014）「ベトナムと中国の共産党間関係に関する一考察」『外務省調査月報』２０１４年度第2号

——（2017）「『協力しながら闘争する』——ベトナムの対中アプローチと対外方針の変化に関する一考察」石塚二葉編『ベトナムの「第2のドイモイ」——第12回共産党大会の結果と展望』日本貿易振興機構アジア経済研究所

園田茂人（2020）『アジアの国民感情——データが明かす人々の対外認識』中公新書

フイ・ドゥック（2021）『ベトナム——ドイモイと権力』（中野亜里訳）めこん

古田元夫（1999）「ベトナムから見た中国外交——『大国』としての隣国」『中国21』第7号

——（2017）『ベトナムの基礎知識』アジアの基礎知識4、めこん

桃木至朗（1996）『歴史世界としての東南アジア』世界史リブレット12、山川出版社

（英語）

Le Hong Hiep（2012）“Vietnam Confronts the Chinese ‘Charm Offensive’.” *East Asia Forum* https://eastasiaforum.org/2012/02/01/vietnam-confronts-the-chinese-charm-offensive/（accessed 2024-1-31）

——（2017）*Living Next to the Giant.* ISEAS Publishing

——（2019）“Vietnam’s Infrastructure Development Dilemma: The China Factor”. *Fulcrum* https://fulcrum.sg/vietnams-infrastructure-development-dilemma-the-china-factor-by-le-hong-hiep/（accessed 2024-1-31）

—— (2023) “How the Nine-Dash Line Undermines China’s Economic Interests in Vietnam”. *Fulcrum* https://fulcrum.sg/how-the-nine-dash-line-undermines-chinas-economic-interests-in-vietnam/ (accessed 2024-1-31)

Seah, S., J. Lin, M. Martinus, S. Suvannaphakdy, P.T.P. Thao (2023) “The State of Southeast Asia: 2023 Survey Report”. ISEAS–Yusof Ishak Institute

Vuving, Alexander (2010) “A Tale of Four Players”. *Southeast Asian Affairs 2010*

—— (2016) “Who Will Lead Vietnam?” *The Diplomat,* Jan. 16, 2016 https://thediplomat.com/2016/01/who-will-lead-vietnam/ (accessed 2024-1-31)

—— (2022) “Vietnam’s Approach to China: Bamboo Diplomacy with Neo-tributary Characteristics”. *The Diplomat,* Nov. 12, 2022 https://thediplomat.com/2022/11/vietnams-approach-to-china-bamboo-diplomacy-with-neo-tributary-characteristics/ (accessed 2024-1-31)

Vuving, Alexander and Thuy T. Do (2017) “Vietnam between China and Japan in the Asian Security Complex”. Jeffrey Reeves, Jeffrey Hornung, and Kerry Lynn Nankivell eds. *Chinese-Japanese Competition and the East Asian Security Complex: Vying for Influence.* Routledge

第7章

台湾で薄れる中国「経済カード」の効力

曲がり角の統一工作

山田 周平
桜美林大学大学院特任教授

注目データ

台湾の対外直接投資の推移

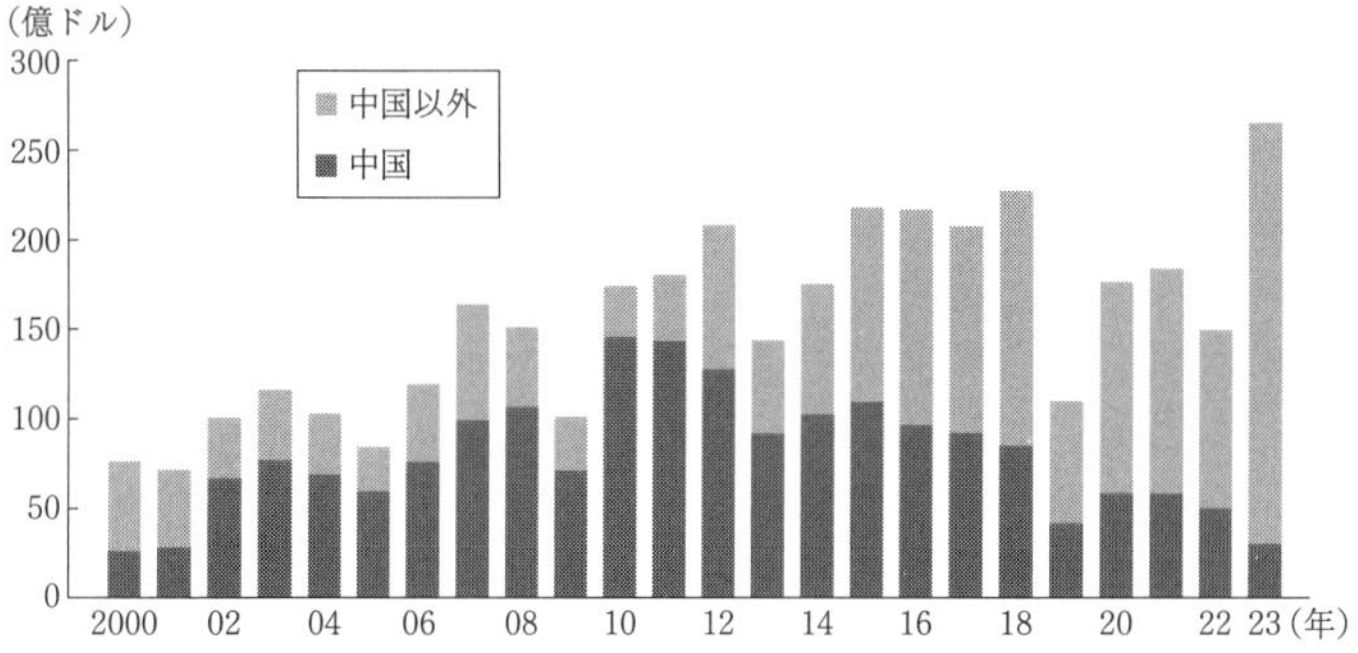

出所：台湾・経済部のデータを基に作成、認可ベース

Point

●台湾で２０２４年1月に行われた総統選挙は与党・民主進歩党（民進党）が勝利した。中国は様々な手段で選挙に干渉したが、台湾独立を志向する民進党政権が3期目入りすることを防げなかった。理由の1つは、経済を使った台湾統一工作が効力を失いつつあることである。

●経済を使った工作の効力に陰りが出ている背景には、台湾経済の中国依存度が急速に低下していることがある。人件費などのコスト上昇や米中ハイテク摩擦の長期化により、台湾企業の中国離れが進んでいる。主力産業である半導体の輸出を牽引役として、台湾が自らの経済力への自信を取り戻したことも大きい。

●経済をツールとした中国の工作は、貿易管理を中心に今後も続く可能性が高い。日本はブラフを含む中国の台湾干渉に踊らされてはならない。中国が輸入を停止した農水産物の購入の肩代わりや日本における半導体工場の建設の支援などで、台湾経済を実務的に側面支援していくことが欠かせない。

1　紆余曲折を経て拡大してきた中台の経済関係

台湾で２０２４年1月13日に行われた総統選挙は、民進党の頼清徳候補（副総統）が当選した。台湾を自国の一部とみなす中国共産党・政府は過去の総統選と同様、様々な手段で干渉を試みたが、親米・嫌中を基本路線とする民進党政権が3期目（1期は4年）入りすることを阻止できなかった。本章では、今回の総統選への干渉を含む中国の台湾統一工作のうち、対中輸出への優遇策やその取り消しなど、経済的な手段が効力を失いつつあることを検証していく。

まずは図表7－1に基づき、中台の経済関係の歩みを振り返ろう。中台は国民党政権（中華民国政府）が共産党との国共内戦に敗れ、台湾に逃れた１９４９年に分断が始まった。経済でも分断が長年続いたが、中国が78年末に改革開放政策を始め、翌年初めに台湾政策を武力解放から平和統一へと転換すると局面が変わった。製靴や縫製など台湾の軽工業が割安な労働力を求め、中国・広東省への工場進出を始めたのだ。

中国にとっては「以商囲政（ビジネスをもって政治を囲う）」という統一工作の一環だったが、台湾企業は市場経済への移行に欠かせない技術や資金を持ち込んでくれる貴重な存在でもあった。

図表7－1　中台の経済・産業交流の主な出来事

時期	出来事
1978	中国で改革開放政策が始まり、製靴など台湾の軽工業が広東省に工場進出
2000	総統選で民進党の陳水扁氏が当選し、台湾初の政権交代。中台対話が断絶
	台湾当局がノートパソコンの中国工場建設を解禁し、IT製造業の進出加速
01	中国が12月にWTOに加盟（台湾も2002年1月に加盟）
04	台湾最大の半導体メーカーであるTSMCが初の中国工場を上海で稼働
05	国民党の連戦主席が訪中し、共産党の胡錦濤総書記（中国国家主席）と会談
08	台湾総統選で馬英九氏が当選し、国民党が政権に復帰。中台対話が再開
10	中台間のFTAに相当するECFAが発効
12	総統選直前に台湾の有力経営者が一斉に国民党支持を表明し、馬氏が再選
14	中台のサービス貿易協定が反対派の学生による台湾立法院の占拠で発効せず
16	台湾総統選で蔡英文氏が当選し、民進党が政権に復帰。中台対話が再び断絶
18	中国政府が台湾企業や中国で就業する台湾人向けの31項目の優遇策を発表
20	蔡氏が過去最高の得票数で台湾総統への再選を果たし、民進党政権が継続

出所：呉（2019）、各種の公開資料を基に作成

　２０００年代に入ると、パソコンや半導体で国際競争力をつけた台湾のＩＴ（情報技術）製造業による中国への工場進出が加速し、中台経済の結びつきは急速に深まった。一方で、２０００年の総統選では民進党が台湾初の政権交代を果たし、中台の政治関係は「中国の正統政権」争いから「台湾の統一・独立」問題へと変質した。

　05年には、対中融和を志向する最大野党・国民党の連戦主席（当時）が中台分断後、初めて党トップとして訪中し、共産党の胡錦濤総書記（国家主席、当時）と会談した。国共両党の60年越しの和解が実現し、経済交流の拡大を盛り込んだ共同声明を発表したことは、台湾統一工作の転換点となった。中国はその後、台湾に経済的な優遇を与える「恵台政策」を国民党経由で働きかけ、「共通の敵」である民進党に圧力を加えることをパターン化した。

　台湾で08年に国民党が政権復帰すると、恵台政策

が当局間で正式に動き出した。中国による台湾産農水産物の輸入拡大、観光客の送り込みなどに続き、10年には中台の自由貿易協定（ＦＴＡ）に相当する経済協力枠組み協定（ＥＣＦＡ）を締結した。12年の総統選直前には、中国で事業展開する台湾企業１００社以上の経営トップが雪崩を打って馬英九総統（当時）の再選支持を公言し、背後で中国による影響力行使があったと噂された。

馬政権の2期目には、台湾で対中接近への警戒感が高まった。14年にはＥＣＦＡに基づく中台サービス貿易協定に反対する学生が立法院（国会）を占拠する「ひまわり学生運動」が起き、発効が見送られた。16年に民進党が政権復帰すると、中国は当局間対話を停止した。農水産物の輸入停止などの圧力を増やす一方、18年には過去最大規模とされる31項目の台湾優遇策の発表もあった。こうした紆余曲折を経ながら、中台の経済関係は拡大してきた。

2 台湾総統選の最中も続いた中国の干渉

２０２４年の台湾総統選は、民進党が前年4月に頼氏、国民党が同5月に侯友宜氏（新北市長）を党公認候補に決めた段階で実質的に始まった。中国は選挙戦の初期から様々に干渉したものの、約1950万人の台湾有権者を頼候補が落選する投票行動へと導くことができなかった。ここでは「経済カード」による干渉に絞って経緯を振り返る。

図表7－2は、中国が今回の選挙戦の期間中に行った経済面での台湾干渉を時系列でまとめたものだ。筆者が台湾への懐柔策と判断した干渉には○印、圧力と判断した干渉には×印をつけた。1年近くにわたった選挙戦において、中国は一方的に台湾に圧力をかけ続けたわけではなく、硬軟両様の工作を小刻みに行ってきたことが見て取れる。

一方で分野や性質によって、一連の経済干渉は大きく4つに分類できる。中国による①ECFA適用の一部停止など貿易管理、②台湾からの農水産物の輸入の停止・再開、③台湾対岸の福建省における中台経済一体化のモデル地区建設、④台湾のEMS（電子機器の受託製造サービス）大手、鴻海（ホンハイ）精密工業に対する税務調査――の4つである。

このうち、④は明確な効果があった。総統選には鴻海の創業者である郭台銘（テリー・ゴウ）氏も立候補を表明していた。郭氏は熱心な国民党員だったが、党公認を得られず無所属で出馬する手続きに入っていた。強行すれば同党支持層の票が割れ、頼氏に有利に働く恐れがあった。しかし、立候補届け出が迫った23年10月下旬、中国共産党系メディアの『環球時報』が鴻海の中国拠点に現地当局の税務調査が入ったと報じると、潮目が変わった。

鴻海は広東省深圳や河南省鄭州にスマートフォンなど電子機器の巨大な組み立て工場を展開しており、ピーク時には中国で約100万人を雇用していた。中国による台湾企業の懐柔を象徴す

図表7－2　中国が2024年総統選に合わせて実施した経済面での台湾干渉

時期		内容
2023	4月	台湾が輸入を規制する2,455品目を対象に貿易障壁の調査を開始　×
	6月	台湾産の果物バンレイシの輸入を一部再開　○
	8月	貿易障壁調査の結果次第では、ECFA の適用を停止すると表明　×
		害虫が検出されたとして台湾産マンゴーの輸入を停止　×
	9月	中国・福建省に中台経済の一体化のモデル地区を建設すると発表　○
	10月	貿易障壁の調査期限を総統選前日（2024年1月12日）まで延長　×
		台湾 EMS 大手の鴻海精密工業の中国拠点への税務調査が判明　×
	12月	バンレイシの対中輸出を許可する台湾の業者を拡大　○
		台湾の中国に対する輸入規制が貿易障壁であると認定　×
		台湾産の高級魚ハタの輸入を一部再開　○
2024	1月	台湾産石化製品12品目への ECFA 適用を中断し、関税優遇を停止　×

注：○は懐柔策で×は圧力
出所：各種の公開資料を基に作成

る存在であり、税務上の不備を指摘されれば巨額の罰金を科されかねないとの観測が流れた。郭氏は19年に鴻海の董事長職を退いていたものの、依然として株式の1割強を保有し、経営に大きな影響力を持つとみられていた。

　結局は23年11月下旬、湖北省武漢市の税務当局が鴻海の中国拠点に2万元（約40万円）という少額の罰金を科したことが分かり、郭氏が直後に「人は退くが、志は退かない」とのコメントとともに出馬取りやめを発表した。郭氏、鴻海、中国の3者間でどんなやり取りがあったのかは不明だが、台湾の有権者の多くは、中国が鴻海の中国事業を「人質」として郭氏に圧力をかけ、出馬断念に追い込んだと推測している。

　しかし、中国からの経済干渉のうち、対象がより広い①②③は総統選の情勢にほとんど影響しなかった。中国政府は23年12月21日、台湾が中国の

図表7－3　経済を使った中国の総統選干渉に対する台湾有権者の意識

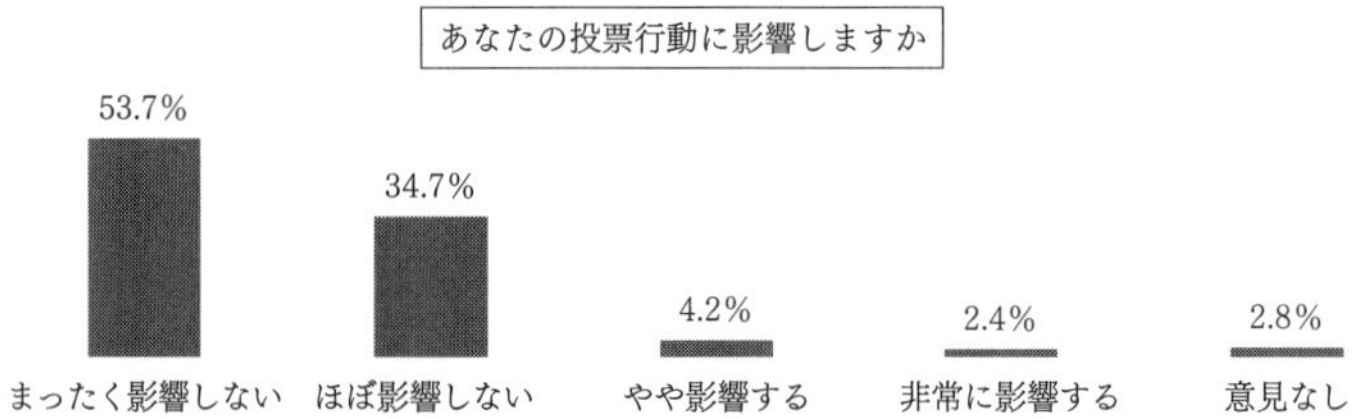

出所：台湾民意基金会の世論調査（2023年12月）を基に作成

農産物・工業製品の輸入を一部規制しているのは不当な貿易障壁だとして、翌年1月1日付でプロピレンなど台湾産の石油化学製品12品目に対するＥＣＦＡの関税優遇を中断すると発表した。

これを受け、台湾大手シンクタンクの台湾民意基金会は「中国共産党は総統選前に台湾への経済制裁を発動していますが、あなたの投票行動に影響しますか」と有権者に問う世論調査を行った。

調査は図表7－3の通り、88・4％が「まったく影響しない」か「ほぼ影響しない」と回答する結果になった。中国の経済干渉が台湾の実体経済にどう影響したかは別として、総統選における有権者の投票行動を左右する効果はほとんどなかったと解釈できる。

3　経済工作はなぜ効果が薄れつつあるのか

中国共産党・政府は、巨大な市場など自国の経済資源を対外的な威圧や懐柔に使うことを常套手段としている。しかし、その効力を最大限に発揮したいはずの台湾総統選では今回、ほとんど役に立たなかった。中国による干渉が日常化し、台湾の有権者の感覚がマヒしたなど社会心理学的な理由も想定できるが、本節では経済的な側面に絞って検証を進める。

低下する中国経済への依存度

筆者は台湾経済の中国への依存度が急速に下がっていることが、中国による経済工作の効果を薄れさせている最大の理由だと判断している。台湾の経済部（経済省）によると、２０２３年の台湾の対中直接投資（認可ベース）は30億３６００万ドルと前年比で39・８％減少した。金額はピークだった10年の2割強まで減り、台湾の対外直接投資全体に占める中国比率も10年の83・８％から11・４％まで低下している（本章トビラの「注目データ」）。

前述の通り、台湾のＩＴ製造業は２０００年代に中国への工場進出を加速した。その過程で、

図表7－4　台湾の対中輸出の推移

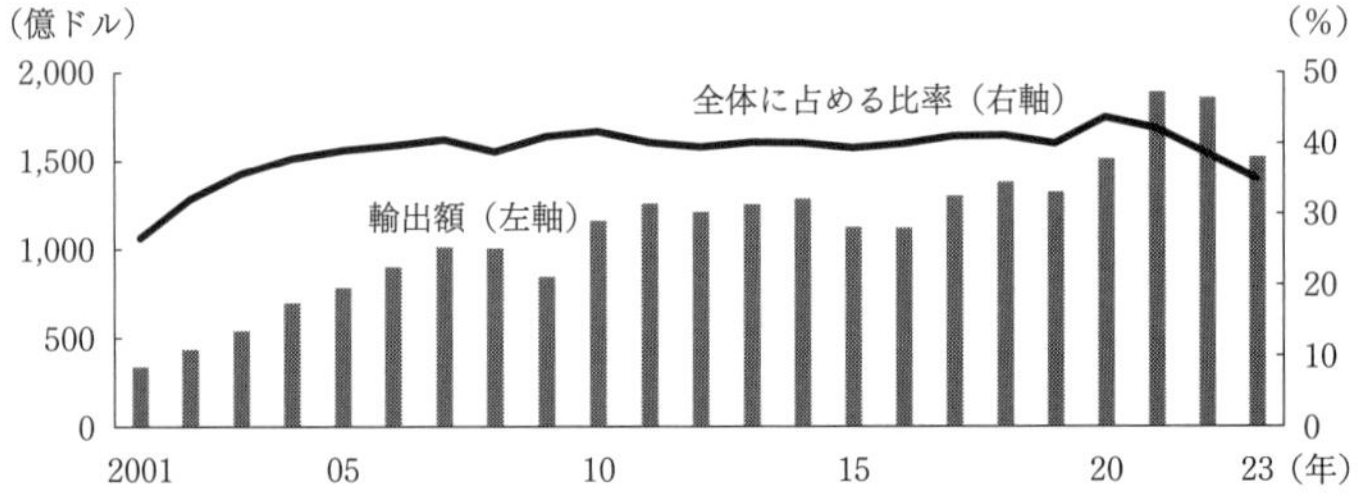

注：香港向けを含む
出所：台湾・財政部のデータを基に作成

半導体など基幹部品を台湾、韓国、日本などから輸入し、中国の割安な労働力でパソコンやスマホに組み立て、米国など世界市場へ出荷する国際分業のサプライチェーン（供給網）を確立した。鴻海による米アップルのスマホ「iPhone」の受託生産が代表例だが、10年代に入って中国の人件費が高騰すると、この供給網のコスト優位が失われてきた。

18年に始まった米中ハイテク摩擦が追い打ちをかけた。米顧客が台湾企業に対し、サイバーセキュリティにかかわるＩＴ機器を中国以外で生産するよう求める例が増えているためだ。例えば、23年の台湾の対外直接投資は、米国（96億９０００万ドル）向けが国・地域別で首位だった。これは、半導体大手の台湾積体電路製造（ＴＳＭＣ）が米政府の要請で米アリゾナ州に建設中の新工場について、運営子会社を増資したことを反映している。

中台をまたいだ供給網の変化は、輸出統計からも確認できる。台湾の財政部（財政省）によると、23年の台湾の対中輸出額（香港向けを含む）は１５２２億ドルと前年比で18・１％減少した。中国向けが台湾の輸出全体に占める比率は35・２％となり、20年

（43・8％）をピークに下落が続いている（図表7－4）。

台湾企業がＩＴ機器の生産の一部を台湾に戻したり、ベトナムやインドなど第三国・地域に移したりした結果、台湾から中国以外への機器や半導体の輸出が増えているためだ。詳細は後述するが、これはＥＣＦＡによる関税優遇の適用対象である台湾物品の対中輸出が、台湾の輸出全体に占める比率が下がることも意味している。

つまり中国は、台湾から福建省への投資・進出を促す経済干渉である③を、台湾経済の中国依存度が急速に下がる局面で打ち出した。かなり時代錯誤な懐柔策といえる。台湾でも、中国依存度の低下の背景にあるコスト上昇や米中摩擦は構造的な変化だとの見方が多い。そもそも、成長の急減速で中国経済自体が魅力を失っており、③は台湾の有権者の間や経済界で「まったく話題になっていない」（台湾有力紙の中国担当記者）のが実情である。

実感できない優遇策の恩恵

中国による経済工作が効果を失いつつあるのは、恵台政策の恩恵を台湾の有権者の大半が実感できていない点も大きな理由だろう。

典型例は、中国による台湾産の農水産物の輸入だ。前述した２００５年の国共トップ会談の共同声明は「（中国）大陸における台湾農産物の販売問題を解決」することを明記しており、両党は08年に国民党が台湾で政権復帰する前から、水面下で台湾産の農水産物の対中輸出を増やす準

図表7－5　台湾産バンレイシの対中輸出の推移

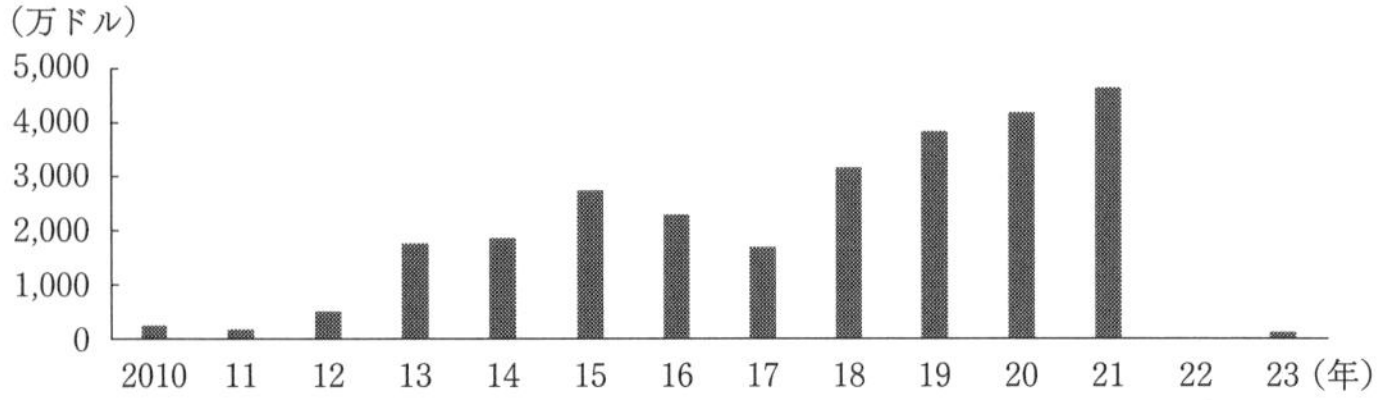

出所：台湾・財政部のデータを基に作成

備作業に入っていた。

台湾の産業分布を見ると、ＩＴなどの大手企業が台北や新竹など北部に本社・工場を置き、中南部は農業や漁業が依然として盛んである。一方で、人口分布では北部は国民党の支持層である外省人（中国大陸から台湾に戦後渡った住民とその子孫）の比率が高く、南部は民進党の支持層である本省人（戦前からの台湾住民とその子孫）が多い。つまり国共両党にとって、中国による台湾産の農水産物の輸入には民進党の票田を切り崩す政治的な意味もあった。

焦（2015）は、国共両党の準備作業に台湾側の事務方として参加した際に見聞きした舞台裏をノンフィクション形式で描いている。焦氏は実体験をもとに、中国による農水産物の輸入は台湾の一般市民に恩恵をもたらさないと結論づけている。理由は大きく、①国民党や共産党と関係の深い特定の業者に利益が落ちる仕組み、②輸出する農水産物の種類や量が市場メカニズムではなく政治的に決まり、ビジネスとして持続可能性が低い――の2点である。

熱帯・亜熱帯の果物であるバンレイシ（釈迦頭）の近年の扱いが①と②を象徴している。台湾産バンレイシの対中輸出は馬政権下の13年に本格化したが、中国政府は21年9月、害虫の検出を理由に輸入を停止した。21年に４７００万ドル近くあったバンレイシ（生鮮）の対中輸出は、22年にゼロとなってしまった（図表7－5）。

中国は台湾総統選が事実上始まっていた23年6月、バンレイシの輸入を一部再開した。これは直前に訪中した国民党副主席の要請を受けた措置であり、対象を県長が国民党籍である南東部・台東県の3業者に限定していた。露骨な国民党支援とみてよい。23年12月上旬には対象を台東県の37業者に拡大したものの、同年のバンレイシの対中輸出は１２１万ドルにとどまった。

台湾産の果物バンレイシ
出所：筆者撮影

輸入停止前は台東県のバンレイシ輸出は9割以上が中国向けであり、多くの農家が打撃を受けたようだ。かつて対中輸出のはしごを突然外された農家が2年後の輸出再開を素直に喜んだのかは確認できないが、総統選では国民党の侯候補が台東県で5万４２２０票を獲得した。民進党の頼候補より約2万４０００票多かった。ただ、台東県の有権者は台湾全体の1％未満であり、そもそもバンレイシ問題が選挙情勢全体に与える影響は限定的だった。

焦氏は一方で、農水産物の輸出停止・再開が選挙情勢にほぼ影響しなかった新たな理由として、新興野党の台湾民衆党が健闘したことを挙げている。民衆党の柯文哲候補は総統選で民進党と国民党の二大政党に割って入り、26・46％の得票を獲得した。

民衆党を支持したのは主に、既存政党そのものに不満を抱く30代以下の若者層だった。つまり対中政策や農業振興という伝統的な政策課題に関心が薄い有権者であり、結果として選挙戦では農水産物の輸出問題が大きな争点にならなかったとの見立てだ。

コロナで途絶えた人の往来

新型コロナウイルス禍で中台間の人の往来が途絶えたことも、中国の経済工作の効果が薄れつつある原因の１つだろう。台湾の行政院（内閣）主計総処によると、２０２２年時点で中国に長期滞在（90日以上）している台湾人のビジネスパーソンは17万７０００人だった。前年比で８・７％増えたものの、40万人を超えていたコロナ禍以前には遠く及ばない。米国滞在者（10万３０００人）がコロナ禍以前を超える水準まで増えたのとは対照的だ（図表７－６）。

台湾企業の中国進出が相次いだ２０００年代以降、中国にはビジネスパーソンの家族を含めて１００万人規模の台湾人が居住しているとされてきた。10年代半ばには、共産党・政府が打ち出した中国における就職・創業・就学の優遇策に呼応し、「台青西進（西に向かう台湾の青年）」と呼ばれる現象も起きていた。台湾人が中国に親近感を抱く効果も指摘されていたが、コロナ禍に伴う人的往来の「強制遮断」でこの環境が崩れてしまった。

中国から台湾に向かう人もコロナ禍を境に激減している。馬政権は農水産物の輸出と並ぶ中台

図表7-6　海外に長期滞在している台湾人ビジネスパーソンの推移

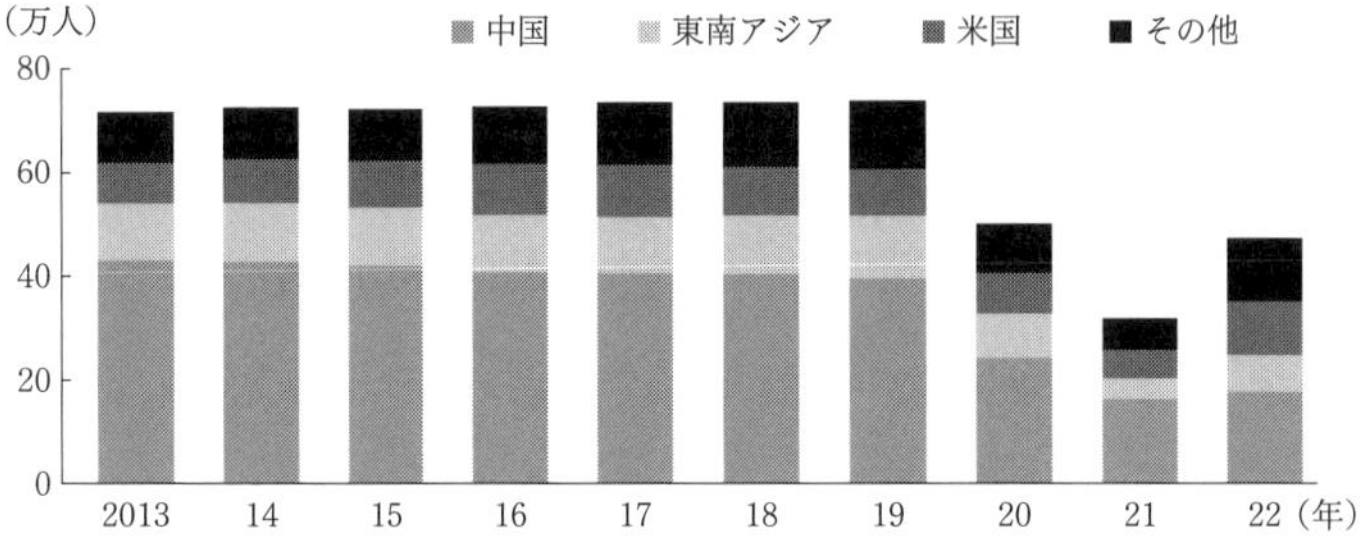

出所：台湾・行政院主計総処のデータを基に作成

経済の関係強化策として、08年の発足直後に中国からの旅行者の受け入れを解禁していた。台湾の交通部（交通省）の統計によると、ピークだった15年には海外からの旅行者全体の４割にあたる４１８万人を中国から受け入れていた。

民進党が政権復帰した後の17年からは２００万人台で推移していたが、コロナ禍の真っただ中だった21年には１万３０００人強まで落ち込んでいた。コロナ禍の収束後も中国側は台湾への旅行制限を続けており、23年も約22万６０００人にとどまっている。

コロナ禍の初期には中国人旅行者への依存度が高かった台湾観光業者の経営難が伝えられたが、農水産物と同様、かねて国民党に近い特定業者が潤う現象が指摘されており、同情は少なかった。コロナ禍以前には、中国人旅行者が殺到するオーバーツーリズムで観光名所が疲弊する例が多数報告されていた。ポストコロナの台湾では、再び大量の中国人旅行者を受け入れたいとの機運は高まっておらず、総統選の大きな争点にならなかった。

図表７－７　台湾人意識の推移

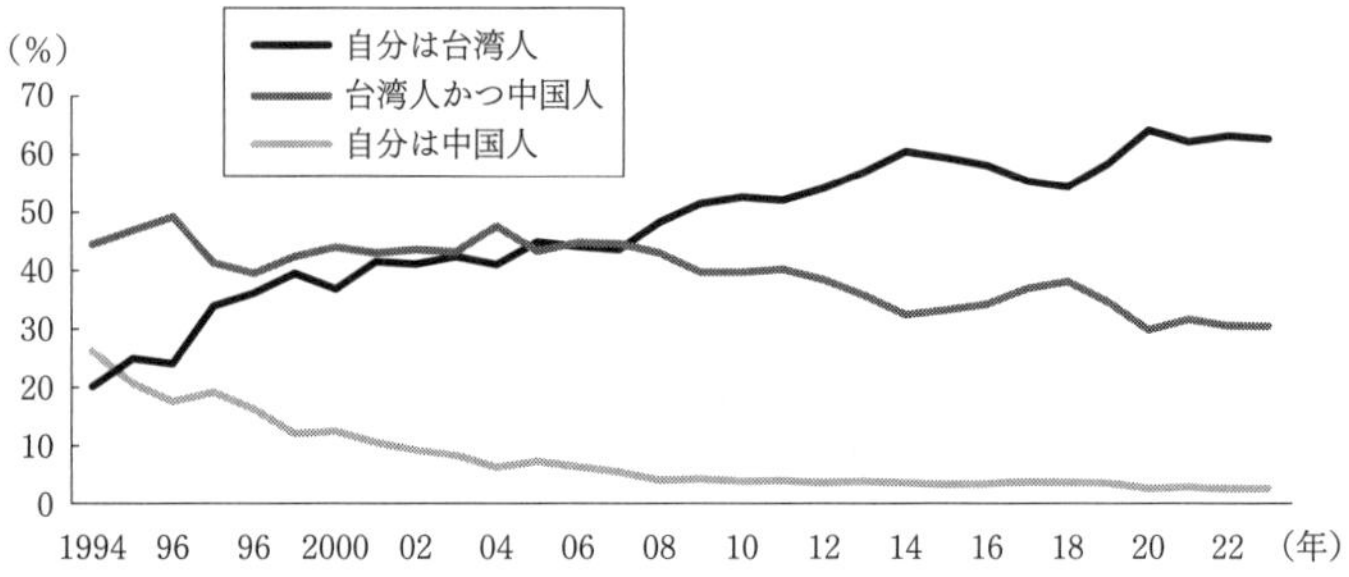

出所：台湾・政治大学選挙研究センターの意識調査を基に作成

高止まりする習近平体制への警戒と台湾の自信

　政治的な要因となるが、台湾住民の間で中国の習近平体制への警戒感が根強いことも挙げておく。台湾の政治大学選挙研究センターの意識調査（２０２３年６月実施）では、「自分は台湾人だ」との回答が62・８％を占めた。習体制による強権発動で香港の一国二制度が事実上崩壊した２０２０年の調査で64・３％に急上昇して以降、高止まりが続いている（図表７－７）。

　中国は台湾が04年に３回目の総統直接選を行って以降、選挙が近づくと政治的・軍事的な威圧を控える傾向にある。嫌中感情が広がり、民進党に追い風となることを学んだためだ。大規模な軍事演習は22年８月のペロシ米下院議長（当時）の訪台直後から控えてきたが、それでも総統選を迎えた台湾で習体制への警戒を解くことができなかった。

　本節の最後に、台湾経済が堅調なことにも触れておこう。行政院主計総処によると、台湾の域内総生産（ＧＲＰ）の実質伸び率は21年に６・62％と11年ぶりの高成長を記録した。コロナ禍による在宅ワークの普及でパソコンなどＩＴ機器の需要が世界的に増え、主力産業である半導体の輸出が急増したことが貢献した。22年以降は伸びが鈍っているものの、台湾社会では中国への依存度を下げても経済が立ち行くとの共通認識が広がっている。

筆者はかつて新聞記者として台北に04年から４年間駐在し、その後も断続的に現地で取材・調査を行ってきた。10年代半ばまでは膨張する中国経済にのみ込まれかねないとの危機感が強かったが、ポストコロナの台湾では薄れていると感じる。中国の経済工作が効果を失いつつあるのは、台湾が経済への自信を取り戻していることも大きな理由だろう。

４　焦点となるＥＣＦＡの扱い

本章ではここまで、中国による経済を使った台湾統一工作が効果を失い、曲がり角を迎えたことを、２０２４年の総統選を事例に検証してきた。実際に、総統選では中国が最も嫌う民進党の頼候補が当選を果たした。中国はこの現実を踏まえ、今後は台湾に対する経済干渉をどのように行っていくのだろうか。

中国で台湾政策を担当する国務院台湾事務弁公室（国台弁）トップの宋濤主任（閣僚級）は24

年2月1日、台湾のＩＴ製造業などの業界団体である台湾区電機電子工業同業公会（ＴＥＥＭＡ）の訪中団と会談した。台湾有力紙の聯合報（電子版）によると、宋主任は「民進党は台湾の民意の主流を代表していない」「両岸（中台）のＩＴ産業が協力し、両岸の供給網の統合をさらに高めてほしい」などと語った。

これは宋主任が総統選後、台湾の団体・要人と初めて公開で行った会談だとみられる。ここからは、中国が①２０２４年の台湾総統選の結果に満足はしていないものの、冷静に受け止めている、②経済を使った台湾統一工作を継続する――の2点が読み取れる。ＴＥＥＭＡは台湾を代表する有力経済団体であり、政治的に中国に偏っていることもない。中国が今後も、台湾の経済界と正面から向き合う意思を示す動きだと判断できる。

宋主任の民進党に対する評価は、総統選で頼候補の得票率が40・05％にとどまったことと、同時に改選された立法院（定数１１３）で同党の獲得議席が51と少数与党に転落したことへの手ごたえを反映したものだろう。中国からすると、台湾に対する各種の干渉が効果を上げ、平和統一の道筋が残ったと解釈ができる。これらを総合すると、実際の効果は別として、経済を使った中国の台湾統一工作は今後も続く可能性が高いと推測できる。

筆者は中国による台湾への経済干渉が、今後は24年1月1日付で発動したＥＣＦＡ適用の一部停止のような貿易管理の分野が中心になると予測している。このやり方は、図表７－２で示した23年４月の貿易障壁の調査開始が出発点となっている。伝統的な農水産物の輸入の拡大・停止に比べて新味があり、対象の品目も幅が広い。国台弁などにとっては、いわゆる「やってる感」を出しやすい経済干渉のツールと位置づけることができる。

台湾が馬政権下にあった10年に発効したＥＣＦＡは国家間のＦＴＡと同様、主に物品貿易とサービス貿易の自由化で構成している。物品貿易は翌年１月１日から、先行して関税を引き下げる「アーリーハーベスト」を台湾側２６７品目、中国側５３９品目で実施し、サービス貿易も銀行など一部業種で先行実施していた。

しかし、前述した14年のひまわり学生運動のためサービス貿易協定の発効が見送られ、民進党が16年に政権復帰すると中台間の交渉自体が止まってしまった。ＥＣＦＡは現時点では、実質的に物品貿易のアーリーハーベストだけが機能する状態となっている。

中国がＥＣＦＡで関税を優遇してきた台湾物品は、石化や機械など伝統的な工業製品が大半を占め、半導体やパソコンなどＩＴ機器は含まない。台湾からの23年１－10月のＥＣＦＡ適用品目の対中輸出は、前年同期比で28・３％減の１２６億１２００万ドルだった（図表７－８）。この時期の対中輸出全体の15・９％を占めている。中国は24年１月１日付で、このうち石化製品12品目への関税優遇の適用を停止した形となる。

中国は総統選直前の24年１月９日には、農水産物、機械、自動車部品、紡績の４分野でもＥＣＦＡ適用停止を検討していることを明らかにした。あからさまな台湾揺さぶりであり、24年５月20日に発足した頼政権に新たなＥＣＦＡカードを切ることも想定できよう。ただ、近年の対中輸

図表7－8　台湾の対中輸出に占めるECFA対象品目の推移

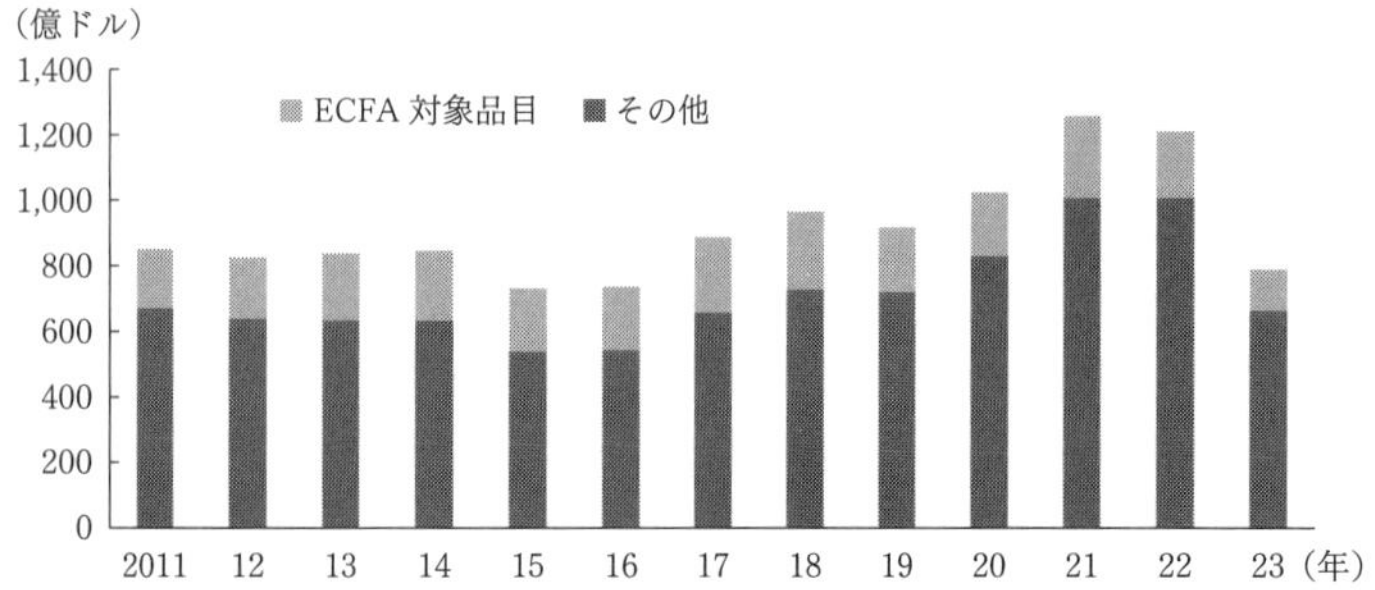

注：2023年は1－10月

出所：台湾当局のECFA公式サイトを基に作成

出の減少や石化12品目への適用停止の結果、台湾の輸出全体に占めるＥＣＦＡ適用品目の比率はすでに約3％まで下がっている。個別企業の経営が大きな影響を受ける事態はあり得るが、台湾経済全体が打撃を受けるとは考えにくい。

一方で、台湾の専門家の間では、貿易管理をめぐる中台摩擦が台湾の環太平洋経済連携協定（ＴＰＰ）加盟交渉に影響しかねないとの指摘が出ている。

台湾は21年9月22日にＴＰＰへの加盟を申請したが、中国もその約1週間前に申請している。中台双方が正式メンバーとして参加する国際的な経済協力の枠組みにはアジア太平洋経済協力会議（ＡＰＥＣ）と世界貿易機関（ＷＴＯ）があるが、中台の参加はいずれも同時か、ほぼ同時に実現している。

ＴＰＰが仮に中台の加盟を受け入れるなら、交渉は並行して進む可能性がある。中国がその際に、自国が23年12月に台湾に貿易障壁があると認定したことを「台湾の貿易が不公正だとして加盟を妨害する根拠にしかねない」（台湾経済研究院国際処の邱達生研究員）懸念があるという。ただでさえ国際機関での活動が制約されている台湾にとって、頭の痛い問題に発展する恐れがある。

5　日本はどうかかわるべきか

前節までの考察を総括すると、経済を使った中国の台湾統一工作は近年、徐々に効力を失いつつある。コストの上昇や米中摩擦の長期化に伴い、台湾経済の中国依存度が下がってきたことが背景にある。一方で、中国自身は台湾への経済干渉に一定の効果があると判断し、頼政権の発足後も手を打ち続ける可能性が高い。日本はこの状況にどうかかわるべきだろうか。筆者は２つの点に留意すべきだと訴えたい。

台湾経済への実務的側面支援

１つは、台湾経済を実務的に側面支援することだ。例えば、台湾から日本へのパイナップル（生鮮）の輸出は２０２１年、２２７３万ドルと前年の約７・６倍に急増した（図表７－９）。台湾産パイナップルは前述した国共両党による協力プロジェクトの対象品目であり、15年に対中輸出が急増した。しかし、中国が21年３月、害虫の検出を理由に輸入を停止したのを機に、日本が肩

図表7－9　台湾産パイナップルの輸出先の変化

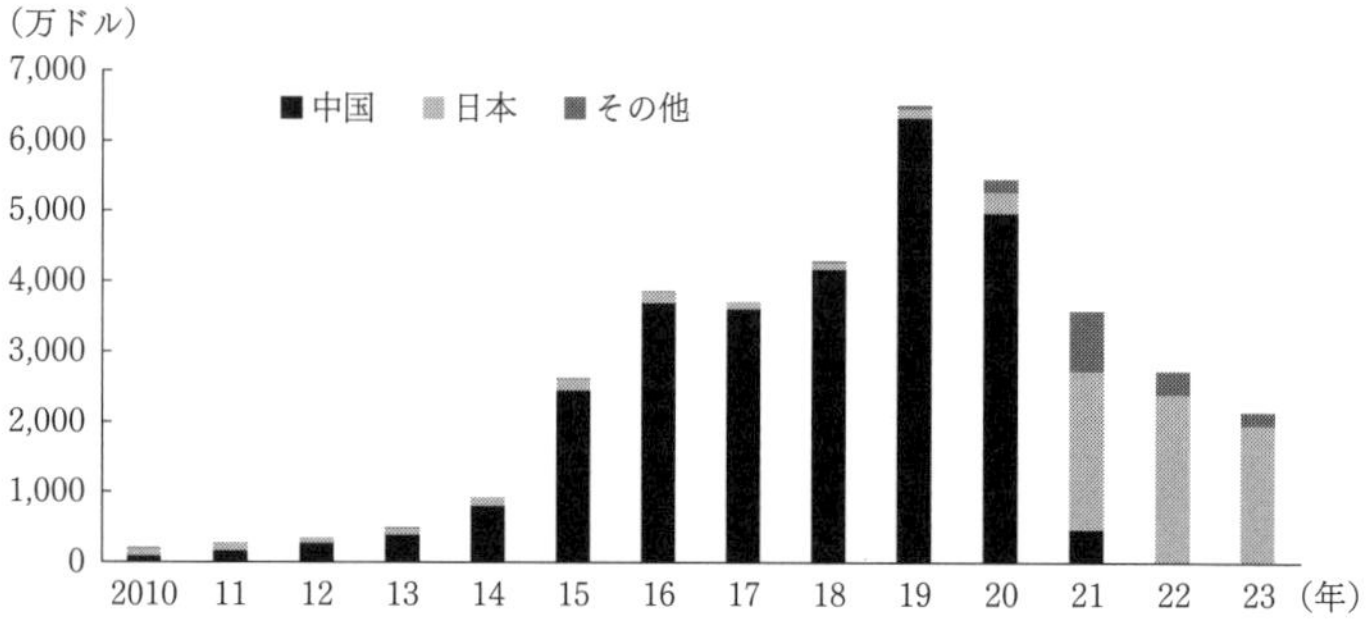

出所：台湾・財政部のデータを基に作成

代わりする形で輸入を増やしていた。22年以降もまとまった輸入が続いている。

　さすがに、日本の消費者になじみのないバンレイシを買い取るのは難しいが、パイナップルやマンゴーなら十分に需要がある。中国政府が23年8月、東京電力福島第1原子力発電所からの処理水放出を理由に日本産水産物の輸入を停止すると、台湾が日本からホタテなどの輸入を増やす動きもあった。中国の経済的威圧という悩みを共有する隣人として、経済合理性のある範囲内で助け合うことは今後も継続すべきだ。

　ＴＳＭＣによる熊本県での工場建設もしっかりと支援したい。日本政府が補助金支出で支援することは決まっているが、台湾では日本の建設会社や設備メーカーが順調にクリーンルームを完成させ、予定通りとなる24年末の量産開始にめどが立ったことへの評価が高い。ＴＳＭＣが24年2月に第2工場の建設を発表したのはこのためだ。日本の官民が台湾の半導体産業の主役であるＴＳＭＣを支えることは、台湾経済全体を支えることにつながる。

中国による台湾干渉への冷静な対応

もう1つは、日本の世論が中国による台湾干渉に過剰に反応しないことだ。2024年の総統選をめぐっては、日本では台湾海峡有事と結びつけたがる一部の論者がいた。筆者は総統選に対する関係国・地域の反応が一巡した24年1月末、台湾で現地調査を行ったが、どの識者も有事が遠のく選挙結果だと分析していた。総統選は民進党が勝利したものの、国民党や中国が完敗したわけでもない。いずれの当事者にも、台湾海峡の現状を無理やり変更したくなる動機が生まれていない。

経済干渉も同様だ。中国はECFAの関税優遇の一部停止など台湾への圧力を発表するたびに民進党政権を非難し、台湾経済に深刻な打撃であるかのように主張する。しかし、ECFAの適用品目は台湾の輸出全体の数%しかなく、中国の主張は情報戦の色合いが濃い。そもそも、輸入を規制すれば「世界の工場」である中国自身が返り血を浴びかねない半導体などの戦略物資を軽々に圧力のツールにするとは考えにくい。

中国は自国に有利な国際情勢の形成を狙ってアジアの周辺国・地域に様々な影響力を行使しているが、台湾は共産党一党支配の正当性にもかかわるため特別な意味を持つ。中台は政治ばかりでなく、経済的な結びつきも格段に複雑だ。ブラフを含む台湾干渉にいちいち踊らされては、中国の思うつぼである。日本は選挙情勢から企業動向に至るまで、台湾を冷静かつ幅広く観察する目を養っておくことが欠かせない。

【参考文献】

（日本語）

日本貿易振興機構（ジェトロ、2020）「10年を迎えるＥＣＦＡの行方（中国、台湾）」

山田周平（2023）「外交孤立の台湾、危うい『シリコンの盾』」伊集院敦・日本経済研究センター編著『アジアの経済安全保障——新しいパワーゲームの構図』日本経済新聞出版

『日本経済新聞電子版』

『ビジネス短信（日本貿易振興機構）』

（中国語）

焦鈞（2015）『水果政治學——兩岸農業交流十年回顧與展望』巨流圖書

呉介民（2019）『尋租中國——台商、廣東模式與全球資本主義【增訂版】』國立臺灣大學出版中心

『中央通訊』『聯合報（電子版）』

台湾・行政院の財政部、経済部、主計総処などの公式サイト

中国商務省、国務院台湾事務弁公室の公式サイト

第8章

対中関係の調整に動く朝鮮半島

ポスト「冷戦後」の韓国・北朝鮮外交

伊集院 敦
日本経済研究センター首席研究員

注目データ

韓国と北朝鮮の対中貿易の推移

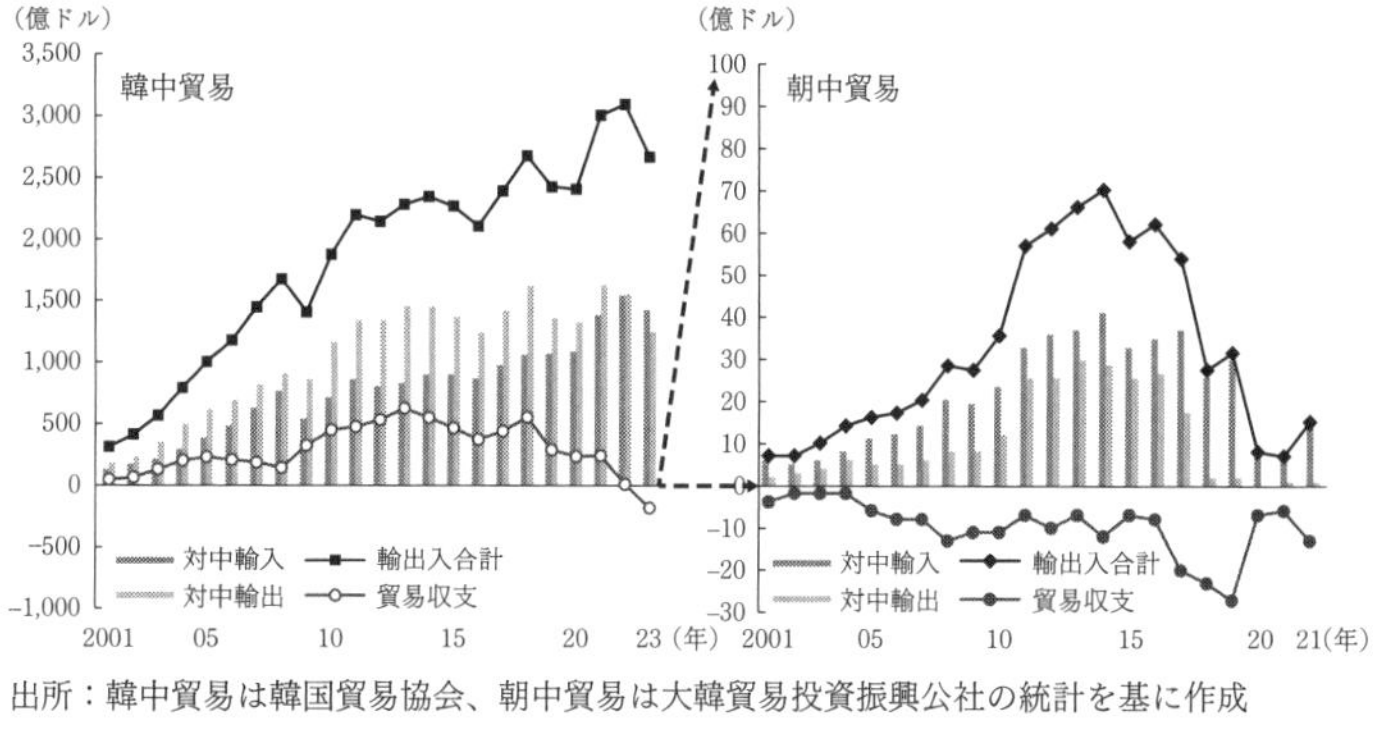

出所：韓中貿易は韓国貿易協会、朝中貿易は大韓貿易投資振興公社の統計を基に作成

Point

- 韓国と北朝鮮が国際秩序の変動に対応し、対外政策の調整を進めている。近年の動きは冷戦構造の復活のようにも見えるが、台頭した中国への過度な依存体質からの脱却など対中関係の調整も含んでいる。
- 韓国の保守政権は「価値観外交」を掲げ、日米などとの関係を強化する。背景には、中国企業の躍進により韓国企業が対中ビジネスで苦戦を強いられるようになったという経済的要因もある。中国リスクへの対応が課題になっている。
- 北朝鮮は現下の国際情勢を「新冷戦」と位置づけ、米国に対抗する国々との連携を強化する。ロシアとの軍事協力は米韓への牽制だけでなく、後ろ盾としてきた中国との関係でバランスをとる狙いもうかがえる。
- 陣営対立の前線に立つ分断国家の外交は、情勢変化に敏感にならざるを得ない面がある。韓国と北朝鮮の対外政策は国際政治や国内政治の動向によって今後も変動する可能性があり、対中関係の調整が常に焦点となるだろう。

朝鮮半島の分断国家である韓国と北朝鮮が国際秩序の変動に対応し、対外政策の調整を急ピッチで進めている。韓国の尹錫悦《ユン・ソンニョル》政権は西側陣営の一員としての立場を明確にし、米国や日本との関係を強化。北朝鮮の金正恩《キム・ジョンウン》政権は核・ミサイル開発を加速するとともにロシアとの軍事協力などに動き出した。

米韓日と中朝ロが対立した冷戦構造の復活のようにも見えるが、過度な中国依存の修正など対中関係の調整を含む点では南北で似ている部分もある。この章では、ポスト「冷戦後」の立ち位置を模索する韓国と北朝鮮の動きを、対中関係の視点から分析する。

1 尹錫悦政権下の対中政策の転換

価値観外交と新たな対中アプローチ

韓国の尹錫悦大統領は2023年4月に訪米し、バイデン大統領との会談後に「ワシントン宣言」を発表した。北朝鮮の核・ミサイル開発に対抗する拡大抑止強化の取り組みとして、米韓の「核協議グループ（Nuclear Consultative Group: NCG）」を設立。米戦略原子力潜水艦の韓国寄港なども盛り込んだ。バッテリーなどの「新興技術対話」の新設や半導体などのサプライチェーン（供給網）協力など経済安保分野の協力も拡大し、「包括的同盟」をアピールした。

これに先立ち、尹大統領は3月に日本を訪問。岸田文雄首相と首相官邸で会談し、「シャトル外交」を再開して両国関係を正常化することで一致した。5月に広島で開いた主要7カ国首脳会議（G7サミット）の拡大会合や第三国での国際会議での会談を含め、日韓首脳会談はこの年だけで7回行われた。

日米韓協力のハイライトが、8月18日に米国の首都ワシントン近郊の山荘「キャンプ・デービッド」で開催した3カ国の首脳会談だ。3カ国協力の指針となる「キャンプ・デービッド原則」や協力メニューを盛り込んだ「キャンプ・デービッド精神」という共同声明を発表した。

日米韓の安保協力は従来、北朝鮮への対応に焦点を当ててきたが、共同声明に「インド太平洋及びそれを越えた地域」での協力拡大を明記した。台湾海峡や南シナ海などの海洋問題をはじめ、影響力を拡大する中国を意識した内容で、経済安全保障も3カ国協力の柱に据えた。

日米韓協力が飛躍的に強化された背景には、同盟関係を重視するバイデン大統領の外交姿勢や「新時代リアリズム外交」を標榜する岸田首相の存在もあるが、検事出身で政治経験がないまま国の最高指導者に上り詰め、前政権からの大胆な政策転換を進める尹錫悦大統領という指導者の個性も大きい。

尹大統領の外交安保に関する考え方は、23年6月に発表した『尹錫悦政府の国家安全保障戦略』に反映されている。「自由、平和、繁栄のグローバル中枢国家」というサブタイトルをつけ、不安定かつ深刻な安全保障環境に能動的に対処する国家像として「グローバル中枢国家（Global Pivotal State)」というビジョンを提示した。経済発展を遂げた成熟した民主主義国家としての役割を果たし、国際的課題の解決に向けて積極的に行動する姿勢を打ち出した。

大統領は序文で「自由は私たちにより多くの機会を与え、自由世界との連帯は私たちにより良い未来を与えるだろう」と指摘。「韓国は自由、人権、法の支配という普遍的価値を擁護し、国際社会と手を携えて原則とルールに基づく国際秩序を守る」と述べ、「価値観外交」を進める意思を明確にした。

戦略文書は世界情勢における課題を、①米中間の競争激化、②地政学的不安定、③経済安全保障をめぐるリスクの拡大――と整理しつつ、インド太平洋地域が米中戦略競争の中心地との見方を示した。

このうち北東アジアについては、「中国―ロシア―北朝鮮間で『密着構図』が形成されている」と指摘。日中韓の関係は「歴史問題、領土問題、海洋管轄権、海洋大気汚染など多様な懸案事項が関係発展へ影響を与えている」と述べ、域内国家間の協力のインセンティブが低下していると分析した。

中国に対しては、「国益と原則に基づき一貫して断固として対応する」と新たなアプローチを提示した。外交安保の中心に北朝鮮政策を据え、その実現のために対中関係に配慮した文在寅《ムン・ジェイン》前政権とは対照的だ。文在寅前政権の時代には中国側の求めに応じ、①米軍の地上配備型ミサイル迎撃システム（ＴＨＡＡＤ）を追加配備しない、②米国のミサイル防衛（ＭＤ）システムに参加しない、③日米韓安保協力を軍事同盟に発展させない――の「３不」の原則を表明したこともあった。同じ保守系ながら中国との関係強化に積極的だった李明博《イ・ミョンバク》、朴槿恵《パク・クネ》両政権とも異なるスタンスだ。

22年12月には韓国版「インド太平洋戦略」を公表した。文政権は中国が嫌う「インド太平洋協力」に消極的だったが、尹政権は日米が推進する「自由で開かれたインド太平洋」を土台としながら「台湾海峡の平和と安定が、朝鮮半島の平和と安定に重要」と指摘し、台湾問題でも従来のスタンスから一歩踏み込んだ。

経済安保をめぐっては、「地域内の自由貿易を増進し、ルールを基盤とする経済秩序を強化する」「価値を共有するパートナー国家とともに戦略資源の供給網を安定させるための協力を模索する」と明記。中国への対抗を念頭に米国が主導するインド太平洋経済枠組み（ＩＰＥＦ）を実質的な経済協力体制へと発展させるために協力する姿勢も打ち出した。

対中デリスキングに動く経済界、貿易・投資の構造に変化

冷戦終結後の１９９２年に中国と国交関係を樹立した韓国は、当時の盧泰愚《ノ・テウ》政権が旧社会主義圏などとの「北方外交」を掲げ、グローバル化の時代の波に乗って大手財閥から中小企業までが中国市場に積極進出した。安保は米国、経済は中国という「安米経中」の時代が長く続いた。

図表8－1　韓国の対中、対米輸出額の推移

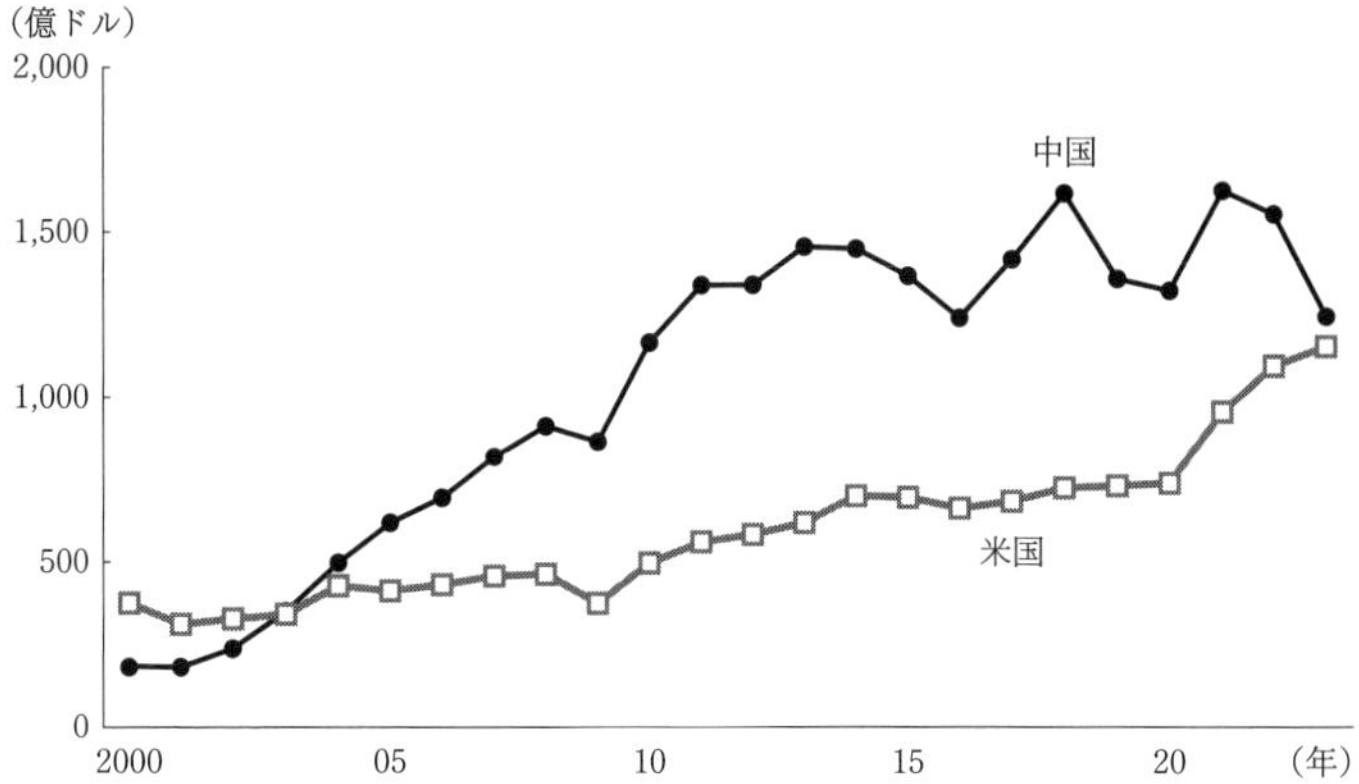

出所：韓国貿易協会

それが尹政権になって一変した背景には、外交や政治だけでなく、経済分野でも構造変化が起きたという事情があることも見逃せない。

足元の２０２３年の韓国の貿易統計で目を引いたのが、米国との貿易額の増加だった。自動車や車載電池などを中心に韓国の対米輸出が伸び、対米輸出額は１１５７億ドルと前年比で５・４％増となった。対中国の輸出額は同19・９％減の１２４８億ドル。2年連続の減少で、半導体不況や中国国内の生産活動の低迷による化学や鉄鋼といった中間財輸出の不振が影響した（図表８－１）。

韓国の対中貿易額は03年に日韓の貿易額を抜いて国別で2位になり、翌04年には対米貿易額を抜いて首位に躍り出た。その後、ベトナムが日本を抜くなどの変化はあったものの、中国の首位は不変だ。

しかし、韓国の輸出は23年12月の単月で対米が対中を上回り、翌24年は米中の順位が年間で入れ替わ

る可能性が現実味を帯びてきたのである。トランプ、バイデン両政権が雇用創出のために製造業の対米投資にインセンティブを提供したこともあり、直接投資に関しては17年から米国が韓国にとって最大の対象国になっている。

韓国経済の対中依存度が低下した背景には様々な要因がある。１つの要因が、10年代半ばからの中国側の政策だ。「製造大国」から「製造強国」への転換を目指す中国政府は、15年にハイテク産業振興策「中国製造２０２５」を発表。ディスプレー、鉄鋼、造船で世界首位に立つなど幅広い分野で中国メーカーが台頭し、中国の内製化がハイテク分野に拡大したことで韓国企業が中国市場で苦戦を強いられるようになった。

韓国企業に中国リスクを実感させることになったのが、米国の地上配備型ミサイル迎撃システム（ＴＨＡＡＤ）の韓国配備をめぐるトラブルだ。16年9月、韓国政府が配備先を慶尚北道星州郡のロッテグループのゴルフ場に決めると、中国は直ちに対応した。中国にあるロッテの事業所に対し、中国当局が消防や衛生点検、税務調査に乗り出した。中国に約１１０店舗あったスーパー「ロッテマート」は、90店近くが消防設備の不備などを理由に営業停止に追い込まれ、結局は中国から完全撤退した。

現代自動車も、ＴＨＡＡＤ配備に反対する中国の消費者の不買運動の対象になった。17年の中国での新車販売台数は28％減となり、大きなダメージを受けた。現代自動車は23年6月に、中国国有自動車大手の北京汽車集団との合弁会社「北京現代汽車」の2工場を売却すると表明した。

21年には最も古い第1工場の閉鎖を発表しており、ピーク時には5カ所あった中国の自動車工場を2カ所に縮小する。

中国で韓国のドラマや映画、Ｋ－ＰＯＰなど韓流文化の流入を制限する動きもあり、韓国企業は広範にダメージを負った。

全国経済人連合会（現在の韓国経済人協会）が21年12月に発表した調査結果によると、中国に進出した韓国企業の85％が「10年前と比べて投資環境が悪化した」と回答。その理由として最も多かったのが「政府リスク」（38％）で、「国内企業との差別待遇」（21％）、「米中貿易戦争の激化」（18％）、「環境規制の強化」（15％）、「生産コストの上昇」（8％）と続いた。

米中の戦略的競争の激化で、対中ビジネスのリスクはさらに拡大した。トランプ前政権は中国通信機器大手、華為技術（ファーウェイ）の機器に情報漏洩リスクがあるとして、高速通信網「5G」からの排除を同盟国に要求し、米国から圧迫を受けた韓国企業は対応を迫られることになった。バイデン政権移行後は経済安保の重要性が増し、戦略物資である半導体事業などの中国展開も厳しい制約を受けるようになった。

23年5月の広島サミットの首脳宣言では、中国との「デカップリング（分断）」ではなく「デリスキング（リスク低減）」を志向する方針を明記したが、日本よりも輸出依存度が高い韓国経済にとってデリスキングは死活問題だ。サムスン、ＳＫ、現代自動車、ＬＧなどの大手財閥は対中ビジネスを見直す一方、こぞって対米投資計画を打ち出した。

内なる中国問題への対応

韓国における中国リスクへの対応は、経済面にとどまらない。中国の影響力が韓国国内で著しく増大したことに伴い、近年は地方政治や社会、文化など幅広い領域で「内なる中国」への対応が議論の的になっている。

「韓国国民に投票権を与えない国から来た外国人には投票権を与えない方が公正だ」。２０２３年6月、与党「国民の力」の金起炫《キム・ギヒョン》代表（当時）は国会演説などで、国内に在住する中国人の地方参政権の制限を目指す考えを強調した。韓国では、永住権取得後3年がたった18歳以上の外国人にはどの国籍であっても地方選挙の選挙権を与えている。韓国中央選挙管理委員会によると、22年6月に実施された地方選挙は外国人有権者が約12万７０００人、このうち約10万人が朝鮮族を含む中国人だった。

　この直前に邢海明・駐韓中国大使が「中国の負けに賭ける者は必ず後悔する」と尹錫悦政権の外交政策を批判したことなどもあり、韓国内では「内政干渉」などと一部で反中感情が高まった。

　金氏の発言にはこうした世論の受け皿づくりの狙いもあったとみられるが、外国人有権者の多数を占める在留中国人が本国の意向に沿って投票行動をとることを警戒し、与党政治家などから相互主義の原則で中国人の地方参政権の制限を求める意見が前から提起されていたのも事実だ。

　最大野党「共に民主党」の側は「中国との葛藤を助長する」「若者の嫌中感情に便乗して支持

率を高めようとする策略だ」と反発し、政治的争点になった。

中国による韓国世論工作疑惑が具体的な政策テーマとして取り上げられたのが、23年8月の東京電力福島第1原子力発電所の処理水海洋放出をめぐる問題だ。「処理水問題で中国が大きな声を上げだした最大の目的は韓国の世論操作で、日韓の分離だ」。日本の対応を批判する中国と韓国野党の主張が似ていたことから、韓国の保守系有識者のなかからはこのような声も上がった。

スペインの人権団体が海外に54拠点あるとの報告をまとめて世界に衝撃を与えた中国の「秘密警察疑惑」は、韓国でも大きな話題となった。ソウル市内の漢江に浮かぶ水上レストランが中国の警察当局が海外に住む反体制派中国人の監視などにあたる出先機関ではないかとの疑惑が浮上し、ソウルの警察当局が23年3月に電光掲示板の不法設置の疑いという名目で関係者の聴取に踏み切った。韓国の雑誌『月刊朝鮮』は「秘密警察の最終的な目標は各国に親中政権を樹立することだ」と市民団体の言葉を紹介して報じた。

古代から深いつながりがある朝鮮半島と中国の間では歴史・文化をめぐる論争が以前からよく見られたが、最近はある人物の評価をめぐる論争が熱を帯びている。日本植民地時代の朝鮮半島南部・光州で生まれ、北朝鮮や中国共産党の軍歌を作曲した鄭律成だ。

中国籍を取得した鄭律成は冷戦終結後に韓国でも本格的に注目されるようになり、中国人にアピールできる観光資源として生家の整備事業などが進んだ。しかし、韓国には朝鮮戦争（1950－53年）を仕掛けた北朝鮮だけでなく、義勇軍を送って北朝鮮を支援した中国にわだかまりを持つ人も多い。保守系の政治家やマスコミの批判が高まり、尹政権は関係自治体に鄭律成記念事業の中止と記念物の撤去を勧告。「鄭律成路」と名づけられた道路の改名なども勧告した。中国外務省の報道官が記者会見で「客観的かつ公正」な評価を求めるなど中韓両国間でさざ波を起こしている。

日中韓プロセスと新たなバランスの模索

デリスキングを重視する韓国の保守系政権であっても、隣の大国・中国との安定的な関係構築は欠かせない。

尹政権発足後初の中韓首脳会談は、２０２２年11月、訪問先のインドネシア・バリ島で行われ、尹錫悦大統領は北朝鮮問題で「中国がより積極的で建設的な役割を果たしてくれることを期待している」と要請した。習近平国家主席は「世界のサプライチェーンを安定させるべきで、経済協力の政治問題化には反対する。真の多国間主義をともに実践し、地域の平和と安定の大局を守りたい」と述べた。

中国のいう「真の多国間主義」とは、米国が主導する国際秩序に反対する立場を意味し、日米との連携を強める尹政権への牽制と受け止められた。米韓の「ワシントン宣言」や日米韓の「キャンプ・デービッド合意」が発表された翌23年、米国、日本と中国の首脳会談はサンフランシスコで開催されたアジア太平洋経済協力会議（ＡＰＥＣ）の機会に行われたが、韓国と中国の会談は開かれなかった。

米国や日本との関係強化を進めた尹政権が、対中関係構築の突破口として期待するのが日中韓の協力プロセスだ。

日中韓はアジア経済危機後の１９９９年、当時の小渕恵三首相と中国の朱鎔基首相、韓国の金《キム》大中《・デジュン》大統領がマニラで会談したのを機に、３カ国協力の枠組みをスタートさせた。最初は東南アジア諸国連合（ＡＳＥＡＮ）の会議を利用しての会合だったが、２００８年からは単独で３カ国首脳会議が開かれるようになり、韓国政府が誘致する形で11年には３国協力事務局がソウルに設立された。

日中韓は新型コロナウイルス感染症の拡大前の19年12月に、中国・成都で３カ国首脳会談を開催した。輪番で次の議長となる韓国は23年９月の杭州アジア大会の開会式に韓悳洙《ハン・ドクス》首相を送り込み、習近平国家主席に対して韓国での早期開催を直接働きかけた。

韓国が対中外交を大事にする背景には、北朝鮮問題がある。北朝鮮とロシアの関係強化が進むなか、中国にはロ朝の軍事協力に加担しないようくぎを刺す必要もある。尹政権の外交をめぐっては野党などから日米への過度な接近が中朝ロの結束を招いたという批判があり、経済界には中国ビジネスへの影響を懸念する向きもある。日米と関係を構築しながら中国とも必要な対話ができるバランス感覚を国内でアピールする思惑も透ける。

24年１月に就任した趙兌烈《チョ・テヨル》外相は翌月に行った中韓外相電話協議で、両国関係について信頼に基づく持続可能な質的成長を図ることが重要だと指摘した。

中国の王毅外相は「韓国側が前向き、客観的、友好的を旨とする対中政策を遂行し、１つの中国の原則をしっかり守り、中韓関係の政治的基礎をしっかり擁護し、両国関係が健全で安定的な発展の軌道に立ち戻るよう推し進めることを望む」と強調。「中韓の経済的結びつきは緊密だ」として「双方は産業チェーン、サプライチェーンの安定性と円滑性をともに擁護し、経済問題の政治化、安全保障への拡大解釈、道具化を防がなければならない」と力説した。

デリスキングを意識しながら中国との安定的な関係構築を求める日韓と、日韓の外交安保での米国傾斜を牽制し、経済面での脱中国の動きやサプライチェーンの保全に神経をとがらせる中国。日中韓は4年半ぶりの3カ国首脳会談に動いたものの、スタートから四半世紀を経た3カ国協力の持続的発展は容易ではない。

24年4月には韓国で4年に1度の総選挙（一院制の国会議員選）が実施された。与党「国民の力」は全３００議席中１０８議席（系列政党含む）で、目標の過半数はおろか、改選前の議席を下回る大敗を喫した。最大野党の「共に民主党」は１７５議席（同）を獲得した。

主要争点は内政だったが、共に民主党は公約で尹政権の外交路線の修正を訴え「韓米日軍事同盟化の阻止」や「韓中友好協力関係の復元」などを掲げていた。韓国では「外交・安保は大統領の領分」と認識されているものの、総選挙後の尹政権は外交でもこれまで以上に難しいかじ取りを求められよう。

2 中国との間合いを探る金正恩政権

「新冷戦」下の闘争方針、統一政策を転換

韓国と軍事境界線を挟んで対峙する北朝鮮では近年、最高指導者の金正恩総書記が国際情勢を「新冷戦」と位置づける発言を繰り返している。２０２１年9月の最高人民会議第14期第5回会議における施政演説で、「米国の一方的で不公正な組み分け式対外政策によって国際関係の構図が『新冷戦』構図に変化しながら一層複雑多端になったのが現在の国際情勢変化の主な特徴だ」と述べた。

22年末の朝鮮労働党中央委員会第8期第6回総会拡大会議の報告では、日米韓の安保協力について「同盟強化の看板のもとで『アジア版ＮＡＴＯ（北大西洋条約機構）』のような新たな軍事ブロックの樹立に没頭している」と指摘。「国際関係構図が『新冷戦』システムへと明白に転換され、多極化の流れがいっそう早まることに即して、わが党と共和国政府が国威向上、国権守護、国益死守のために、地域の平和と安全のために堅持すべき対外活動の原則」を強調した。北朝鮮がいう多極化は、中国やロシアと同様、米国主導の一極支配を終わらせることに力点がある。

北朝鮮は「新冷戦」と自ら位置づける国際情勢のなかで、どう動くのか。金正恩総書記は23年12月26－30日に開催した党中央委員会第8期第9回総会拡大会議で24年度の闘争方針について報告し、「米国と西側の覇権戦略に反旗を翻す国々との関係」を一層発展させると宣言した。北朝鮮の報道は具体的な国名を挙げていないが、中国やロシアが念頭にあるとみられる。「社会主義国の執権党との関係発展に注力する」とも表明した。

一方で、韓国との関係については、「根本的に闘争原則と方向を転換しなければならない」と強調。「もはや同族関係ではなく、敵対的な2国間関係が完全に定着した」と述べ、「もしわが国との軍事的対決を企てるなら、核戦争の抑止力は躊躇なく重大な行動に移る」と威嚇した。金正恩総書記は24年1月15日の最高人民会議第14期第10回会議でも演説し、韓国を「第1の敵対国、不変の主敵」と位置づけるための憲法改正に意欲を示した。祖父の金日成《キム・イルソン》主席以来の統一政策の転換ともいえる発言だ。

米大統領選、韓国総選挙など世界で重要な選挙が相次ぎ、国際情勢がさらに不安定化する可能性も指摘される24年の幕開けに際し、最高指導者自らが重要会議で語った闘争方針。演説での直接的な言及こそ多くなかったものの、次項で説明する通り、「新冷戦」下の金正恩外交で非常に重要な意味を持つのが対中関係だ。

「ロシアカード」で対中関係の相対化も

日米韓が連携強化をうたった２０２３年8月のキャンプ・デービッド合意に先立ち、北朝鮮は7月に中国、ロシアの政権幹部を首都・平壌に招き、３カ国の友好・協力関係を世界に示した。１９５３年7月27日の朝鮮戦争休戦協定締結から70周年に際して、中国は李鴻忠・共産党政治局員、ロシアはショイグ国防相を送り込んだ。

北朝鮮が記念行事後に真っ先に動かしたのは中国ではなく、ロシアとの関係だった。金正恩総書記は２０２３年9月にロシアを訪問し、極東のボストーチヌイ宇宙基地で行ったプーチン大統領との会談で軍事分野を含む協力拡大で合意した。

朝鮮中央通信などの報道によると、両首脳は戦略目標を達成するための政治や経済、軍事などの各分野について意見交換し、「満足のいく合意と見解の一致をみた」という。金正恩総書記はプーチン大統領の都合が良い時期の訪朝を招請し、大統領が快諾した。

首脳会談は合計で5時間に及び、とりわけ国際社会の注目を集めたのが両国の軍事分野の協力だった。米国家安全保障会議（ＮＳＣ）のカービー戦略広報調整官は10月、ロシアのウクライナ侵攻を支持する北朝鮮が9月から10月にかけてロシアに武器を供給していたとの情報分析を発表。米当局が衛星画像などを分析し、コンテナ１０００個分以上の弾薬や軍装備品が運ばれたことを明らかにした。

24年1月には米韓の当局が、北朝鮮がロシアに「ＫＮ23」と呼ばれる短距離弾道ミサイルを提供したとの分析も示した。米韓は北朝鮮が弾道ミサイル数発と発射装置をロシアに提供し、ロシアがウクライナに発射したという。日米韓や欧州連合（ＥＵ）などの外相は、北朝鮮からロシアへの弾道ミサイル移転を非難する共同声明を発表した。

実は、金正恩総書記のロシア訪問中に中ロとの関係で注目される発言があった。国境での歓迎行事で「（新型コロナウイルス感染拡大後）最初の海外訪問としてロシアへの途に就いたのは朝ロ関係の戦略的重要性に対するわが党および政府の立場をはっきり示した表現になる」と表明。首脳会談の席では「朝ロ関係を最重要視して発展させていこうというのがわが政府の立場だ」と言い切った。

北朝鮮は貿易の9割以上を中国に依存していながらロシアの方を優遇するかのような発言で、記者会見でコメントを求められた中国外務省の報道官は「朝鮮の指導者のロシア訪問は朝ロ間の段取りであり、朝ロ間の関係にかかわる」とだけ答えた。

北朝鮮はソ連の崩壊後、中ロの国力の違いを踏まえ、外交、経済の両面で中国依存を深めたが、最近目立つのがロシアカードの活用である。

ロシアのプーチン大統領は23年7月、朝鮮戦争の休戦協定締結70周年に合わせて送った祝電で、朝鮮人民とソ連兵が当時、ともに戦ったとし、「歴史的経験は両国関係発展の支えとなる」と強調した。

朝鮮戦争で戦ったのは北朝鮮と後ろ盾の中国、そして韓国を支援した米国を中心とする国連軍

図表8－2　金正恩総書記と主要国との首脳会談

相手	日程	場所
習近平総書記・国家主席	2018年3月	北京
文在寅大統領	4月	板門店
習近平総書記・国家主席	5月	大連
文在寅大統領	5月	板門店
トランプ大統領	6月	シンガポール
習近平総書記・国家主席	6月	北京
文在寅大統領	9月	平壌
習近平総書記・国家主席	2019年1月	北京
トランプ大統領	2月	ハノイ
プーチン大統領	4月	ウラジオストク
習近平総書記・国家主席	6月	平壌
トランプ大統領※	6月	板門店
プーチン大統領	2023年9月	ボストーチヌイ

注：※はトランプ大統領との会談後に韓国の文在寅大統領も合流。中朝首脳会談に網掛け
出所：報道などを基に作成

とみなされている。1953年の休戦協定に署名したのも米中朝の3者だった。ソ連参戦の事情はソ連崩壊後に公開された文書や証言で少しずつ明らかにされてきたが、50年に勃発した朝鮮戦争にソ連が秘密裏に「参戦」した事実をロシアの指導者が初めて公表した形だ。それを北朝鮮側も国営メディアで宣伝したのである。

プーチン大統領が最近になって「参戦」を認めた意図については、「北朝鮮をめぐる対話プロセスにロシアが割って入ることへの布石」との分析がある。

北朝鮮は中国だけでなくロシアを対話の枠組みに引き込み、自らに有利な外交を展開することを狙う。社会主義陣営に身を置きながら1国に依存せず、中国とロシア（以前はソ連）の二股でバランスをとるのは、

金正恩総書記の祖父の金日成主席の時代からの手法だ。ロシアカードによって西側を牽制するだけでなく、経済を中心に過度な依存関係に陥った中国とのかかわりを相対化する狙いも垣間見える。

ロシアとの関係を深めた北朝鮮は中国との関係も動かす構えで、金正恩総書記は習近平主席と、2024年1月1日、新年の祝電を交換した。両国の国交75年にあたる同年を「中朝友好年」とすることを確認するとともに、一連の行事をスタートさせることを共同で発表し、両国の交流・協力を増進させる考えを示した。

中国とは民生の安定に不可欠な経済中心に関係を深め、ロシアとは軍事協力の拡大で米韓への抑止力向上につなげ、中国とのバランスも保つ――。3代目の金正恩総書記は機能的なバランス外交を展開することで「新冷戦」下の国際情勢を生き抜こうとしているようにも見える。

紆余曲折をたどった金正恩政権発足後の対中関係

北朝鮮と中国は、1949年10月の中華人民共和国建国直後からの伝統的友好国だ。朝鮮戦争（1950－53年）で中国は北朝鮮支援の義勇軍を送り、軍事同盟の要素がある中朝友好協力相互援助条約（1961年締結）は今日に至るまで自動更新され続けている。

しかし、国交樹立から75年の間には政治路線の違いや頭越しの中韓国交正常化（1992年）などで対立した時期もあり、紆余曲折を経てきたのが中朝関係だ。「新冷戦」を見据えて中ロとの関係を深める金正恩政権も２０１１年の権力継承以降、後ろ盾とされる中国との関係が終始安定的に推移してきたわけではない。

金正恩が最高指導者になった11年末は、中朝関係が比較的良好な時期だった。10年10月に中国の温家宝首相が平壌を訪問し、経済技術協力協定などを締結。中国・丹東と北朝鮮・新義州を結ぶ新鴨緑江大橋の建設で合意した。09年は中朝の国交樹立から60周年で、「中朝友好年」の交流行事が行われ、温家宝首相の訪朝はその締めくくりとして行われた。

それに先立つ10年9月、平壌で開催された朝鮮労働党代表者会で金正恩が朝鮮労働党中央軍事委員会副委員長に選出され、公式デビューを果たした。父親の金正日《キム・ジョンイル》総書記は10年に2回、11年にも訪中して、短期間に中国首脳との会談を重ねた。金正日は08年8月に脳卒中で倒れたとされ、息子の金正恩への政権移譲を円滑に進めるため、中国からの支援と協力の取りつけに動いたとも考えられる。

政治指導者の交流が進んだこの時期は、中朝の経済関係も拡大し、貿易額が増加した。中国は「政府主導、企業主体、市場原理、互恵ウィンウィン」の原則に則って経済・貿易関係の発展に努める方針を打ち出し、両国は11年に中朝国境の北朝鮮側の「羅先経済貿易地帯」と「黄金坪、威化島経済地帯」を共同開発・共同管理することで合意した。北朝鮮の鉱山開発の合弁事業などが始動し、北朝鮮労働者の中国派遣も増加した。

中朝の協力拡大にブレーキをかけたのが、13年2月に行われた北朝鮮による3度目の核実験だった。中国では前年11月の党大会で習近平が中国共産党の総書記に就任し、3月の全国人民代表大会（全人代）で国家主席に選出される政権過渡期だった。中国側は過去2度の核実験の時よりも厳しい反応を見せ、北朝鮮の行動を厳しく非難。中国銀行、中国工商銀行、中国建設銀行、中国農業銀行の四大銀行が北朝鮮向けの送金業務を停止したと報じられた。

13年末には、北朝鮮の政権中枢にいた張成沢《チャン・ソンテク》国防委員会副委員長が処刑された。金正日の妹の夫という地位から金正恩の後見人とみられていた人物で、12年の訪中で胡錦濤国家主席や温家宝首相と会見するなど中国とのパイプを誇った。

張成沢の国家安全保衛部特別軍事裁判判決は、「石炭をはじめ貴重な地下資源をむやみに売り払うようにして腹心らが仲買人にだまされて多くの借金をつくることになり、去る5月にその借金を返済するとして羅先経済貿易地帯の土地を50年の期限で外国に売ってしまう売国行為もためらわなかった」として、罪状の1つに中国絡みと推測される事案を挙げた。

この事件は権力闘争の意味合いが大きかったが、北朝鮮が16年1月と9月に続けて核実験を断行したことで中朝関係はさらに悪化した。翌17年にかけて行われた国連安全保障理事会での制裁決議に中国は賛成し、貿易制限の強化に加わった。

北朝鮮の対中貿易依存度は今世紀に入って上昇を続け、金正恩総書記は国内で「対外貿易を多角化、多様化し、経済強国建設に有利な局面を切り開かなければならない」（13年3月の朝鮮労働党中央委員会総会での報告）と訴えていた。しかし、制裁強化で貿易相手国が減少。取引に応

図表8－3　北朝鮮の対中貿易依存度の推移

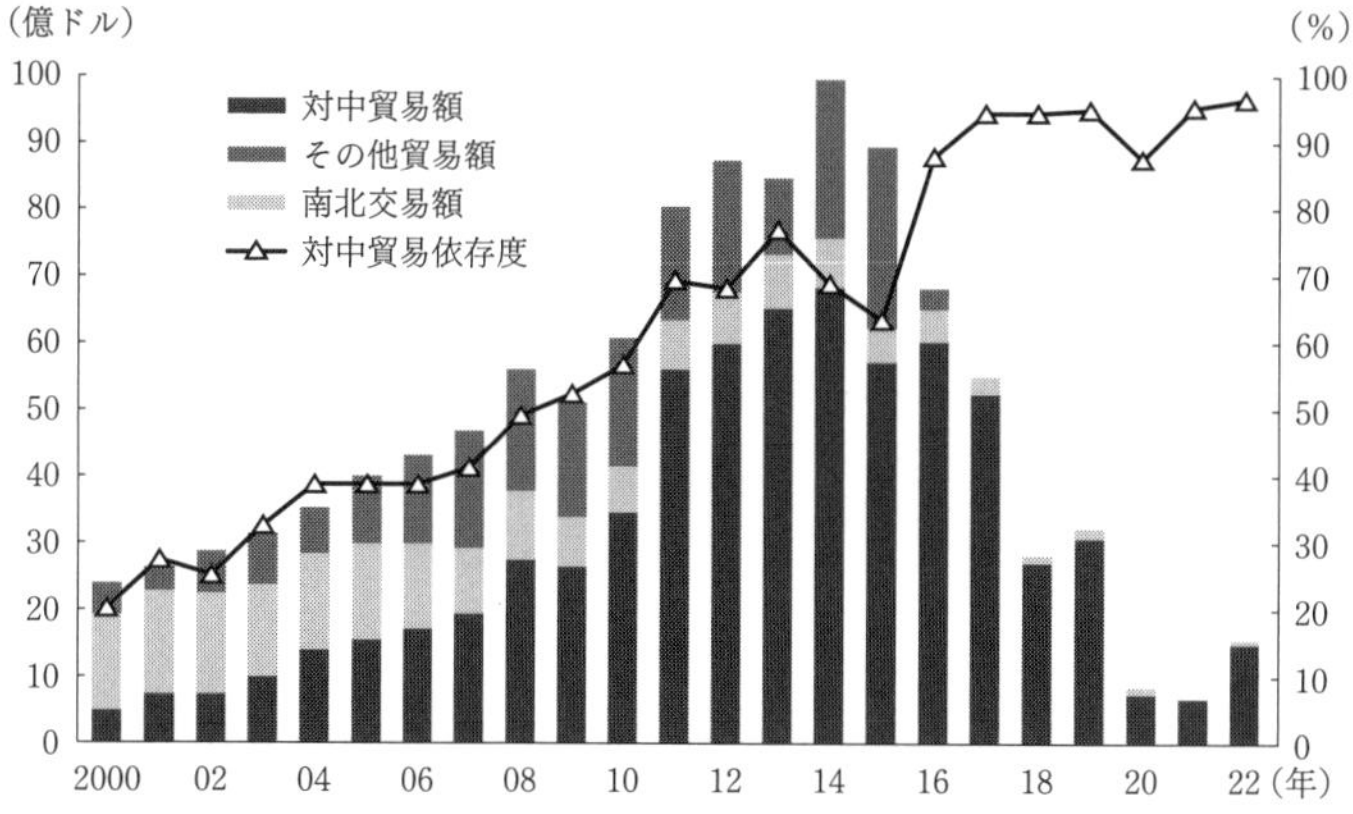

出所：大韓貿易投資振興公社、韓国統一省のデータを基に作成

じてくれる中国との貿易を増やさざるを得ない結果となり、金正恩総書記の掛け声に反して対中貿易依存度は9割以上に高まった。

　中朝が関係修復に動いたのが18年だ。6月にシンガポールで史上初の米朝首脳会談が開催されることになり、それに先立つ3月に金正恩総書記は政権発足後初の訪中を果たし、習近平国家主席と会談した。米中首脳会談は19年2月にハノイでも開催され、金正恩総書記は18年5月、6月、19年1月と短期間に訪中を繰り返した。対米関係や対南関係で大きな変化がある時には中国を訪問して説明する金日成時代からの伝統が変わっていないことを内外に示した。

　2度目の米朝首脳会談が決裂して以降、中国はロシアとともに国連を舞台に北朝鮮への制裁緩和を求める主張を展開。同年10月にロシアなどと「国連安保理決議による北朝鮮制裁の見直しを適切な時期に開始する必要がある」とする共同声明を発表した。

3　まとめ――外交戦略の柔軟性と中国の重み

ここまで見てきたように、軍事・政治で対立する韓国と北朝鮮は特に安全保障上の理由から日米や中ロというそれぞれの陣営の大国との関係を強めているが、ともに抱えている課題が、巨大化した中国との間合いのとり方だ。経済面で米中の相互依存関係が進むなど、冷戦期とポスト「冷戦後」では大国関係の様相が異なる。

南北で事情が異なるにせよ、ここ数十年で存在感を急速に高めた中国との関係を抜きにして新たな対外政策のビジョンは打ち出せない。中国の経済力などは活用し続けたいが、過度な中国依存で足かせをはめられるのは避けたい点も共通だ。

北朝鮮の指導者は「自主」を唱え、韓国は「自尊心」という言葉をよく使う。国家体制が違っても、朝鮮半島のリーダーが隣の大国・中国との関係で抱える悩みは似ている部分がある。地理的にも歴史的にも中国と切っても切れない関係にある朝鮮半島は、重みを増す「中国ファクター」を度外視して国家戦略を立てられないのだ。

ポスト「冷戦後」の国際秩序がどうなるかは展望しづらい。尹錫悦大統領は「普遍的価値を擁護し、原則とルールに基づく国際秩序を守る」と言い、金正恩総書記は「新冷戦」の先に多極化という未来像を描く。それぞれに願望はあるが、単独で世界を動かせるだけの国力はなく、今後の国際情勢次第のところも多い。それだけに、ポスト「冷戦後」の立ち位置を探る朝鮮半島の分断国家は、固定的な姿勢もとりにくい。

「価値観外交」を掲げる尹大統領に対する韓国国内の支持率は決して高くない。国内の分断を反映し、２０２２年の大統領選で得票率わずか０・７３ポイントの僅差で誕生した政権だ。革新系の野党は「尹外交」を批判しており、次の大統領選挙の結果次第では外交路線が変わる可能性がある。米大統領選の結果によっては、尹大統領が打ち固めた米韓同盟の先行きが不透明となり、対中政策のさらなる調整を迫られる可能性も否定できない。

　金正恩総書記の外交にも流動的な要素がある。北朝鮮問題の専門家であるソウル大学の李貞澈教授は、北朝鮮がかねて唱えてきた「戦略国家論」と「新冷戦論」の関連性に注目する。北朝鮮は大国と力の均衡を実現し、要衝の地政学的条件を積極的に活用すれば、堂々とイニシアチブを行使することができるという論理を展開しており、「核保有国」となった今は大国間競争の間でもリスクヘッジが可能と考えているフシがある。北朝鮮の「新冷戦論」は過去のような両極体制としての冷戦期への回帰を主張するものではなく、「我が道」を行く可能性も開けているとの解釈につながる。

　そもそも、北朝鮮問題を時に対米牽制のカードに使い、時には対米取引の道具にするかのような中国の姿勢に対する北朝鮮の不信は根深い。北朝鮮が開発する核・ミサイルは米国や韓国、日本ばかりではなく北京も狙えるのだという含意がある。

金正恩総書記は、24年11月の米大統領選の動向を注意深く見極めているはずだ。トランプ前大統領の再登板なら再び首脳会談による取引（ディール）を目指すかもしれないし、北朝鮮との直接交渉に関心が薄かったバイデン大統領の再選なら、中国とロシアを含む多者協議を動かそうとする可能性がある。経済面でも今のような中国を頼みとしながら生き延びる方法のほか、米朝の取引による制裁緩和の実現で西側との関係拡大を目指すシナリオも完全に消えたわけではない。

どちらのシナリオを目指すにしても、存在感を増す中国との調整が不可欠で、一種の駆け引きを伴う。陣営対立の前線に立つ分断国家の外交は情勢変化に敏感にならざるを得ない面がある。

【参考文献】

（日本語）

伊集院敦・日本経済研究センター編著（2022）『朝鮮半島の地経学――「新冷戦」下の模索』文眞堂

伊集院敦・日本経済研究センター編著（2023）『ポスト「冷戦後」の韓国・北朝鮮経済――経済安保への対応』文眞堂

冨樫あゆみ（2023）「岐路に立つ韓国外交安全保障政策――『国家安全保障戦略』にみる尹錫悦政権の価値観外交」https://www.npi.or.jp/research/data/npi_commentary_togashi_20230821.pdf（２０２３年12月29日閲覧）

『日本経済新聞』など日本各紙

（韓国・朝鮮語）

韓国大統領室（2023）『윤석열정부의국가안보전략（尹錫悦政府の国家安全保障戦略）』https://www.president.go.kr/open/einfolist/MS50C2EQ（２０２３年12月29日閲覧）

慶南大学極東問題研究所（2023）『２０２２年の北朝鮮情勢評価および２０２３年の展望』（統一戦略フォーラム資料集）

『聯合ニュース』『中央日報』『毎日経済新聞』『月刊朝鮮』など韓国報道

『労働新聞』『朝鮮中央通信』など北朝鮮報道

第9章

グローバルサウスの盟主目指すインド

全方位外交と対中政策の見直し

山田 剛
日本経済研究センター主任研究員兼
日本経済新聞シニアライター

注目データ

インド・中国 2国間の貿易構造

品目別の貿易額（2022年度、億ドル）

中国→インドの輸入		インド→中国への輸出	
電気機器	276.03	石油製品	19.11
機械	211.37	有機化学品	15.13
有機化学品	132.52	鉱石類	14.67
プラスチック	55.99	水産物	13.09
鉄鋼製品	38.86	機械	9.95
肥料	23.43	電気機器	6.79
その他	246.85	その他	74.32
計	985.05	計	153.06
全輸入に占める中国のシェア（%）	13.8	全輸出に占める中国のシェア（%）	3.4

出所：インド商工省

輸出入額の推移

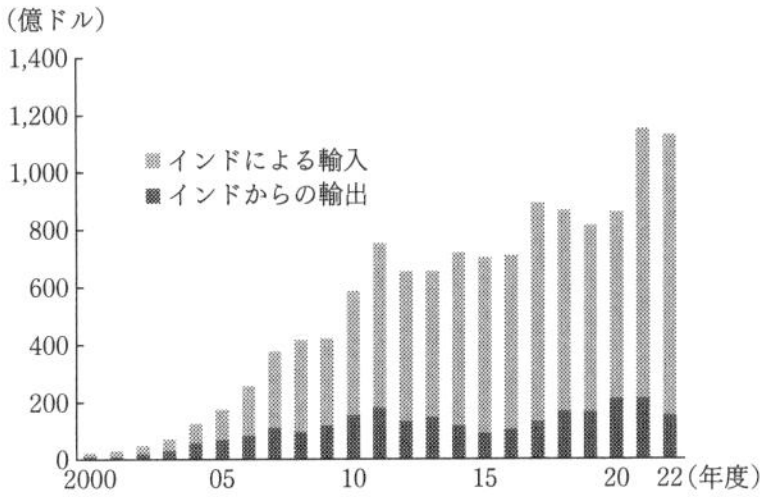

Point

●印中関係は２０２０年６月の両国軍兵士の衝突事件で決定的に悪化した。関係修復を模索する動きも見られたが、中国への警戒を緩めないインドは軍事やハイテクで米国への接近を加速させ、その一方で中国企業による対印投資への統制を強化するなど、対中経済外交を大きく転換した。

●インドと米国の急接近は、中国を牽制、抑止したい両国の思惑が一致したことが背景。半導体などの分野で米国の支援を取りつけたインドにとって、中国との関係改善を急ぐ必要性は低下した。今後は米国との協力関係を維持しながら中国企業には条件つきで対印投資を認めていくと予想される。

●グローバルサウスの盟主を目指すインドにとって、55カ国・地域で構成されるアフリカは最も重要なパートナーといえる。かつてアフリカを舞台にした油田獲得競争などで中国企業の前に苦杯をなめたインドは、20カ国・地域（G20）という多国間の枠組みを活用してアフリカ市場の開拓を目指す構えで、中国との競争が再び激化する可能性もある。

１　はじめに——危機をチャンスに変えるしたたかなモディ外交

２０２０年６月にヒマラヤ山麓北西部のインド・中国間の実効支配線（ＬＡＣ：Line of Actual Control）沿線のガルワン渓谷で起きた両国軍の衝突によって、２国間の関係は決定的に悪化した。「非武装」地帯であったため投石や棍棒《こんぼう》での殴り合いだったが、双方に20人以上の死者が出る事態となった。

インドの国境守備兵に犠牲者が出るのは１９７５年に起きた同様の衝突で兵士４人が死亡して以来で、国民の間に中国への敵対感情が一気に高まり、これを与党政治家やヒンドゥー教右派勢力が煽るという経過をたどった。一部の過激な世論に迎合したモディ政権や一部州政府幹部らは中国製品や企業のボイコットを呼びかけ、中国が関係するスマートフォンアプリを使用禁止とし、中国企業と結んだインフラ開発や鉄道関連事業の契約やＭＯＵ（覚書）を相次ぎ「凍結」するなどの動きが広がった。

その後、双方には関係正常化を模索する動きも見られたが、半導体の対中輸出規制強化などで中国との対立姿勢を鮮明にしていた米国はインドに対し軍事・ハイテク技術を惜しみなく提供するなど囲い込みに動き、インドもこれを歓迎して米国に急接近した。

かねて米中対立の国際情勢下でうまく立ち回ってきたインドは、国内に投資しようとする中国企業への統制を強化しつつ、自国企業には「脱中国」を働きかけて電子機器や産業素材などの国産化を促すとともに、2024年春の総選挙を控えて有権者に「強いインド」をアピールするという多重的効果を狙った動きに出た。

インドの一連の外交姿勢からは、隣国中国との緊張というリスクですら政治的に「活用」しようとするモディ政権のしたたかな戦略が見て取れる。

こうしたインドの外交のもう1つの柱が、23年11月に議長国を務め上げたG20へのコミットだ。9月にデリーで開催したG20首脳会議ではロシアによるウクライナ侵攻を責任が曖昧な「戦争」と言い換え、環境や食糧、そして緊急課題だったはずの債務問題でも具体的な対策や合意を打ち出すことはできなかったが、アフリカ55カ国・地域でつくるアフリカ連合（AU）の加盟を実現させたことは大きな成果であり、中国の独壇場だったアフリカ市場に対して多国間で関与したいインドにとっては狙い通りの結果となった。

アフリカはかねてインドが重点的に支援してきた地域であり、途上国や新興国の総称、いわゆる「グローバルサウス」の盟主を目指すうえでも不可欠なピースだからだ。

本章では、ウクライナ侵攻や米中対立などの世界情勢を踏まえ、アフリカを中心としたインドのグローバルサウス戦略と対米スタンスの変化が中国との関係に与えた影響と外交政策の方向性について論じてみたい。

2 波乱の印中関係史

「非同盟」の同志から仮想敵国へ

１９４７年８月15日、大英帝国の植民地支配からの独立を果たしたインドは50年に中国との国交を樹立し、55年にはインドネシア・バンドンで開いたアジア・アフリカ会議に出席。初代首相ジャワハルラール・ネールは、中国の周恩来首相らとともに非同盟運動を主導した。その後、チベット仏教の最高指導者ダライ・ラマ14世のインド亡命で一気に両国関係に緊張が高まる。

また、62年10月の印中軍事衝突はインド側の大敗に終わり、中国は面積３・２万平方キロメートルに及ぶカシミール地方北部の「アクサイ・チン」などを実効支配して一方的に撤退した。印中両国の境界線はカシミール地方を含めて計約４０５０キロメートルに達しているが、このうち３２９０キロが「未画定」であり紛争の対象となっている。

75年には印北東部の現アルナチャル・プラデシュ州（当時は連邦直轄地の北東辺境地区）で印中両軍が衝突、インド側に４人の死者を出す事態となった。大使級の国交が回復するのは翌76年

図表9－1　インド・中国関係の歩み

1914	・英領インドとチベット王国が双方の境界としての「マクマホン・ライン」に合意
1947	・インド独立
1949	・中華人民共和国建国
1950	・印中両国が国交樹立
1955	・インドネシアで開いたアジア・アフリカ会議（バンドン会議）にネール首相、周恩来首相らが出席
1959	・ネール首相が訪中。ダライ・ラマ14世がインドに亡命政府樹立
1962	・国境紛争を発端とする対立から印中両国軍が軍事衝突。中国軍が大勝しカシミール地方北部アクサイ・チンなどを実効支配して撤退
1975	・インド北東部アルナチャル・プラデシュ州（当時は連邦直轄地の北東辺境地区）の国境地帯で印中両軍が衝突、インド側に４人の死者
1976	・大使級の外交関係が復活
1988	・ラジーブ・ガンジー首相が訪中。国境問題と経済協力をリンクさせないことで合意。印中緊張緩和のきっかけ
1993	・「LAC（実効支配線）付近の平和と安定維持のための合意文書」に署名。国境問題に関する公式協議が始まる
2003	・バジパイ首相が訪中
2004	・印中国境のナトゥラ峠を開放。06年から国境貿易開始
2005	・温家宝首相が訪印 ・中国が印北西部シッキム州に対する領有権の主張を取り下げ ・中国が南アジア地域協力連合（SAARC）にオブザーバー参加
2006	・駐印中国大使が「アルナチャル・プラデシュ州は中国領」と発言、インド側が反発
2010	・インドが輸入する中国製通信機器にスパイウェアが組み込まれているとの疑惑が浮上、印政府が一時輸入差し止め
2014	・９月、習近平国家主席がインド訪問 ・10月、「LAC 付近でインドが運河建設」と中国が抗議
2015	・５月、モディ首相が中国を初訪問（西安、北京、上海）
2017	・６－８月、印中・ブータンの境界地帯であるドクラム高原で印中両国軍が73日間にわたってにらみ合い ・６月、カザフスタン・アスタナで開いた上海協力機構（SCO）首脳会議でインド・パキスタンの同時加盟承認 ・９月、モディ首相が厦門で開いた BRICS 首脳会議に出席
2018	・４月、モディ首相が武漢を訪問、習近平国家主席と非公式首脳会談 ・６月、モディ首相が青島で開いた SCO 首脳会議に出席
2019	・10月、習近平国家主席がインド訪問。マハーバリプーラムなどを視察
2020.6	・印中境界のガルワン渓谷で両軍が衝突、双方計20人以上が死亡
7月	・アジット・ドバル安全保障担当首相顧問と王毅外相が電話会談
9月	・SCO 外相会議に出席したジャイシャンカル外相と王毅外相がモスクワで会談。「迅速な撤退」「対話継続」「過去の合意の遵守」など５項目で合意 ・モスクワでラージナート・シン国防相と魏鳳和国防相が会談
2021. 2	・LAC に近いパンゴン湖からの両軍撤退で合意
2022.12	・アルナチャル・プラデシュ州西部・タワン地区の境界線付近で両軍が小競り合い。双方に計70人の負傷者

出所：各種報道、政府発表を基に作成

になってからだった。両国政府は93年、ＬＡＣ沿線の平和と安定維持に関する合意文書に署名。ここにようやく印中が正式に国境問題を協議する場がつくられた。

その後２００４年にはインド・シッキム州と中国・チベット自治区の境界にあるナトゥラ峠が開放され、翌05年には中国がシッキム州（旧シッキム王国）に対する領有権の主張を取り下げて雪解けムードを演出した。

2014年９月、インドを初訪問しモディ首相（写真左）の歓迎を受ける習近平国家主席夫妻

出所：印報道情報局（PIB）提供

印中が対立の構図から脱却し建設的なパートナーシップ構築を目指す方向性を確認したのが、05年の温家宝首相（当時）の訪印だった。この時、温首相は今日まで継続し、重要な印中対話チャネルの1つとなっている「印中国境問題解決のための協議・調整作業メカニズム（ＷＭＣＣ）」の創設を提案。両国は12年1月にこれに正式合意し、同年3月の初会合にこぎ着けた。23年11月に開催した第28回会合には、インドからグーランガラル・ダス外務省東アジア局長、中国側からは洪亮・外務省辺境海洋事務局長が双方の代表として出席している。

しかし、その後も印中関係は波乱が続く。06年には当時の駐インド中国大使が脈絡なく「アルナチャル・プラデシュ州は中国領」と発言してインド側が猛抗議。10年には、当時急速に加入者を増やしていたインドの携帯電話プロバイダー各社が導入していた中国製通信機器にスパイウェアが内蔵されているとの疑惑が浮上。政府が一時禁輸に踏み切るが、ユーザーであるインド企業の働きかけもあって数カ月で事態は正常化された。

そうしたなか、14年9月に習近平国家主席がインドを初訪問。習主席は19年10月にもインドを再訪問し、モディ首相とともにインド南部の世界遺産マハーバリプーラムを訪れるなど友好関係をアピールした。このわずか8カ月後に両国の関係が一気に悪化するとは誰もが予想できなかった（図表9－1）。

最大の貿易相手国に

本章トビラの「注目データ」で示した通り、インド・中国の2国間貿易額は2021年度に1000億ドルを突破。中国はインドにとって最大の貿易相手国となった。貿易品目でみるとインド側は電気機器、機械、有機化学品などを大量に輸入。中国向けには石油製品や鉱石類、水産物などを輸出しているが、収支はインド側の大幅な赤字となっている。

新型コロナウイルス禍前の2国間協議などでは、インドの赤字を減らすために中国からの直接投資を増やし、鉄道車両などのようにインド国内生産にシフトさせるという方向で大枠での合意形成ができていたが、それもガルワン衝突事件でほぼ白紙に戻った格好だ。

22年度、中国からの輸入品目のうち有機化学品の輸入額は約1325000万ドルで、中国のシェアは実に45・8%に達した。金額、シェアともにガルワンでの衝突前の19年度よりも増加している。同様に機械類や電気機器についても中国製のシェアが40%前後となっており、自動車部品や電子部品などでもインドは中国からの輸入に大きく依存していることが分かる。

特に中国製のインフラ関連機器は、インドで大きな優位性を発揮している。印中央電力庁（ＣＥＡ）によると、21年度までの10年間に国内の火力発電所が導入したボイラー、タービン、発電機という、いわゆる「ＢＴＧ」の実に56%が中国製だった。

こうした貿易構造にもかかわらずインド政府が中国製品のボイコットを呼びかけたのは、かなり無謀な政策だったといえる。

そして、対印直接投資でも中国企業は積極姿勢を見せていた。インド商工省の公式統計では２０００年から19年までの中国による対印直接投資額はわずか約23億ドルで、国別ランキングでは21位となっているが、中国側はしばしば自国の対印投資額が累計で80億ドルを超えていると主張している。

中国企業による対印投資の多くが香港やシンガポールの現地法人経由で行われていることからも、中国企業による実際の投資額はさらに膨らむとみていいだろう。インド金融コンサルタントのベンチャー・インテリジェンスは19年単年で中国の対印投資が39億ドルに達したと推計しており、米国のブルッキングス研究所のレポートによると、対印投資は同年までの累計で２６０億ドルに達したとみられている。これを公式統計に当てはめてみると、アラブ首長国連邦（ＵＡＥ）

を抜き、英国に次ぐ第6位の貿易相手国にランクされる水準だ。

対立下でも機能した印中対話チャネル

ここで見逃してはならない点がある。一連の印中対立がガルワンでの衝突をきっかけに引き起こされたかのような報道も散見されるが、インドによる中国企業の締め出しや統制強化は以前から周到に計画されていたといえる。インド政府は「衝突」直前の２０２０年4月、対印直接投資（ＦＤＩ）案件のうち、本来なら申請すれば即認可となる「自動承認ルート」であっても「国境を接する国からの投資は別途政府の事前承認が必要となる」とする通達を出した。この「国境を接する国」が中国を指すことは明白だ。

インド政府が中国への警戒感を強めていた背景には、10年代後半以降の中国企業によるインド進出の加速が挙げられる。16年、中国復星集団（フォースン）は印製薬大手グランド・ファーマ株の74%を取得、そして19年には中国携程旅行網（Ｃｔｒｉｐ）が、インドの著名スタートアップで旅行予約サイトなどを運営するメイクマイトリップに49%の出資を決定。さらに20年には、中国人民銀行（中央銀行）が印住宅金融大手ＨＤＦＣへの出資比率を１・01%に引き上げた（その後、一部を売却）。こうした中国の投資攻勢にインド政府が焦りを強めていたことは、容易に想像できる。

自国の企業が外国に買収されるというのは資本主義では普通のことだが、英植民地時代に１０

2020年９月、モスクワで開いたSCO首脳会議に平行して開催した印中国防相会談

出所：PIB提供

0年近くにわたって自国経済を支配された記憶が染みついているインド人にとっては耐えがたいことだったということだろう。モディ政権の後ろ盾は民族主義的な傾向が強いヒンドゥー至上主義団体であり、まして相手はインドがライバル視する中国である。

　曲がりなりにも安定していた印中関係はガルワンでの衝突事件によって大きなダメージを受けたが、これで印中両国の交渉すべてが決裂したわけではない。両国は、衝突事件のわずか1週間後に軍団長（中将級）レベルの軍高官による第2回協議を開催した。目的は相互の不信を解消し、偶発的な軍事衝突を回避することにほかならない。アジア2大国の緊張激化が両国や周辺地域に計り知れないダメージを与えかねないことを、印中両国が正しく理解している証左といえるだろう。そして、衝突事件から3カ月後の20年9月には、印中の国防相会談、外相会談もそれぞれ開催された。

　この軍団長レベルの協議は、一時は月2回という高頻度で開催され、3年余りの間に計20回の会合が開かれた。23年10月の第20回会合では、LAC に近接するデプサン高原や、カシミール地方の東南端に位置するデムチョクなどからの撤退に関する協議を行ったが、大きな進展はなかった。もっともこうした印中の対話は継続することに意味がある。現実を直視できる軍人同士が定期的に協議している限り、両国の小競り合いが本格的な武力行使にエスカレートする可能性は小さいといえるだろう。

出口の見えない「国境」協議

ガルワン渓谷での衝突後も、両国は外相・国防相会談や実務者レベル、軍高官レベルでの定例協議を粛々と進めているが、事態は大きくは進展していない。

ジャイシャンカル印外相は2023年4月、訪問先のドミニカで「印中関係が正常でないのは中国の合意違反が理由だ」と非難。6月には「印中関係は過去60年間で最悪である。LAC周辺の正常化なくして関係の改善はない」と強調している。12月にも豪シンクタンク主催の会合で「中国は2国間合意に違反してラダック（カシミール地方東部）境界にフル装備の兵員数万人を張りつけている」と指摘している。

インド政府はコロナ前の19年に中国軍の越境が663回を数えたと主張したが、これは15年に比べて1・5倍に増えている。またLAC沿線全域で中国軍がヘリ発着場や飛行場、兵舎、道路や橋などを建設していると指摘している。

図表9-2　カシミール地方における印中の実効支配線（LAC）

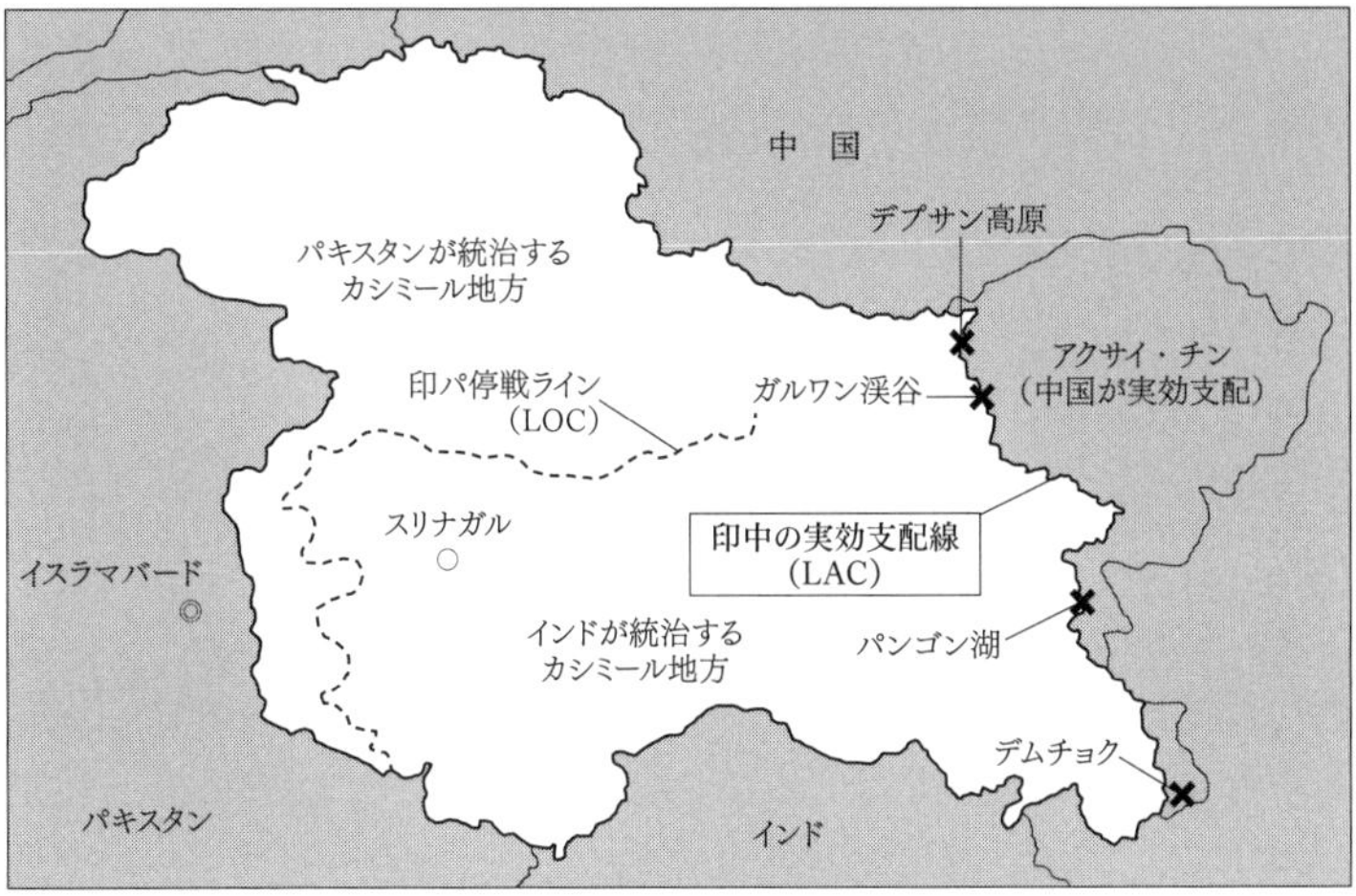

出所：印中外務省のプレスリリースや両国メディアの報道などを基に作成

図表9-3　マクマホン・ラインとタワン地区の位置

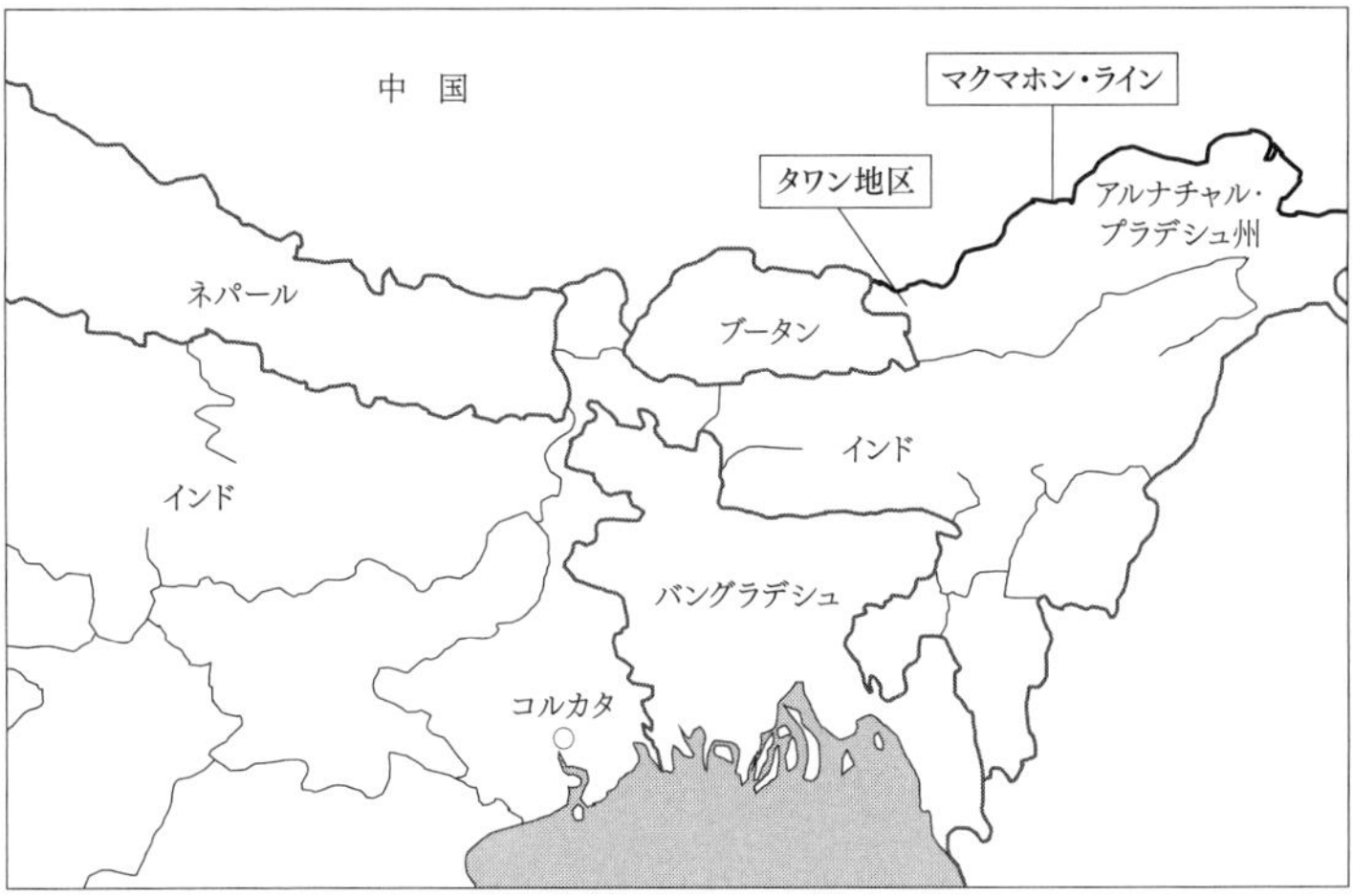

出所：インド外務省のプレスリリースを基に作成

インド側の主張を補強するように、米国防総省は23年10月のレポートで中国人民解放軍が兵力の展開だけでなく「ＬＡＣ沿いに地下貯蔵施設などのインフラを建設し、パンゴン湖にかかる2個目の橋の工事を進めている」と言及している。インド陸軍や工兵隊はＬＡＣ沿いに数万人規模の人員を張りつけていて、ガルワン衝突後さらに5万―6万人の兵力を増強したとされ、物資輸送用の道路維持だけでも年間12億ルピー（約21億２０００万円）のコストをかけている。

21年2月、両国はＬＡＣにかかるパンゴン湖からの撤退で合意したが、デプサン高原とデムチョクについては今なお進展が見られない。そうしたなか、22年12月には東部境界線のインド側アルナチャル・プラデシュ州のタワン地区近くで小競り合いが発生。印中両軍に計70人の負傷者が出た。境界線から兵力を引き離す難しさが浮き彫りとなった格好だ（図表9－2、9－3）。

当然、中国側にも反論がある。23年10月に開いた軍高官による会合の後、中国政府は、「（自国が実効支配する）アクサイ・チンへの入り口となるデプサン高原や、ＬＡＣ東南端のデムチョクからの撤退にインド側が合意しない」と主張している。

中国企業には「締め出し」ではなく統制強化

ガルワン衝突前には、両国がまだ余裕と度量を示す局面があった。インドが主導する地域機関・南アジア地域協力連合（ＳＡＡＲＣ）は２００5年11月、バングラデシュ・ダッカで開いた第13回首脳会議で日本とともに中国のオブザーバー参加を承認した。インドは17年6月、カザフスタン・アスタナで開いた上海協力機構（ＳＣＯ）首脳会議に出席し、パキスタンとともに正式加盟が認められた。

ＳＣＯはもちろん中国が主導する地域機関だが、インドは中央アジアでの権益を取り逃がさないため、また隣国パキスタンと中国の関係を「監視」するためにもこのＳＣＯ内部に身を置いた方がよいと判断したからだ。プライドのために実利を失う国や組織が多いなか、勇気ある決断だったといえる。

またこの首脳会議直後には、中国・ブータンの係争地域であるドクラム高原で印中両国軍が2カ月以上にわたってにらみ合う事態となっていたが、中国・厦門で9月に予定されていたブラジル、ロシア、インド、中国、南アフリカの新興5カ国によるＢＲＩＣＳ首脳会議を成功させるため中国側が「折れた」という経緯がある。厳しく対立することが少なくなかった印中関係だが、このあたり冷静な関係性がうかがえる。

23年9月にデリーで開いたＧ20首脳会議に習主席は姿を見せなかったが、同年8月に南アフリカで開いたＢＲＩＣＳ首脳会議では、習主席とモディ首相の首脳会談が実現、「境界線問題をめぐる緊張緩和に向けた努力を加速させる」ことで一致した。しかし、国家の安全保障に大きく影響する領土や国境の問題では、両国ともに妥協が極めて困難。特にカシミール地方において隣国パキスタンと長年対峙してきたインドにとって、中国への領土的な譲歩はほぼ不可能といえる。

中国も、米国へと接近するインドへの警戒を強めているのは確実。こうした相互不信があるからこそＬＡＣからの撤退が遅延し、双方が兵舎や道路など周辺でのインフラ建設を抑制しにくい要因となっている。

22年に入ると、インド政府はにわかに中国企業への「締めつけ」を強め始める。中国企業によるプロジェクトの認可申請を却下し、不正送金などの疑いで中国企業の現地法人を取り締まる動きが相次いだ。

その一方、米アップルのインド現地生産に伴ってインド進出を目指す中国企業に対しては、インド企業との合弁企業設立を条件に進出を認め、さらに出資比率もインド側を過半とするよう「指導」するというしたたかな政策を打ち出した。これによって現地法人の主導権を握り、雇用や原材料調達などでインドの利益を確保しようという狙いだ。一連の報道によると、米アップル製品の組み立てや部品納入を担う中国系サプライヤーは多くがこの方針に従う見通しだ。

怒りに任せた「中国ボイコット」が失敗に終わったことで、インドは中国からの輸入や投資が自国産業にとって不可欠と改めて理解した。ニルマラ・シタラマン財務相はこの頃、中国からの対印投資について「禁止はしない、コントロールするだけだ」と発言しているが、米中関係など国際情勢の変化によって相対的にインド側が優位となるなか、中国企業による投資や貿易を自国経済に生かそうとすることがインドの本当の狙いと考えられる。

その「コントロール」の対象とされたのは、スマホなどハイテク機器メーカーだけではない。上海汽車（ＳＡＩＣ）傘下の英ＭＧモーターも同様な圧力にさらされ、23年11月には株式の一部を印鉄鋼大手ＪＳＷスチールに売却すると発表した。今後は、インド政府の意に沿ってインド人株主が過半となるまで株式の売却を進める方針という。

3　印米、軍事とハイテクで急接近

モディ政権の外交戦略は「国益を重視したうえでの全方位外交」に集約される。イデオロギーや国際政治にとらわれず、自国に利益をもたらす国とは重点的につきあう、という姿勢だ。インドは東アジアサミット、つまり東南アジア諸国連合（ＡＳＥＡＮ）プラス６（日中韓、オーストラリア、ニュージーランド、インド）やＧ20はもちろん、ＢＲＩＣＳや日米豪印で構成する４カ国会合「クアッド」にも中核メンバーとして参加。中国主導のＳＣＯにも加盟する度量を見せている。

なかでもクアッドは、日本が提唱し今や各国共通の外交理念となりアジア各国からも一定の支持を得ている、「自由で開かれたインド太平洋」構想を担う主体として存在感を発揮している。インドは２０２０年、オーストラリアに印米海上合同演習「マラバール」への参加を働きかけており、こうした動きも中国の態度を硬化させる要因となった。

インドが対中国政策を修正した背景にあるのが、軍事やハイテク部門などにおけるインドと米国の急接近だ。23年1月には、先端技術における米印協力を目指す「米印重要新興技術イニシアチブ（ｉＣＥＴ）」の初会合がワシントンで開催され、半導体やスーパーコンピューターなどの分野における2国間協力の強化を確認した。

同年6月の印米首脳会談では戦闘機用エンジンの共同生産や米国製攻撃型ドローンの供与、さらには米軍がインド軍の情報収集・警戒監視・偵察（ＩＳＲ）能力強化に協力することでも合意、軍用ヘリや榴弾砲の売却についても協議したとみられる。軍事技術の対外供与に極めて慎重だった米国としては異例の対応だ。さらに、首脳会談との直接の関連は不明だが、直後には米半導体大手マイクロン・テクノロジーがインド進出を発表。インドは悲願だった半導体工場建設に大きく近づくことになった。

中国の強硬姿勢がインドの対米接近を後押ししたのも疑いのないところだが、中国半導体産業を狙い撃ちにした「ＣＨＩＰＳおよび科学法」の施行など中国に厳しい政策を打ち出す米国にとって、インドを自陣営に引き込んでおくことは極めて重要な外交的布石だった。このように、米国としっかり手を組んだインドにとって中国との関係改善を急ぐモチベーションは大きく低下しており、インドには対中交渉において時間稼ぎをする余裕が生まれている。

4 G20を足場にアフリカ外交テコ入れ

インドにとってアフリカは、今や最重要市場の1つだ。財輸出のシェアで2割近くを占め、2000億ドルに迫るIT（情報技術）売り上げの約7割を稼ぎ出す北米市場や、伝統的に重視してきた東南アジア市場はもちろんだが、成長性やインド企業の持つ優位性という点ではアフリカに軍配が上がる。ともに英植民地であったインドとアフリカは人的交流も盛んで、インドお得意の与信管理や低コストのものづくりなどは、アフリカでも十分応用が可能だからだ。

ところが、21世紀初頭のアフリカ市場は中国の独壇場だった。豊富な資金力と即断即決、手厚い援助などを武器にアフリカ各国に深く浸透してきた中国企業の前に、インド企業は苦戦を強いられてきた。この苦い記憶こそ、インドがアフリカへの肩入れを強める理由だ。

インド・モディ政権が掲げる外交ビジョンとしての「グローバルサウス」には、明らかに中国は含まれていない。それゆえにインドがグローバルサウスの盟主としてアフリカなどの途上国・新興国から信頼と尊敬を勝ち取り、なおかつ市場開拓に邁進するには中国を抑え込むか、あるいはうまくさばく必要がある。

図表9－4　G20首脳会議「首脳宣言」のポイント

・ロシアによるウクライナ侵攻を「戦争」と表記
・武力による威嚇や武力行使に反対
・世界貿易機関（WTO）改革の必要性を再確認
・気候変動対策の重要性を指摘
・多国間主義の必要性を再確認
・世界銀行や国際通貨基金（IMF）の改革を提唱
・低中所得国の債務脆弱性に対処することの重要性を強調
・ザンビアやガーナ、スリランカなどの債務に関する措置の進展を歓迎
・アフリカ連合（AU）の加盟を歓迎

アフリカにおいてカネや政治的影響力では中国にかなわなかったインドは、G20議長国というチャンスを生かし、AUのG20加盟を実現させた。多国間の枠組みでアフリカにコミットすることで中国の独走を抑止し、国益の極大化を図るというインドの深慮遠謀が見えてくる。

インドがインドネシアからG20議長国を引き継いだ2022年末は、ロシアによるウクライナ侵攻や、スリランカのデフォルトに象徴される途上国の債務危機などによって世界秩序が大きく揺らいだ時期でもあった。そうしたなかの23年9月に開いたG20首脳会議で議長国インドは、ロシアや中国が反発しないよう首脳宣言の文言に細心の注意を払い、インドに配慮する欧米諸国もこれを追認した。インドは日米欧などのアシストによって会議の成功をアピールすることができたのである（図表9－4）。

5　総括――印中関係はインドに追い風

これまで論じてきた通り、対米関係強化や国内産業界への配慮など、様々な要因によってインドが直ちに中国との関係修復・拡大に動く可能性はかなり低くなったとみていいだろう。

対中政策に影響を与える内政事情としては、モディ首相が率いる与党・インド人民党（ＢＪＰ）を支える巨大ヒンドゥー至上主義団体「民族奉仕団（ＲＳＳ）」の存在が挙げられる。ＲＳＳは学生組織から農民団体、労働組合、さらにはヒンドゥー教の世界的普及を目指す「世界ヒンドゥー協会（ＶＨＰ）」などを抱える巨大組織。ＢＪＰはもともとＲＳＳの政治部門として発足した経緯があり、ヒンドゥー教徒の優越を公言し、イスラム教徒に対する差別的な発言を繰り返してきたＲＳＳ幹部は、中国に対しても強硬姿勢を崩さない。

中国からの農産物流入を警戒する自国農民に配慮し東アジアの「地域的な包括的経済連携（ＲＣＥＰ）」交渉から脱退したモディ政権が、中国企業の攻勢を恐れて対印直接投資の規制強化に乗り出したのは前述の通りだが、民族主義的イデオロギーが強いＲＳＳの意を受けたＢＪＰとしては、総選挙後であっても中国に対して妥協する余地は小さいと考えるべきだろう。

また、２０１９年の総選挙直前、インドは越境テロへの報復としてパキスタン領内のイスラム過激派拠点への空爆に踏み切った。これが国民の喝采を浴び、それが同年の総選挙での圧勝につながった。国民に「強いインド」をアピールできた成功体験も、対外的な妥協や譲歩を困難にしている。

さらには、国内企業に「脱中国」と「国産化」を働きかけ、技術開発と貿易赤字の解消を目指すうえでも、中国からの輸入をチェックしつつ投資をコントロールするという政策は当面継続されるだろう。中国はインドの隣国パキスタンやアフガニスタンとの関係をさらに強化している。また23年11月、モルディブに親中派の大統領が誕生したことも、インドが対中警戒感を強める理由となっている。中国への締めつけを続ける米国と手を組んだインドにとっても、当面の対中政策に後戻りはないだろう。

24年４－５月実施の総選挙に関して、各種世論調査は軒並み与党ＢＪＰの大勝を予想している。イスラム教徒を難民認定の対象から除外する「改正国籍法」やイスラム教徒多住地域であるカシミール地方の「併合」、政府主導による巨大ヒンドゥー寺院建設など、「信教の自由」を脅かしかねない数々の政策が批判されているモディ政権だが、多数派のヒンドゥー教徒票を押さえれば勝ち切れるという読みがあるようだ。

外交に関しても、世界に18億人が散らばり、その多くがいわゆる途上国・新興国に暮らすイスラム教徒を敵に回すことと、グローバルサウスの盟主を目指すことには大きな矛盾があるが、このことを指摘するメディアや研究者は極めて少数だ。

欧米諸国も、米中対立やロシア・ウクライナ問題が表面化する今、コロナ禍からの回復基調を鮮明にして再び高度成長軌道を回復しつつあるインドには手厳しい批判をしにくい事情があり、これがインドにフリーハンドを与えている。

軍事とハイテクで米国に急接近し、中国さえもコントロールしようとするインドは、世界情勢を巧みに「利用」し、国際政治の荒波を乗り越えつつある。24年の総選挙での勝利が濃厚で、その政権基盤を盤石にするであろうモディ政権は、いよいよ「大国への仲間入り」と「5兆ドル経済」などの大目標に向けた総仕上げに入る。

若年層の失業増加や慢性的なインフレ、農業部門の疲弊といった問題でしばしば批判されてきたが、ライバルとなるべき前与党・国民会議派（コングレス）などの党勢回復が遅れていることもあって、なかなか野党には票が流れない。

ただ、インドは今なお、中国との貿易や中国企業による直接投資を必要としており、LACをめぐっても対話のメカニズムが機能しているため印中関係がこれ以上悪化することは考えにくい。インド・中国の関係は、当面インド側がやや攻勢を強める形で展開していきそうだ。

【参考文献】

（英語）

Ashok Malik and Tanvi Madan(2023)“India's economic ties with China: Opportunity or vulnerability?” The Brookings Institution’ Nov.15, 2023.

The Hindustan Times, Nov.10, 2023, “How are the India troops preparing for fourth consecutive winter at LAC amid standoff with China?”

UNION PUBLIC SERVICE COMMISSION（UPSC）Foreign Policy watch : “India-China The Outlook for 2024 for the World and India”

UPSC IAS : “India-China Border Dispute 2018”

Press Releases by Ministry of External Affairs and Ministry of Home Affairs

第10章

日中の外交文化

「不平等条約」改正交渉の比較から

五百旗頭 薫

東京大学大学院法学政治学研究科教授

注目データ

中国の利権回収要求に関する日本側検討文書の添削（1924年）

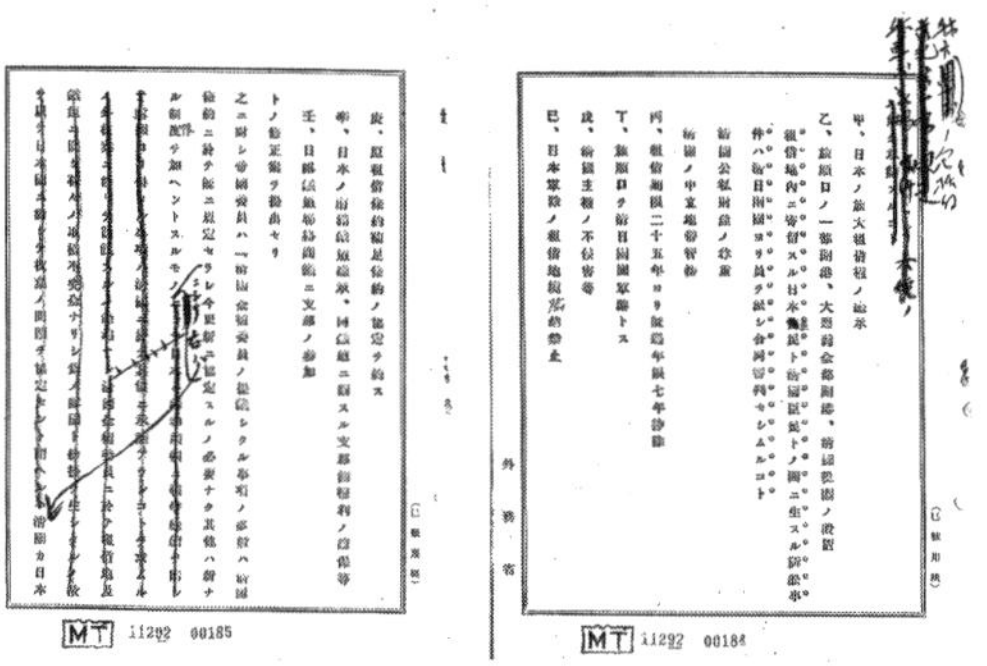

出所：「支那ニ於ケル利権回収問題一件」戦前期外務省記録 1 - 1 - 2 -93_001（外交史料館所蔵）

Point

- 19世紀後半の日本の条約改正交渉は、欧米側の条約違反を是正するという切り口から軌道に乗った。欧米が求める条約の遵守という国際法の枠組みのなかで欧米に対して自己主張ができたという点で、日本は幸運であった。
- 同様の幸運を持たない中国が20世紀前半に強硬に条約改正を要求したことに対して、日本の歩み寄りは遅れた。日本は条約に基づく権益擁護に固執し、中国は権益の既成事実化を防ぐために多様な争点を提起し、対立が悪化した。
- 現代の中国に対しても、日本はルールに基づく主張をするべきだが、そのルールは世界的な規範意識の変容に開かれ、先取りするものであることが望ましい。また、中国の相対的な国力が低下しても、問題を蒸し返さないという保証を与えた方が良いかもしれない。

1　幣原喜重郎の助言

日本と清朝中国がそれぞれ19世紀半ばに欧米と結んだ条約は、日中の主権を片務的に制限する内容を含んでいた。日本は主に19世紀後半、中華民国は主に20世紀前半に、その条約の改正を目指した外交を展開した。国の威信のかかった、かつ国内からの期待・圧力も強い案件であった。交渉には日中それぞれの外交文化が反映され、またその経験が外交文化に刻印されたであろう。両国の交渉ぶりを比較することで、今日の日中関係を考察する参考に供したいと考える。

本書の序章（國分良成）は国際政治における影響力を取り上げて、送り手の思惑や方法と比べ、受け手の真意や対応を理解する方が難しいと指摘している。中国の動向のみならずその影響を受けるインド太平洋地域を分析した本書は、まさに難しい課題に挑んだといえる。受け手の真意や対応を研究することは、より難しいだけでなく、より重要であるかもしれない。というのも、一般的に影響の送り手よりも受け手の方が妥協を迫られる度合いが大きいと想定でき、そのために苦渋の決断を繰り返し、その記憶が外交文化に刻印される可能性が高いからである。

ならば本章のような、時代をまたがる史論には意義があるといえよう。本章は、欧米の影響下に形成された日本の外交文化が、20世紀前半の日中関係にどういう意味を持ったかを考察する。欧米と日本の影響関係よりも、日中の影響関係はより相互的であったであろう。中国の経済発展やナショナリズムの高揚が、日本の優位を揺るがしつつあったからである。この経験が日中それぞれの外交文化にどう影響したかを検討する。今日の日中関係に示唆するところがあれば何よりである。

１９２８年9月17日、大阪倶楽部で開催された日華経済協会において、幣原喜重郎は日中関係について講演し、中国の条約改正問題に関して発言した。

幣原は１９２０年代の協調外交を体現する外交指導者である。24年から27年にかけての憲政会内閣（前半は政友会・革新倶楽部との連立）で外相を務めた経歴があり、その後身である民政党の内閣において半年後に外相に復帰することになる。

このなかで幣原は、中国の条約改正要求への同情を表明したうえで、注文をつけている。当時の日本における有力な意見を代弁しており、かつ今日、日中関係が難しいなかで、日本の対中認識とも、あるいは中国と比較したところの日本の自己認識とも通じるところがある。長文だが引用する（ルビは著者が付した）。

> 唯《ただ》不平等条約撤廃の目的を達せむが為《た》め、今日支那《しな》側の執りつつある方法順序は、我国が嘗《かつ》

て自ら同一問題に直面して進み来《きた》れる道筋とは大に異なる所があることに注意せざるを得ない。我国は亦曩《またさき》に不平等条約の辛酸《しんさん》を嘗《な》め、其《そ》の撤廃を図るに当つては列国を責むるよりは先づ己《おの》れを責めた、打倒帝国主義を叫ばずして、先《ま》づ静かに国内庶政の革新に全力を挙げた、其《そ》の当時に在つては所謂《いわゆる》帝国主義の空気は尚《な》ほ世界到る処《ところ》に濃厚であつて、之《これ》が衝《しょう》に当りたる我元勲先輩の苦心は寔《まこと》に容易ならざるものがあつたと察せらるる、而《し》かも庶政革新の業成るや列国は遂《つい》に其《その》努力の結果を認め、快く対等条約の締結に同意したのである。

日本の条約改正は困難な課題であったが、謙虚に自らを改革したから順調に対等条約に到達したという。これに対して中国の現状はどうか。

今や支那《しな》は其《そ》の国民的要望に対しては列国一致の同情を受け、我国が不平等条約に苦しみたる当時に比して遥《はるか》に有利なる国際的情勢に恵まれつつあるに拘《かか》はらず、同国要路《ようろ》の人々は多くは列国を責むるに急にして自ら責むる所なく、支那《しな》の進歩せざるは一に不平等条約の鉄鎖《てっさ》あるが為《た》めなりと唱へ、国内施政の改善其《そ》の緒《ちょ》に就《つ》くを待たずして、直に現行条約の改廃を迫まるの現状である。我々は不平等条約が支那《しな》に取つて重大なる苦痛なることを能《よ》く諒解するものであるけれども、之《これ》を以て支那の進歩を阻礙《そがい》する百弊《ひゃくへい》の源《みなもと》とは信じない、我国は外国人が治外法権を享有したる時代に於《おい》ても、列国の帝国主義を呪ふことなくして国運は駸々《しんしん》と進んだではないか。片務的関税協定の束縛を受けたる時代に於《おい》ても、条約違反の課税を行ふことなくして財政の基礎は漸次《ぜんじ》鞏固《きょうこ》を加へたではないか。不平等条約は国内政治の缺陥《けっかん》より生じたる結果であつて、国内政治の缺陥《けっかん》を生ずる根源ではない、其《そ》の因《よ》つて来《きた》りたる根源を断たずして、之《これ》に伴ふ結果を除かむとする所に自《おのずか》ら無理がある、内外人保護の施設備はるに至らば、求めずして外国人の特権的制度は撤廃せらるるであらう。我々は必ずしも今日支那《しな》に期待するに我国の先例を其《そ》の儘《まま》踏襲せむことを以てするものではないけれ共《ども》、支那《しな》が速に列国の間に伍して正当なる地位を占むるに至らむことを望むの情切《せつ》なるが故に、此《こ》の際特に同国官民の自重を求めざるを得ない。

中国は一方的に相手を責めるので自他を苦しめている、少しは日本をみならってはどうか、と論じている。

当時の日本は、中国にとっていわゆる不平等条約を享受する列強の1つであった。今日の日中関係とは力関係が異なる。だが文脈の相違を超えて、日中それぞれの外交文化について思い当たるところのある読者もいるかもしれない。日本の先進国としての自己満足や偽善が鼻につくかもしれず、逆に中国の強硬な対外姿勢の起源を見出すかもしれない。この幣原の助言の背景を解説するとともに、そこに欠けている観点も補いたいと思う。

2　日本の経験

日本は近世を通じて外界と一定の通信・通商関係を保っていたが、19世半ばになってはじめて欧米との正式な国交と量的制限のない民間貿易を認めた。徳川幕府（公儀）がこれを決断するにあたっては、中国情勢の影響が大きかった。

清朝中国は、１８４０年から42年にかけてのアヘン戦争で英仏に敗北し、関税自主権を喪失し、領事裁判を受け入れた（後で説明）。この時の諸条約には従来の互市貿易のルールを明確化したという側面もあったが、さらに56年のアロー号事件をきっかけに第二次アヘン戦争が勃発し、敗北した清朝は欧米の公使の常駐や内地での旅行・通商・布教などを認めた。

幕府はこの情勢を把握しており、米国との交渉による平和的な開国を選んだ。１８５８年に米国、次いでヨーロッパ主要国と修好通商条約を結んでいく（条約の相手国によっては条約名が修好通商条約と少し異なる場合もある）。内地は開放せずにすんだのであるが、代わりに主権を制約する条項が入った。主なものは、やはり関税自主権の喪失と領事裁判である。

前者は協定関税制度である。条約で決めた水準までの関税しか徴収できない。

後者の領事裁判権は、主に対人間の紛争や犯罪において、外国人が被告の場合、その外国の領事が本国の法律に従って裁判するというものである。例えば横浜で米国人が被告となった場合には、横浜の米国領事が米国法に基づいて裁判する。

幕府は条約締結の際、領事裁判も協定関税も問題視しなかったが、明治に入るとこれが屈辱であり、主権の制約であるという意識が強まり、条約改正交渉が始まった。

条約改正交渉の当初目標

ただし領事裁判も協定関税も条約の根幹となる規定であり、欧米がその改正を容易に認めないことは日本政府も認識していた。そこで、日本政府はこれらの撤廃を折に触れて要求しつつも、本気で追求したのは、より手近な目標であった。それは何か。

すでに述べたように、領事裁判権はもっぱら人間同士の事件において発動される。これに対して、社会の秩序や政府の政策を定めた法規（当時よく「行政規則」と呼ばれた）に外国人が違反した場合の裁判権の所在については、一部を除けば条約の明文の規定はなかった。ところが、この場合も領事裁判で処理することが条約の運用となった。

しかも行政規則が領事裁判で適用されるためには、事前に外国の了解を得ておく運用となっていった。これを行政協定の事前協議制と呼ぶことにしよう。事前協議が妥結しなければ、日本の行政規則が内外人一律に適用される保証はなかった。

新政府が国民国家を形成するうえでの原動力は、統一的な行政の力であった。有能な国民を育成し、経済力と税収と軍事力を高めるために、衛生・検疫、言論・出版、警察、殖産興業、税制など様々な分野で法令を発し、改廃した。これに対する事前協議制は、国家形成への深刻な阻害要因であった。しかも条約に明文のない、拡大解釈による慣行である。

事前協議制を排除する規定を入れるのが、1880年代半ばまでの日本の条約改正交渉の主たる目標であった。これを行政権の回復と呼ぶことにしよう。事前協議制が条約違反だと追及しながら要求することで、交渉上優位に立てるだろうという思惑もあった。

日本の要求が領事裁判や協定関税に触れると、主要国は交渉に応じなかった（ただし米国は協定関税の廃止については、ヨーロッパの同意を条件に応じる姿勢を示したが、ヨーロッパは同意しなかった）。行政権回復要求に対しては交渉に応じた。その意味で日本のもくろみは当たったといえる。だが欧米側は代償を求める。日本も行政権回復だけで満足することは難しく、当時の厳しい財政状況から、協定関税は甘受するとしても、その引き上げは求めた。こうして、条件闘争が続いた。

条約改正の成就と意義

行政権回復交渉を進めるためには、代償として部分的にでも内地を開放するのが早道であった。だが内地に外国人を受け入れるならば、部分的にでも裁判権も取り戻すべきだという考えが日本政府内で強かった。内地のどの部分を提供し、裁判権のどの部分を取り戻すかをめぐって政府内で合意ができず、そもそも部分的な取引だと国内統治の仕組みが複雑になってしまうという問題もあった。

そこで１８８２年に東京で日本と欧米の代表が集った条約改正予備会議において、井上馨外務卿は日本外交史に残る演説を行い、全面的な内地開放と全面的な領事裁判撤廃を将来行う意思がある、と表明した。文明標準への忠誠をアピールすることで、審議の促進を図ったのである。列国の代表はこれを熱烈に歓迎した。だがこの歓迎を合意に高めるための改正条約案を提示するのは、やはり難しかった。

１８８６年から開かれた条約改正会議で日本が提出した改正条約案は、全面的な内地開放と領事裁判撤廃という大きな取引のための交渉をいつでも行いうると規定したうえで、当面の行政権回復と新たな港の開放を定めたものであった。だが将来のことは分からないとばかりに、目先の条件闘争が続いた。

そこで井上馨外相（前年末の内閣制度の創設により外相になっていた）は英国とドイツの駐日公使と協議し、近い将来に時期を決めて全面的な内地開放と領事裁判撤廃を実現するという方針に転換した。日本と欧米にとって領事裁判撤廃と内地開放はそれぞれ大きな成果である。そして領事裁判がなくなれば、その運用としての行政規則の事前協議制もなくなる。この方針に基づく裁判管轄条約案が、１８８７年４月に会議では採択された。

だが、この後は、日本国内を説得するのが大変であった。日本の法規と裁判は外国人を裁くには不十分だと日本政府も認めていたので、裁判管轄条約案は日本の追加の譲歩として、日本の裁判所に外国人の法律家を任用し、かつ西洋型の法典を編纂して知らせるということを約束していた。これがより悪質な主権の制約になるとして政府内で反対が起こり、在野からも批判が沸き起こった。井上は外相辞任に追い込まれ、裁判管轄条約案は調印に至らなかった。

それ以降、日本政府は追加譲歩を小さくするよう欧米と交渉しつつ、国内の説得に努めるが、国内の反対が強く挫折が繰り返された。

追加譲歩を小さくし、領事裁判撤廃を円滑に実現するために、日本は法典の編纂に努めた。民法・商法の制定は、保守派の抵抗もあり困難を極めたが実現していく。１８９４年に日英通商航海条約の締結が実現し、他の条約国も概ね同様の条約を結んだ。これらが99年に実施され、領事裁判撤廃と内地開放が実現する。関税自主権回復も形式上はうたわれたが、主要な貿易品に片務的な協定関税が残った。だがそれも20世紀初頭に条約の満期とともに撤廃された。

欧米が交渉に応じたのは、日本がただ条約の改正を希望するのではなく、条約の拡大解釈を指摘し、運用を正すという主旨で交渉を要求したことが大きい。つまり条約の遵守という、欧米が日本に求めた国際法の枠組みのなかで、自己主張ができたのである。

こうして欧米も応じた交渉の行き詰まりを打開するための共同作業として、抜本的な条約改正へと進んだ。国内でも法典の編纂を進め、かつ行政規則の制定と適用に注力したことは、法治に基づく統治を早期に成立させた。

日清修好条規の改正交渉

なお、日本は清朝中国との間でも１８７１年に修好条規を結んでいた。その内容は、日清が互いに協定関税制度を受け入れ、領事裁判権を認め合うというものであった。欧米との交渉が始まってしばらくすると、日本はこの日清修好条規の改正も望んだ。華人に対しても、行政規則を自動的に適用できるようにしたかったのである。だが清朝は消極的だった。

というのも第１に、一度結べば結び直さなくてよいつもりで条規を締結した、というのが当時の清朝の基本的な立場であった。

第２に、日本が求める改正の趣旨は、まるで欧米との交渉内容を清朝に押しつけるかのようであった。

第３に、清朝は条規の運用については相当に柔軟であり、日本の行政上の必要を尊重した対応を示すことが多かった。これが、あえて条規を改正しなくてよいではないか、という清朝側の主張の根拠になった。

日本は１８７９年に琉球処分を行い、琉球を沖縄県として領土の一部にした。琉球の朝貢を受けていた清朝は、強く反発した。米国元大統領ユリシーズ・グラントの調停を受けて、日本は宮古・八重山諸島を引き渡すことを清朝に提案した。その代わり、条規の改正に応ずるよう改めて求めた。

そこで、清朝が消極的であった理由の第4として、領土問題を人質に条規改正を迫るかのような日本の態度に不満であったことが挙げられる。清朝の交渉担当者はいったんは日本の提案を受け入れると述べたが、李鴻章の反対で一挙に覆ってしまった。

条規改正交渉が挫折したのは、日本側の焦りが主因であろう。だがそれとは別に、当座は柔軟だが根本的には強硬という中国の交渉姿勢は興味深い。ルシアン・パイが描いた戦後の中国の交渉スタイル――大原則で譲らないが、意外に無頓着な事項もある――と似ている。

清朝との条規改正ができないことは、日本にとって潜在的に大きな問題であった。欧米との改正が仮に成功しても、清朝に特権が残っていたら、欧米側が最恵国待遇（いずれかの国に与えられた最も有利な待遇を与えられる）を活用してそれにあずかる可能性があるからである。

欧米の領事裁判権を撤廃できそうな情勢になると、清朝の非協力は一層深刻な問題となった。そこで日本政府は欧米に対して、清朝が西洋文明の摂取に消極的な後進国であると強調し、清朝の権利・義務をいわば特別な枠に入れて考え、最恵国待遇による適用を要求しないよう懇請した。欧米並みに近づくことと、アジアの隣国を見下すこととの間にはもともと観念的な親和性があったが、条約改正の実務的な要請により、より露骨かつ切実なものになったといえる。

一国の外交文化を総合的に理解するのは難しい。そのようなものがあるのかどうかも分からない。だが交渉する一対の国々の外交文化の組み合わせならば把握しやすい。条規改正をめぐっては、頑固な清朝と厚かましい日本が対峙したまま行き詰まった。

決着をつけたのは戦争であった。１８９４年に勃発した日清戦争で清朝は敗北し、日清通商航海条約を締結し、欧米にも認めていない権益を日本に認めざるを得なくなった。欧米も最恵国待遇によりこれにあずかった。

3　中国の経験

日本の主権回復は、非西洋圏からの平和的な失地回復の先駆として世界史的な意義がある。だが日本は後進に親切な先駆者とはいえなかった。日本の帝国主義的な国益追求が妨げとなったのはもちろんである。だがそれだけではなく、条約の遵守から条約の改正へとたどり着いた日本は、ただ条約を改正してくれという後進の要求に冷淡となり、自らの条約に基づく権利を容易に諦めようとはしなかった。相手国のナショナリズムの高揚や、民族自決といった国際的潮流の変化への柔軟な対応が遅れる傾向があった。

20世紀に入り、中国が本格的に条約改正を求めた時、主敵となってしまったのが日本であった。冒頭に見た幣原の演説は、仮に助言として有益であったとしても、日本の経験の特殊性に対する自覚が不十分であった。

中国の中央政府と地方政府が多角的に展開した折衝の全貌を取り上げることはできない。ここでは、日本が中国から租借した遼東半島南端における裁判管轄問題を取り上げる。日本が関東州と呼んだこの地域が、日本の在中権益の中核であったし、そのなかでも裁判権の問題は重要だったからである。この問題について、条約の改正というよりは運用をめぐる１９２０年代半ばまでの交渉を取り上げる。狭義の改正交渉以上に運用のあり方が重要であることは、日本の事例で確認したところである。

関東州の裁判管轄問題：時効を目指す日本

第二次アロー戦争後に調印された１８６０年北京条約は、今日風に記せば、中国人の犯罪容疑者は中国官憲に引き渡し、中国法に基づき裁判する、と解することができた。日清戦争後の98年の旅順・大連租借に関する露清条約によりロシアが清朝より旅順・大連・金州を租借した際も、中国人犯罪者への裁判権については北京条約を継承することがうたわれた。

もっとも、この規定は実際には遵守されなかったようである。

日露戦争を終結させた１９０５年9月のポーツマス条約の結果、日本が満洲南部のロシア権益を引き継ぐこととなり、そこに上述の租借権が含まれていた。清朝がこれを受け入れたのが、12月の満洲善後条約（中日会議東三省事宜条約）である。この条約のための交渉は極めて難航し、条文レベルでは合意しきれなかったため、交渉の会議録を作成し、運用上の参考に——どの程度参考にするかについても見解の相違があったが——供した。

この会議録によれば、清朝は日本人と中国人の間の訴訟は日中が合同で審判することを提案した。これに対して日本は、講和談判において日本が戦争継続を賭してロシアから獲得した権益については、清朝がそのままそれを承諾する以外、話し合うべきことはない、と戦勝国の権利を露骨に主張した。

日本ハ講和談判ニ戦争継続ヲ賭《と》シテ露国ヨリ得タル事項ハ清国ニ於テ其儘《そのまま》ニ承諾アランコトヲ求ムルノ外枝葉ニ渉リテ論議スルノ余地ナシ

そして、権益の適正な運用については日本を信用すればよく、何か問題が起こればその都度協議すればよい、と答えた。この争点も難航したが、妥協案として清朝が提起した、日本が露清条約を努めて遵守するという規定（「努メテ遵行スヘキ」）を受け入れて条約第2条に挿入した。

さらに、満洲北部の権益についてはロシアに露清条約を遵守するよう清朝が強く働きかけることも、会議録のなかでうたわれた。

1908年に日本が関東州裁判令、韓国台湾関東州特赦減刑令、関東州罰金笞刑《ちけい》（むちで打つ刑罰）令を発した。中国人への処罰を含むものであったので、清朝は露清条約に違反していると抗議し、中国人の犯罪が疑われる場合は引き渡すよう求めた。だが日本側はそのような手続きはロシア時代から実行されておらず、それを清朝は黙認してきたとして拒絶した。

日本は自らの要求や利益をなるべく法的な根拠に基づいて主張しようとはしたが、法的な根拠を拡大するためには、戦勝の果実に訴えた。先に見た日露戦争がそうであるし、第一次世界大戦に際しての対独参戦・青島（ドイツ租借地）占領後の山東半島ドイツ権益をめぐる交渉もそうであった。法的な根拠を見出しにくく、拡大できるタイミングでもない場合には、時効のような、それまでの運用実績に基づいて議論することがあった。関東州の裁判権の問題はまさにそうであった。

1924年2月2日に奉天省は船《ふな》津《つ》辰《たつ》一郎《いちろう》奉天総領事に対して、金州の中国人の民刑事被告事件の裁判は中国側が管轄すると申し入れた。日本外務省は民事事件については中国側に法的根拠がないと自信を持っていたが、刑事事件については北京条約以来の根拠があるため苦慮した。

外務省は、自らの主張をまとめた文書を作成した（「支那ニ於ケル利権回収問題一件」戦前期外務省記録1-1-2-93_001〈外交史料館所蔵〉。アジア歴史資料センターのサイトより画像データを取得できる）。過去の経緯を整理したうえで、①北京条約の条文はさておき、②長年行使していない権利を今さら主張しても応じられない、と論ずるものであった。

タイプ打ちの本文にそう書いてあるだけでなく、欄外に手書きで①について「条約条文上ノ根拠」（傍点原文）、②について「多年慣行之《の》支那ニ於《おい》テモ既ニ承認シ来レル事実ニ対シテ今日突然

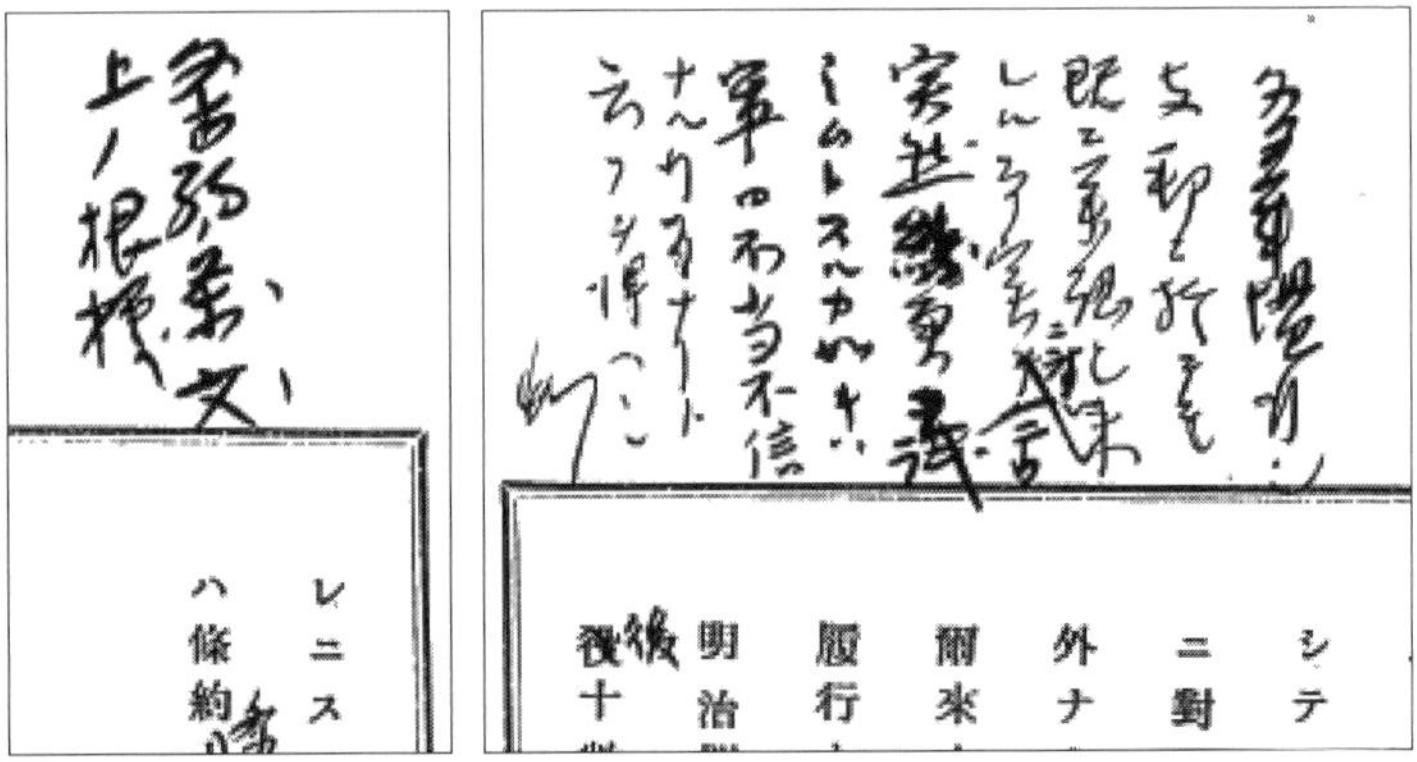

中国の利権回収要求に関する日本側検討文書の書き込み（1924年）

出所：「支那ニ於ケル利権回収問題一件」戦前期外務省記録 1 - 1 - 2 -93_001（外交史料館所蔵）

紛争ヲ試ミムトスルカ如《ごと》キハ寧《むし》ロ不当不信ナル行為ナリト云《い》フヲ得ヘシ」と加勢しており、主張の要点であったことをうかがわせる。

この文書には複数の草稿がある。比較すると、不都合な事実を歪曲したことが分かる。

第1に、日露戦争後の日清交渉の会議録の22頁から23頁にかけてを引用したが、推敲の過程で、先に引いた戦勝の果実を主張した部分は削除した。その前後をそのままつなげたので、議事録の正確な引用ではなくなった（本章トビラの「注目データ」の画像参照）。気がとがめたのか、頁数の記載も削除した。清朝側の裁判権の不行使を日本が平穏かつ公然と享受する時間の始まりに戦勝国としての威嚇があるのは、不都合だったのであろう。

第2に、ロシアに露清条約を遵守させる、という合意への言及も削除した。条文はさておき運用は、と主張したいところ、運用はさておき条文を遵守させる、という理念がロシアに対してあったことを想起させ、ならば日本も遵守するべきでは、という議論に道を拓くからであろう。

条約や付属の文書に基づいて主張を構築するのは遵法精神にかなったことであり、一種の時効を援用するのも法的な議論としては理解できる。だが時効の成立を妨げかねない事実を後景に追いやるようでは、法匪《ほうひ》（法律を都合の良いように一方的に解釈して自己利益を図る者）の様相を帯びてくる。

時効の中断を目指す中国

法匪的な日本に対して中国側はどう対応するのか。広範な論点で抗議や提案を行って時効の成立を妨げ、自らの交渉能力が高まるのを待つのが合理的であろう。実際にそうしたようである。

現に松井慶四郎外相は、1924年2月23日の船津総領事宛の電報でこのように怒りを爆発させている。奉天の官憲は広範に日本排斥の動きを示しており（「各方面ニ亘リ日本排斥ノ鋒鋩《ほうぼう》ヲ露ハシ」）、裁判権問題といい、中国人選挙権問題といい、安奉線回収問題といい、満鉄付属地中国人教育問題といい、みなそうである。しかも偶然の結果ではなく、「一定方針」のもとにそうしている形跡がある。背後に張作霖がいるのは明らかであり、「言語同断《ママ》」である。このままでは張作霖への支援政策を改めざるを得なくなる。

この訓令に従って26日に船津が張作霖に面会し、追及した。翌日の船津の報告によれば、張作霖は、裁判権問題については数日前に気づいて交渉員を「叱責」して申し入れを「撤回」させておりし、他の問題は初耳でこれから調査する、と答えた。船津は張作霖の弁明を信じたが、それはむしろ暗い見通しをもたらす。民衆およびそれを背景とする官憲が、張作霖のあずかり知らぬところで排日を追求していることになるからである。

中国側の主目的は不満を表明した実績をつくることにあるので、もし日本が引き下がればもうけもので、反撃すれば退いて他日を期する。日本から見れば、中国はすべての砲門を開き、寄せては引く海賊のようなものであり、これが繰り返されるにしたがって中国への侮蔑といら立ちを強めたであろう。

そして1920年代後半には、中国の交渉力が強まる。中国のナショナリズムが高揚し、かつ欧米がそれへの妥協に傾いたからである。中国はすでに開いたすべての砲門に実弾を込めて射撃するかのように強硬に利権回収を唱えた。

北伐が進展するにしたがい、日本の危機感は高まる。実際には、中国統一を成し遂げた国民政府は国際的承認を求める立場から、要求を穏和化させてもいた。条約の満期を待って改正することを基本原則としていたし、関税自主権を回復すると一方的に宣言しつつも、個別の品目の関税について柔軟に交渉する姿勢を示していた。

だが日本側、少なくとも政党や世論に正確に伝わったとは思えない。日中の交渉は1930年5月まで妥結せず、すでに妥結した国々も最恵国待遇により日本の条約を援用できたため、中国は条約改正の果実を享受できなかった。31年の満州事変勃発の前夜とは、このような状況であった。

4 指針に代えて

日本人の多くは法匪ではなく、中国人の多くは海賊ではない。だが日中がある懸案に入り込むと、スイッチが入ったかのように法匪と海賊のような組み合わせになった。それは外交文化の反映であるとともに、外交文化に刻印される。今日の中国にこのスイッチが入りやすくなっているとすると、どう接したらよいのか。

中国にある論点で譲ったからといって、他の論点で譲ってもらえると前提しない方がよいかもしれない。かつてあらゆる論点がかなわないのに耐えたのだから、今はあらゆる論点がかなうべきだ、と中国側は感じているかもしれないからだ。

適切な譲歩によって対立の悪循環を抑制するとか、協力の好循環をつくる、といった循環の観念が、中国との間ではどうも機能しにくい。人口急減による国力低下を憂慮する中国が、今のうちに果実を得ようと全砲門での一斉射撃に訴えがちになれば、悪循環は加速するであろう。

日本としては、ルールに基づく毅然とした対処を身上とすべきである。そのルール理解が世界的な規範意識の変容に対して開かれたものであれば、戦前にない説得力を得るであろう。むしろ世界的な規範意識の形成に日本がイニシアティブをとるべきである。米国の内政と外交が先行き不透明ななか、この面での日本への期待は大きい。そしてルールに頼るだけではいけない。ルールを尊ぶ者は、ルールが破られる先例をなるべくつくらせないよう、ルールを守る実力を備えるべきである。

このように対処しても、中国との力関係を考慮すれば、譲らなければならない争点はあるであろう。日本が譲れば中国も譲ることを期待するのではなく、譲らなければならないから譲る。そう考えることで、落胆と憤慨を最小限にした方がよい。そういうものだと日本の国内世論と政治家も観念し、対中政策を政争の具にしないようにしたい。

潔く譲ることのなかには、中国の相対的国力が低下しても、問題を蒸し返さないという潔さが含まれる。少々弱まっても、中国が巨大な隣国であることは変わらないのであるから。中国にこの潔さを信じさせるのは困難であり、まさに中国の外交文化に対する忍耐強い挑戦となるだろう。少しでも成果が上がれば、また循環の観念を利かせられるかもしれない。

とはいえ、以上の対処では解決しないかもしれない。幸い、筆者は限られた事例しか取り上げていない。別の事例を取り上げ、別のアイディアを模索すればよい。お金と人手は限られているとしても、過去から学び未来を構想する人間の能力はまだまだ向上の余地がある。

【参考文献】

（日本語）

五百旗頭薫（2010）『条約改正史――法権回復への展望とナショナリズム』有斐閣

佐々木雄一（2023）『【増補新装版】帝国日本の外交1894-1922――なぜ版図は拡大したのか』東京大学出版会

唐啓華（2009）「国際社会と中国外交」飯島渉・久保亨・村田雄二郎編『シリーズ20世紀中国史2　近代性の構造』東京大学出版会

ルシアン・パイ（1993）『中国人の交渉スタイル――日米ビジネスマンの異文化体験』（園田茂人訳）大修館書店

あとがき

影響力とは何か。本書の冒頭で、私はそれを「2者以上の関係のなかで一方が保有する政治力、経済力、構想力、文化力などの資源を用いて、他者の思考と行動を自身にとって好ましい方向に向けさせる権力（パワー）」と定義した。そして同時に、影響力を行使する送り手の側の量的側面は比較的容易に測定できるが、それが受け手の側で心理的にも行動的にもどれほどに真に影響を受けているかを測定することは難しいと論じた。

これまで語られてきたインド太平洋地域における中国の影響力をめぐる議論は、ほぼ前者に集中してきた。そこにどれだけ受け手側の本音や事情を考慮できるか、本書に参集した気鋭の地域専門家の方々には、特にこの点に注意を払っていただいた。

結論から言えば、本書の方向性が完全に1つに収斂されたわけではない。それは当然のことである。なぜなら国や地域によって状況はまちまちだからである。中国との関係を密にして様々な交流を拡大させている場合もあれば、中国との関係に一定の距離を置く国や地域もあるからである。

ただ、1つの共通項としてあるのは、各国・各地域ともに中国の影響力が一方的なものではなく、一定の依存性と同時にそれに対する自立性を有している点である。グローバル化したこの世界において、中国経済はその中心的存在であり、いかなる国であれ地域であれ、一定の依存性を有するのは当然である。また、今日のグローバル世界は、逆にそれぞれの政治的・経済的事情から保護主義的傾向も強めており、中国への一方的依存に対する警戒心も多かれ少なかれ有している。

　米ソ冷戦と米中対立は似て非なるものである。米中関係は米ソ関係と同様に、政治・安全保障・経済などの体制やイデオロギーの相違から衝突することが多い関係だが、中国はソ連とは異なり市場経済への参入によりグローバル経済と一体化している。しかも中国はソ連と異なり、独自の陣営を有していない。ソ連は社会主義陣営を背後に抱え、多くの同盟国も存在し、いざとなればソ連のために戦う国も存在した。だが、中国にそうした同盟国は存在しない。それが、今日いわれるところのグローバルサウスに中国が接近する理由でもある。

　今回のプロジェクトでは十分に取り組めなかったが、民主主義体制と権威主義体制の相克が語られる今日、今後は中国型権威主義体制とグローバルサウスにおける政治経済体制との比較論的考察と、それに基づく関係性を解明する必要があると考える。さらに、深刻化する米中対立がインド太平洋の国家と地域に具体的にどのような影響を及ぼし、このことが中国と各国・各地域との関係にいかなる影響を及ぼしているのか。この点についても今後の課題として残されている。

　最後に、本プロジェクトを支えてくださった公益社団法人日本経済研究センターと、毎回研究会に参加され有益なコメントで議論を活性化してくださった岩田一政理事長に深く感謝申し上げたい。また、本プロジェクトを有意義なものにすべく、面倒な作業のすべてをコーディネートしてくださった研究会幹事の伊集院敦首席研究員と研究本部の森泉恵里さんに心よりお礼を申し上げたい。本書の価値を認め、出版を認めてくださった日経ＢＰにも深く感謝したい。

２０２４年５月

日本経済研究センター・アジア研究プロジェクト座長　國分　良成

【編著者紹介】

國分良成（こくぶん・りょうせい）慶應義塾大学名誉教授

1953 年生まれ、76 年慶應義塾大学法学部政治学科卒業、81 年同大学大学院政治学専攻博士課程修了、81 年同大学法学部専任講師、85 年助教授、92 年教授、2012 年防衛大学校長、21 年退任。主な著書に『現代中国の政治と官僚制』（慶應義塾大学出版会）『中国政治からみた日中関係』（岩波現代全書）『防衛大学校　知られざる学び舎の実像』（中央公論新社）などがある。

中国ファクター　アジア・ドミノの政治経済分析

2024 年 6 月 20 日　　1 版 1 刷

編著者　國分良成・
日本経済研究センター

発行者　中川ヒロミ

発　行　株式会社日経 BP
日本経済新聞出版

発　売　株式会社日経 BP マーケティング
〒 105-8308　東京都港区虎ノ門 4-3-12

装　丁　野網雄太

D T P　CAPS

印刷・製本　シナノ印刷

Printed in Japan　ISBN978-4-296-12048-2